REPÈRES
PRATIQUES

Le vocabulaire français

par la pratique

René Charles - Sylvie Steelandt

NATHAN

MODE D'EMPLOI

Divisé en six parties, l'ouvrage s'organise par doubles pages.
Chaque double page s'organise ainsi :

La page de gauche

Un repérage en six grandes parties.

Chaque définition permet de situer la spécialité ou la particularité d'une profession, d'une activité ou d'un thème.

L'introduction est une définition qui permet de comprendre un domaine, une activité, un métier.

La page de droite

Chaque page de droite illustre un point particulier. Chaque dessin, chaque tableau, chaque liste de vocabulaire complète les informations de la page de gauche.

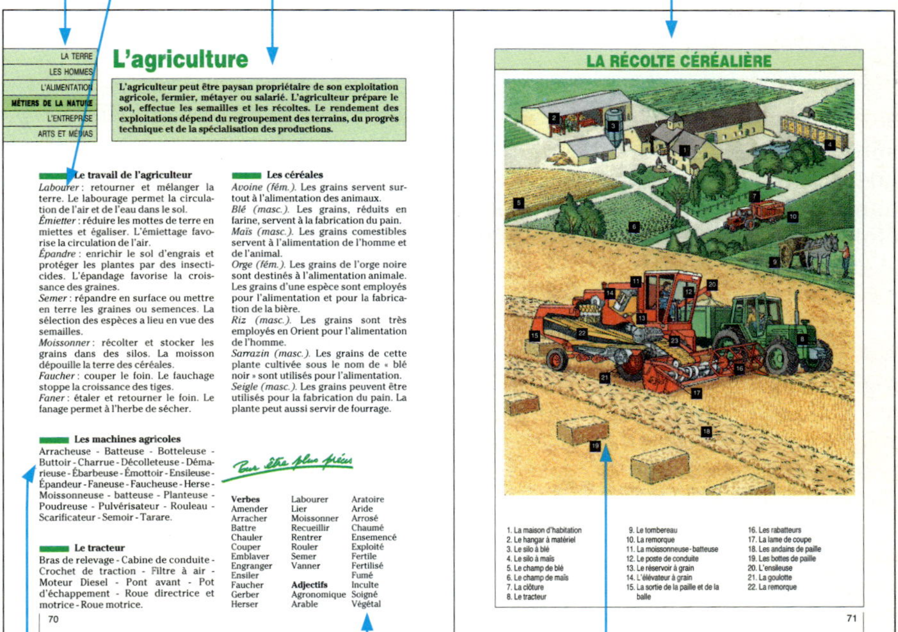

LA TERRE
LES HOMMES
L'ALIMENTATION
MÉTIERS DE LA NATURE
L'ENTREPRISE
ARTS ET MÉDIAS

L'agriculture

L'agriculteur peut être paysan propriétaire de son exploitation agricole, fermier, métayer ou salarié. L'agriculteur prépare le sol, effectue les semailles et les récoltes. Le rendement des exploitations dépend du regroupement des terrains, du progrès technique et de la spécialisation des productions.

Le travail de l'agriculteur

Labourer : retourner et mélanger la terre. Le labourage permet la circulation de l'air et de l'eau dans le sol.
Émietter : réduire les mottes de terre en miettes et égaliser. L'émiettage favorise la circulation de l'air.
Épandre : enrichir le sol d'engrais et protéger les plantes par des insecticides. L'épandage favorise la croissance des graines.
Semer : répandre en surface ou mettre en terre les graines ou semences. La sélection des espèces a lieu en vue des semailles.
Moissonner : récolter et stocker les grains dans des silos. La moisson dépouille la terre des céréales.
Faucher : couper le foin. Le fauchage stoppe la croissance des tiges.
Faner : étaler et retourner le foin. Le fanage permet à l'herbe de sécher.

Les machines agricoles

Arracheuse - Batteuse - Botteleuse - Buttoir - Charrue - Décolleteuse - Démarieuse - Ébarbeuse - Émottoir - Ensileuse - Épandeur - Faneuse - Faucheuse - Herse - Moissonneuse - batteuse - Planteuse - Poudreuse - Pulvérisateur - Rouleau - Scarificateur - Semoir - Tarare.

Le tracteur

Bras de relevage - Cabine de conduite - Crochet de traction - Filtre à air - Moteur Diesel - Pont avant - Pot d'échappement - Roue directrice et motrice - Roue motrice.

Les céréales

Avoine (fém.). Les grains servent surtout à l'alimentation des animaux.
Blé (masc.). Les grains, réduits en farine, servent à la fabrication du pain.
Maïs (masc.). Les grains comestibles servent à l'alimentation de l'homme et de l'animal.
Orge (fém.). Les grains de l'orge noire sont destinés à l'alimentation animale. Les grains d'une espèce sont employés pour l'alimentation et pour la fabrication de la bière.
Riz (masc.). Les grains sont très employés en Orient pour l'alimentation de l'homme.
Sarrazin (masc.). Les grains de cette plante cultivée sous le nom de « blé noir » sont utilisés pour l'alimentation.
Seigle (masc.). Les grains peuvent être utilisés pour la fabrication du pain. La plante peut aussi servir de fourrage.

Pour être plus précis

Verbes	Labourer	Aratoire
Amender	Lier	Aride
Arracher	Moissonner	Arrosé
Battre	Recueillir	Chaumé
Chauler	Rentrer	Ensemencé
Couper	Rouler	Exploité
Emblaver	Semer	Fertile
Engranger	Vanner	Fertilisé
Ensiler		Fumé
Faucher	**Adjectifs**	Inculte
Gerber	Agronomique	Soigné
Herser	Arable	Végétal

70

LA RÉCOLTE CÉRÉALIÈRE

1. La maison d'habitation
2. Le hangar à matériel
3. Le silo à blé
4. Le silo à maïs
5. Le champ de blé
6. Le champ de maïs
7. La clôture
8. Le tracteur
9. Le tombereau
10. La remorque
11. La moissonneuse-batteuse
12. Le poste de conduite
13. Le réservoir à grain
14. L'élévateur à grain
15. La sortie de la paille et de la balle
16. Les rabatteurs
17. La lame de coupe
18. Les andains de paille
19. Les bottes de paille
20. L'ensileuse
21. La goulotte
22. La remorque

71

Chaque liste de mots recouvre le vocabulaire spécialisé que l'on doit employer couramment dans un texte technique.

La liste des verbes et adjectifs à utiliser dans une rédaction, un compte rendu, une description…

L'illustration et ses repères ainsi que le vocabulaire spécialisé favorisent la compréhension, éveillent la curiosité et encouragent à la recherche dans un dictionnaire.

Le ciel

Le ciel est l'espace infini qui s'étend au-dessus de la Terre.
Le Soleil éclaire et réchauffe la planète Terre. Le Soleil et la Terre appartiennent à la galaxie appelée Voie lactée. La Terre est une planète de cette même galaxie. La Lune tourne autour de la Terre : elle en est un satellite.

Étoiles et planètes

Astre (masc.). Corps céleste visible à l'œil nu ou dans un instrument.
Étoile (fém.). Astre doué d'un éclat propre, observable sous la forme d'un point lumineux.
Planète (fém.). Corps céleste sans lumière propre, décrivant une orbite auteur du Soleil.
Satellite (masc.). Corps céleste gravitant sur une orbite autour d'une planète.

Les objets célestes

L'aérolithe - L'astéroïde - L'astre - La comète - La constellation - L'étoile filante - L'étoile géante - L'étoile naine - L'étoile Polaire - Le météore - Le météorite - La nébuleuse - Le pulsar - Le quasar - La supergéante - La supernova.

Les constellations

L'Aigle - Andromède - Le Bouvier - Cassiopée - Le Cocher - La Couronne boréale - Le Cygne - La Grande Ourse - Le Lion - La Lyre - Orion - Pégase - Le Petit Chien - La Petite Ourse.

Les planètes

Mercure : planète la plus proche du Soleil, c'est un monde sec, mort et désert. Il y fait très chaud le jour et glacial la nuit.
Vénus : planète la plus chaude du système solaire (480 °C), il y fait toujours sombre car elle est recouverte d'épais nuages de dioxyde de carbone. Sa surface est sèche et rocheuse.
Mars : appelée la planète rouge à cause de la poussière des roches colorée par la rouille. La température est en dessous du point de congélation. Sa surface est un désert rocheux.
Jupiter : planète géante qui se compose de gaz et de liquides.
Saturne : planète qui est entourée de plusieurs anneaux composés de fragments de roches et de glace.
Uranus : planète formée de gaz qui la rend bleu-vert. Elle est entourée de neuf anneaux.
Neptune : comme Uranus, c'est un monde bleu-vert constitué de gaz, principalement du méthane.
Pluton : situé à la limite du système solaire, c'est une planète sombre et glacée. C'est la plus petite et la plus éloignée du Soleil.

Pour être plus précis

Verbes
Alunir
Agglomérer
Briller
Condenser
Désintégrer
Éclater
Éclipser
Émettre
Exploser
Flotter
Graviter
Naître
Pulvériser
Rayonner
Réchauffer
Refroidir
Satelliser
Scintiller
Voltiger

Adjectifs
Astral
Astronomique
Céleste
Circulaire
Constellé
Cosmique
Étoilé
Galactique
Glacial
Gazeux
Interstellaire
Lacté
Lumineux
Lunaire
Luné
Nébuleux
Orbital
Planétaire
Polaire
Radiant
Rayonnant
Sidéral
Solaire
Spatial
Stellaire
Zodiacal

LA CARTE DU CIEL

Les étoiles
de l'hémisphère Nord

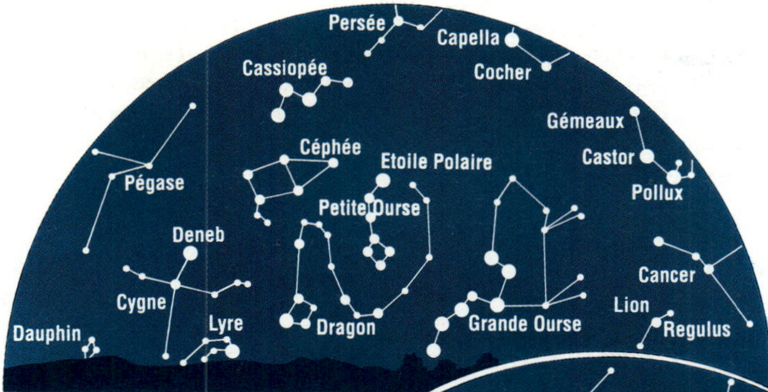

Nord
1er janvier 21 heures

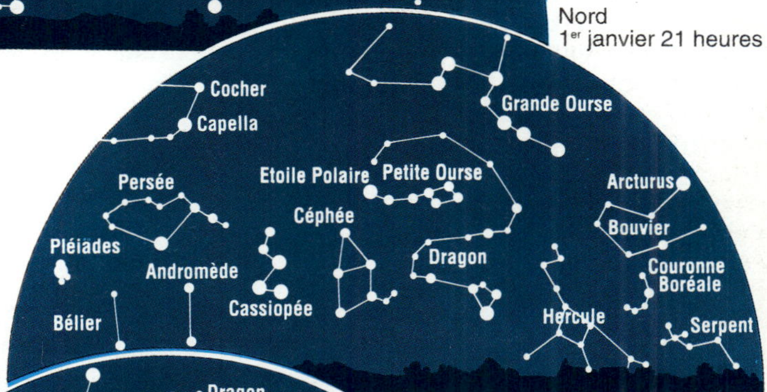

Nord
1er avril 21 heures

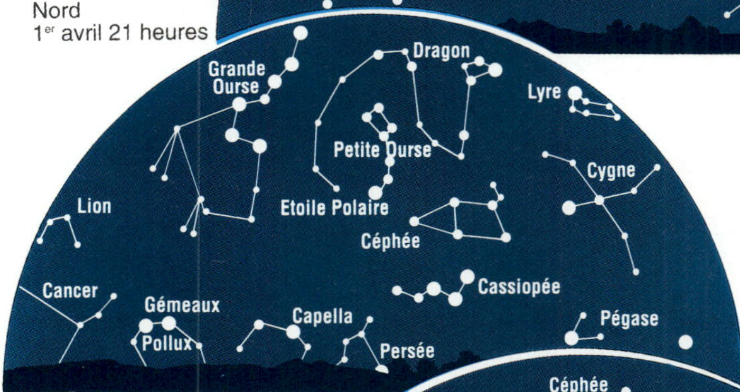

Nord
1er juillet 21 heures

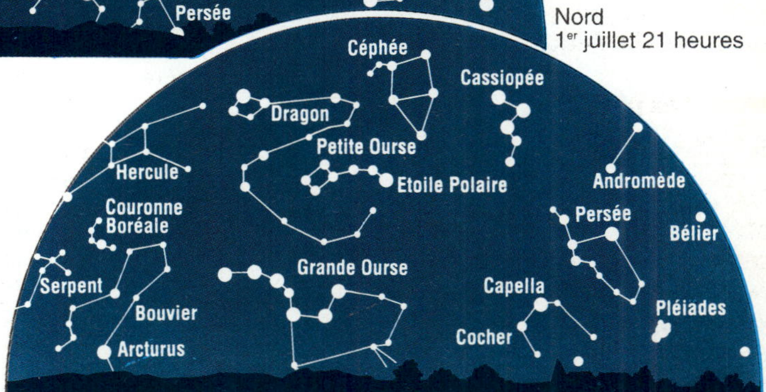

Nord
1er octobre 21 heures

La Terre

Les continents couvrent un peu plus du quart de la surface du globe et se situent presque entièrement dans l'hémisphère Nord. Près du 1/8e des continents est désertique, et le 1/5e est couvert de montagnes. Le reste du globe est formé de quatre océans qui communiquent entre eux.

Le centre de la Terre

Croûte terrestre (fém.). Partie superficielle du globe terrestre dont l'épaisseur varie de 6 km en dessous des océans à 70 km en dessous des régions montagneuses.
Manteau (masc.). Enveloppe rocheuse qui se trouve entre la croûte et le noyau.
Noyau (masc.). Zone centrale de la Terre située sous le manteau, à base de fer et de nickel.

Le globe terrestre

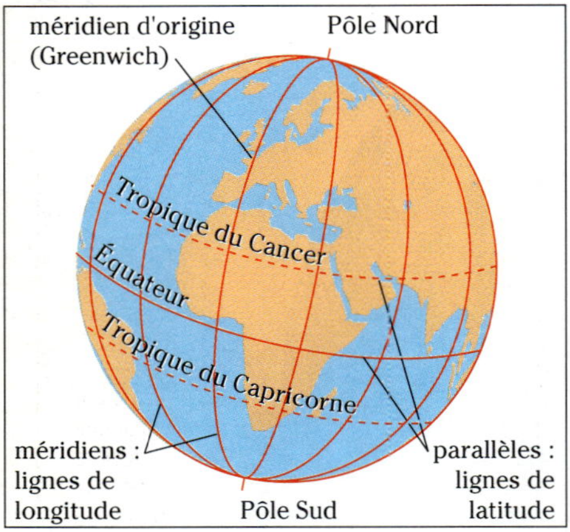

Les sciences de la Terre

Aérologie - Aéronomie - Agronomie - Cartographie - Géochimie - Géodésie - Géographie - Géologie - Géophysique - Géothermie - Météorologie - Océanographie - Sismologie - Volcanologie.

Les montagnes

Aiguille - Ballon - Brèche - Chaîne de montagnes - Cime - Cluse - Col - Combe - Crête - Défilé - Dent - Gorge - Gouffre - Glacier - Mamelon - Massif - Mont - Névé - Pic - Piton - Ravin - Sierra - Sommet.

Océans et mers

Océan Atlantique - Océan Pacifique - Océan Indien - Océan Glacial arctique - Mer de Timor - Mer de Corail - Mer des Célèbes - Mer du Nord - Mer Caspienne - Manche - Mer Méditerranée - Mer Rouge - Mer Noire - Mer Baltique - Mer Morte - Mer Tyrrhénienne - Mer Adriatique - Mer Ionienne - Mer de Barents - Mer du Groenland - Mer de Norvège - Mer du Labrador - Mer des Sargasses - Mer des Antilles - Mer d'Arabie - Mer du Japon - Mer de Bering - Mer de Tasman - Mer de Beaufort.

Pour être plus précis

Verbes
Chevaucher
Couler
Cristalliser
Dériver
Dissoudre
Durcir
Effondrer
Éloigner
Exploser
Fissurer
Fracturer
Gronder
Plisser
Rapprocher
Solidifier
Trembler

Adjectifs
Brûlant
Continental
Désertique
Émergé
Éruptif
Équatorial
Explosif
Incandescent
Liquide
Maritime
Magmatique
Magnétique
Océanique
Phréatique
Polaire
Sismique
Tellurique
Tempéré
Tropical
Volcanique

LES VOLCANS

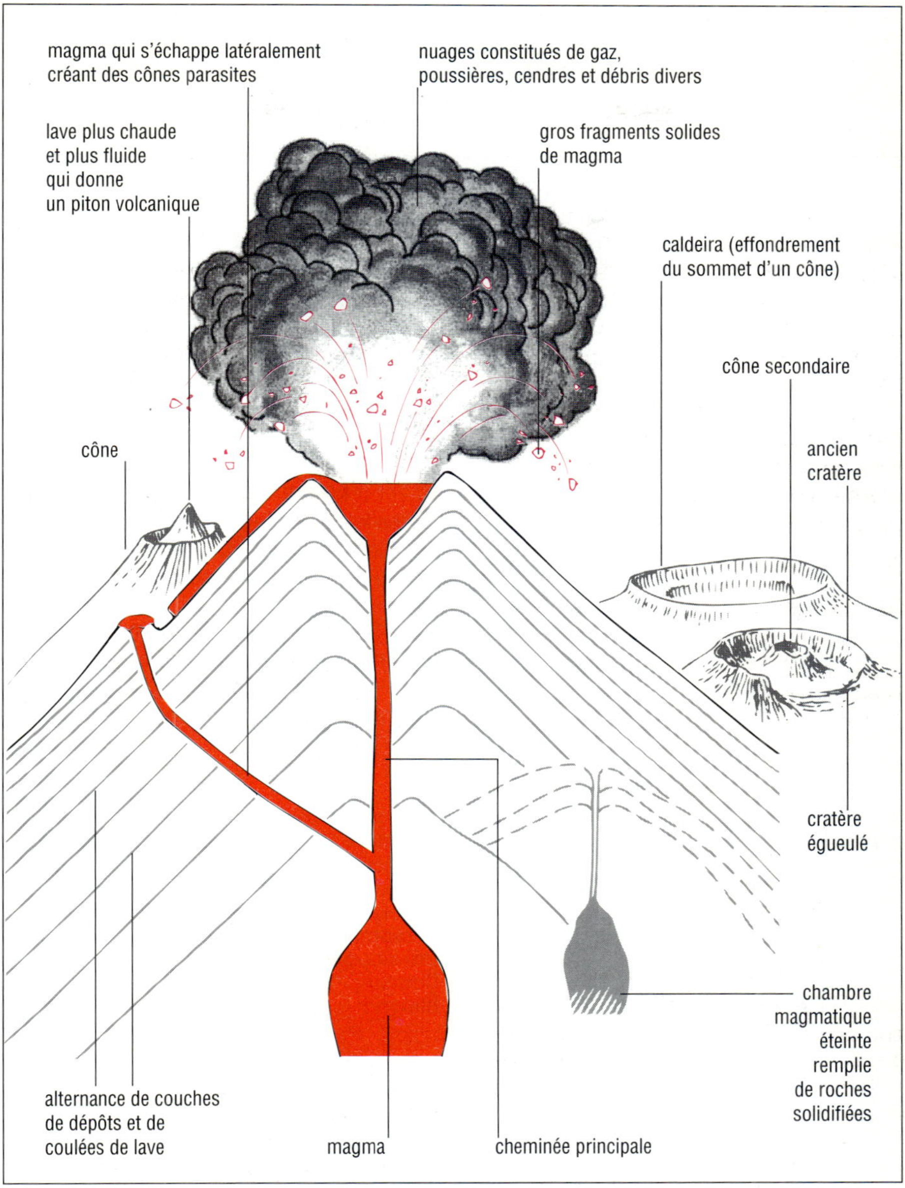

Types de volcans

Volcan hawaïen
Volcan sous-marin
Volcan strombolien
Volcan vulcanien
Volcan péléen

Les continents

Les continents représentent 29 % de la surface de la Terre et sont au nombre de six. Ils sont séparés par quatre océans. Les pays sont des territoires habités par une collectivité formant une nation.

Le continent européen

Superficie : 10 millions de km².
Langues : Allemand - Anglais - Bulgare - Danois - Espagnol - Flamand - Français - Grec - Hongrois - Islandais - Italien - Norvégien - Polonais - Roumain - Suédois - Wallon…

Le continent asiatique

Superficie : 44 millions de km² (le plus grand des continents).
Langues : Anglais - Arabe - Bengali - Birman - Chinois - Espagnol - Grec - Hébreu - Javanais - Khmer - Malais - Népali - Russe - Thaï - Tibétain - Turc - Urdu…

Le continent africain

Superficie : 30 millions de km². On distingue l'Afrique méditerranéenne et l'Afrique noire qui s'étend au sud du Sahara.
Langues : Soudanais - Nilotique - Bantou - Sémitique - Berbère - Arabe - Français - Anglais…

Le continent américain

Superficie : 42 millions de km². Il est constitué de deux grandes masses continentales, l'Amérique du Nord et l'Amérique du Sud qui sont reliées par un isthme, l'Amérique centrale.
Langues : Anglais - Espagnol - Portugais - Français.

Le continent océanien

Superficie : 9 millions de km². Ce continent est formé d'îles plus ou moins grandes.
Langues : principalement anglais, papou.

Le continent antarctique

Superficie : 14 millions de km². Situé dans l'hémisphère austral et approximativement centré sur le pôle Sud.

Pour être plus précis

Verbes
s'Étendre
s'Exiler
s'Expatrier
Découvrir
Démocratiser
Développer
Dominer
Émigrer
Explorer
Immigrer
s'Installer
Naturaliser
Peupler

Adjectifs
Autonome
Cosmopolite
Déshérité
Indépendant
Natal
National
Neutre
Patriote
Prépondérant
Primitif
Vernaculaire

Les continents

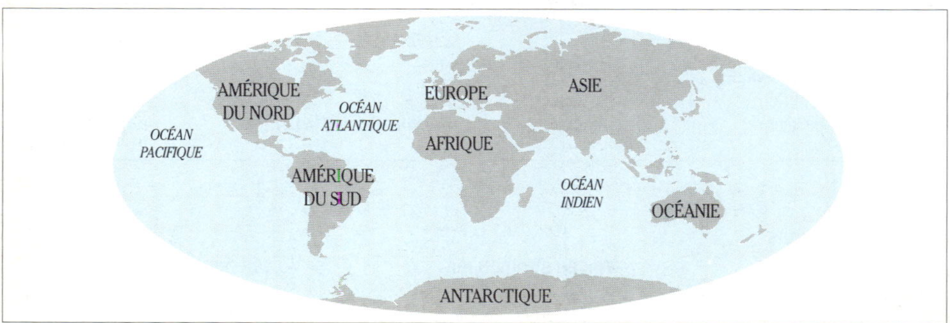

LES PAYS ET LEUR MONNAIE

Pays	*Monnaie*
EUROPE	
Albanie	lek
Allemagne	deutschemark
Andorre	franc et peseta
Arménie	rouble
Autriche	schilling
Azerbaïdjan	rouble
Belgique	franc belge
Biélorussie	rouble
Bosnie	dinar
Bulgarie	lev
CEI	rouble
Croatie	dinar
Danemark	couronne
Espagne	peseta
Estonie	couronne
Finlande	mark
France	franc
Géorgie	lari
Grèce	drachme
Hongrie	forint
Irlande	livre
Islande	couronne
Italie	lire
Kazakhstan	rouble
Kirghizistan	som
Lettonie	lat
Lichtenstein	franc suisse
Lituanie	litas
Luxembourg	franc luxem-bourgeois
Macédoine	denar
Malte	livre
Moldavie	rouble
Monaco	franc
Norvège	couronne
Ouzbékistan	rouble
Pays-Bas	florin
Pologne	zloty
Portugal	escudo
Roumanie	leu
Royaume-Uni	livre
Russie	rouble
Saint-Marin	lire
Serbie	dinar
Slovénie	tolar
Suède	couronne
Suisse	franc suisse
Tadjikistan	rouble
Tchécoslovaquie	couronne
Ukraine	karbovanet
Yougoslavie	dinar
AMÉRIQUE	
Argentine	austral
Bahamas	dollar
Barbades	dollar
Bélize	dollar
Bolivie	peso
Brésil	crusado
Canada	dollar canadien

Pays	*Monnaie*
Chili	peso
Colombie	peso
Costa Rica	colon
Cuba	peso
Équateur	sucre
États-Unis	dollar
Guatemala	quetzal
Guyana	dollar
Haïti	gourde
Honduras	lempira
Jamaïque	dollar
Mexique	peso
Nicaragua	cordoba
Panama	balboa
Paraguay	guarani
Pérou	inti
Rép. Dominicaine	peso
Salvador	colon
Uruguay	peso
Venezuela	bolivar
AFRIQUE	
Afrique du Sud	rand
Algérie	dinar
Angola	kwansa
Bénin	franc CFA
Botswana	pula
Burkina	franc CFA
Burundi	franc du Burundi
Cameroun	franc CFAC
Cap-vert	escudo
Comores	franc des Comores
Côte-d'Ivoire	franc CFA
Djibouti	franc de Djibouti
Égypte	livre
Éthiopie	birr
Gabon	franc CFAC
Gambie	dalasi
Ghana	cedi
Guinée	franc guinéen
Guinée-Bissau	peso
Guinée équatoriale	ekwele
Kenya	shilling kenyan
Lesotho	loti
Liberia	dollar
Libye	dinar
Madagascar	franc malgache
Malawi	kwacha
Mali	franc CFA
Maroc	dirham
Maurice	roupie
Mauritanie	ouguiya
Mozambique	metical
Namibie	rand
Niger	franc CFA
Nigeria	naira
Ouganda	shilling ougandais
Rép. centrafricaine	franc CFAC
Rép. du Congo	franc CFAC
Rwanda	franc du Rwanda
Sénégal	franc CFA

Pays	*Monnaie*
Seychelles	roupie
Sierra Leone	leone
Somalie	somalo shilling
Soudan	livre
Swaziland	lilangeni
Tanzanie	shilling tanzanien
Tchad	franc CFAC
Tunisie	dinar
Zaïre	zaïre
Zambie	kwacha
Zimbabwe	dollar de Zimbabwe
ASIE	
Afghanistan	afghani
Arabie Saoudite	rial
Bahrein	dinar
Bangladesh	roupie
Bhoutan	ngultrum
Birmanie	kyat
Brunei	dollar de Brunei
Cambodge	riel
Chine populaire	yuan
Chypre	livre
Corée du Nord	won
Corée du Sud	won
Émirats Arabes Unis	dirham
Inde	roupie
Indonésie	rupiah
Irak	dinar
Iran	rial
Israël	shekel
Japon	yen
Jordanie	dinar
Koweït	dinar
Laos	kip
Liban	livre
Malaysia	ringgit
Népal	roupie
Oman	rial
Pakistan	roupie
Philippines	peso
Qatar	rial
Singapour	dollar de Singapour
Sri Lanka	roupie
Syrie	livre
Taïwan	dollar
Thaïlande	baht
Turquie	livre
Viêt-nam	dong
Yémen	riyal
OCÉANIE	
Australie	dollar
Nouvelle-Zélande	dollar néo-zélandais
Papouasie-Nouvelle-Guinée	kina
Vanuatu	vatu

Histoire Géographie, Méthodes et techniques, Éd. Nathan

L'eau

L'eau occupe les 3/4 de la surface du globe terrestre. Les mers et les océans sont constitués d'eau salée (cette salinité provient des roches sous-marines). Les précipitations atmosphériques forment les cours d'eau et les étangs d'eau douce.

Les lacs

Lac (masc.). Étendue d'eau assez vaste entourée de terre.
Lac glaciaire (masc.). L'eau occupe une zone surcreusée de vallée glaciaire.
Lac de cratère (masc.). L'eau occupe le fond des cratères de volcans éteints.
Lac de barrage (masc.). Le lac se forme dans une vallée obstruée par des éboulis ou fermée par une construction faite par l'homme (lac de barrage artificiel).
Lagon (masc.). Lac d'eau de mer.

Les mouvements de la mer

La barre - La basse mer - Le clapot - Le creux - La déferlante - L'étale - Le flot - Le flux - Le friselis - La houle - La lame - La lame de fond - La marée - La marée d'équinoxe - La morte-eau - Le paquet de mer - La pleine mer - Le raz de marée - Le reflux - Le remous - Le ressac - Le tourbillon - La vague - La vive-eau.

Les canaux

Bief (masc.). Canal de dérivation d'une rivière ou d'un fleuve conduisant l'eau jusqu'à la roue d'un moulin.
Canal d'amenée (masc.). Canal conduisant les eaux d'un captage au réservoir d'eau d'une ville, ou servant à amener les eaux d'un lac ou d'un barrage jusqu'à une usine hydraulique.
Canal latéral (masc.). Canal construit le long d'un cours d'eau non navigable. Il permet le transport fluvial.
Canal de jonction (masc.). Canal reliant deux bassins, deux fleuves ou deux mers.
Canal de dérivation (masc.). Canal destiné à régulariser le débit d'un cours d'eau ou conduisant les eaux d'une rivière à une usine.
Canal d'irrigation (masc.). Canal qui dérive l'eau d'un fleuve ou d'un canal jusqu'à des plantations à des fins d'irrigation.
Canal de fuite (masc.). Canal servant à l'écoulement des eaux d'une usine hydraulique.

Les eaux

Eau aromatique - Eau blanche - Eau de chaux - Eau de fonte - Eau de mer - Eau déminéralisée - Eau de parfum - Eau de refroidissement - Eau de roche - Eau de Seltz - Eau de senteur - Eau de source - Eau de table - Eau douce - Eau forte - Eau gazeuse - Eau lourde - Eau minérale - Eau oxygénée - Eau plate - Eau pluviale - Eau seconde - Eau sédative - Eau thermale.

Pour être plus précis

Verbes
Affleurer
Capter
Clarifier
Condenser
Décanter
Dégoutter
Déshydrater
Écoper
Écouler
Épurer
Filtrer
Goutter
Jaillir
Onduler
Polluer
Purifier
Stagner
Stériliser
Sourdre
Suinter

Adjectifs
Aquatique
Aqueux
Boueux
Bourbeux
Courant
Croupi
Distillé
Douce
Dure
Fangeux
Fluvial
Gazeux
Incolore
Insipide
Lacustre
Limpide
Marécageux
Naturel
Potable
Salé
Saumâtre
Transparent
Trouble
Vaseux
Vive

LE FLEUVE

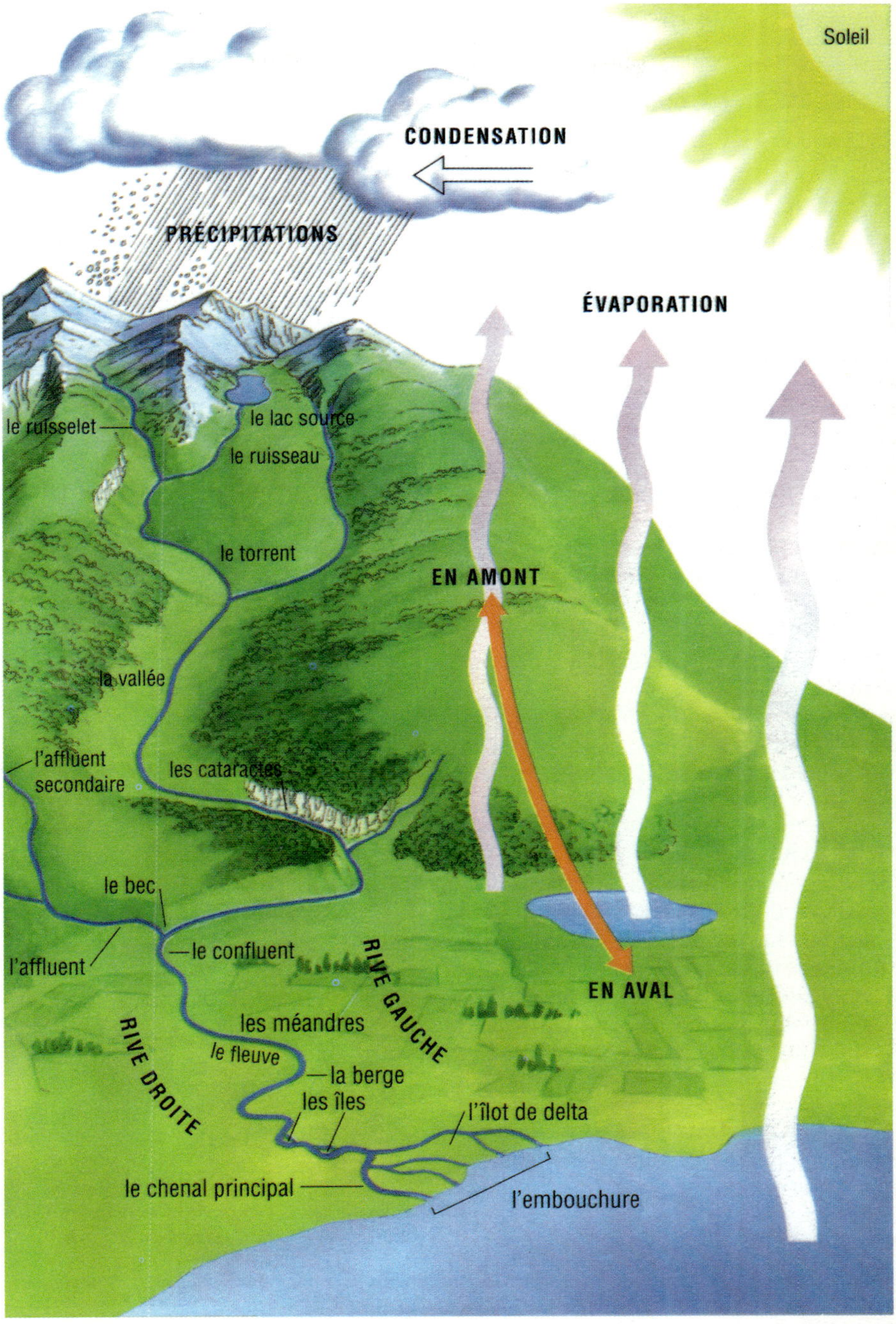
Soleil
CONDENSATION
PRÉCIPITATIONS
ÉVAPORATION
le ruisselet
le lac source
le ruisseau
le torrent
EN AMONT
la vallée
l'affluent secondaire
les cataractes
le bec
le confluent
l'affluent
RIVE GAUCHE
EN AVAL
RIVE DROITE
les méandres
le fleuve
la berge
les îles
l'îlot de delta
le chenal principal
l'embouchure

Le climat et le temps

Le climat est l'ensemble des conditions atmosphériques et météorologiques particulières à une région du globe. Le temps est l'état de l'atmosphère à un moment donné.
L'étude scientifique des phénomènes atmosphériques s'appelle la météorologie.

Les types de climats

Climat chaud : Équatorial - Océanien - Tropical.
Climat froid : Groenlandais - Islandais - Polaire.
Climat tempéré : Méditerranéen - Océanique.
Climat continental : Chinois - Sibérien - Ukrainien.
Climat sec : Aride - Semi-aride.

Les saisons dans l'hémisphère Nord

Le printemps (masc.) : du 21 mars au 21 juin.
L'été (masc.) : du 21 ou 22 juin au 22 ou 23 septembre.
L'automne (masc.) : du 22-23 septembre au 21 décembre.
L'hiver (masc.) : du 22 décembre au 20 mars.

Les vents

Mouvements de l'air : La bourrasque - Le courant d'air - L'ouragan - La rafale - Le souffle - La tempête - La tornade - La trombe - Le typhon - Le vent coulis.
Vents régionaux : L'alizé - L'autan - Le blizzard - Le foehn - Le khamsin - Le mistral - Le pampero - Le ponant - Le simoun - Le sirocco - La tramontane.

Les précipitations

Brouillard (masc.). Nuage au ras du sol.
Nuée (fém.). Amoncellement de gros nuages.
Pluie (fém.). Eau qui tombe en gouttes des nuages par la condensation provoquée par la basse température du nuage.
Grêle (fém.). Pluie qui, sous l'effet d'une condensation rapide en glace, tombe en grains de forme ovale.
Neige (fém.). Pluie qui, sous l'effet d'une condensation lente en glace, tombe en flocons blancs et légers.
Giboulée (fém.). Pluie soudaine, quelquefois accompagnée de vent, de grêle ou de neige, et suivie d'une éclaircie.

Vocabulaire météorologique

Anticyclone - Ascendance - Basse pression - Circulation générale - Cellule polaire, tempérée, équatoriale - Courant ascendant - Courant descendant - Dépression - Front chaud - Front froid - Front polaire - Haute pression - Microclimat - Occlusion - Perturbation.

Instruments de météorologie

Actinomètre - Anémomètre - Ballon-sonde - Frégate météo - Girouette - Hygromètre - Météorographe - Planche à neige - Pluviomètre - Satellite météo - Station météo - Thermomètre.

Pour être plus précis

Verbes
Aspirer
Balayer
Chasser
Condenser
Darder
Emporter
Ensoleiller
s'Engouffrer
Geler
Givrer
Grêler
Griller
Neiger
Pleuvoir
Réfracter
Souffler
Tonner

Adjectifs
Ardent
Aride
Ascendant
Brouillardeux
Brumeux
Cyclonique
Dépressionnaire
Dévastateur
Ensoleillé
Éolien
Humide
Méditerranéen
Pluviométrique
Thermique
Tourbillonnant
Tournoyant
Turbulent
Violent

LES NUAGES

Forme	*Description*	*Effet*	*Altitude*
	**Altocumulus** nuages clairs ayant l'apparence de gros flocons et offrant un aspect de ciel pommelé	pendant le passage de la dépression, ils accompagnent l'éclaircie	2 000 à 6 000 m
	**Altostratus** voile gris plomb qui estompe les contours du soleil et de la lune	nuage de temps gris	6 000 m
	**Cirro-cumulus** nuages d'altitude groupés en flocons de couleur blanche, offrant un aspect de ciel moutonné	nuages de grand beau temps	6 000 à 8 000 m
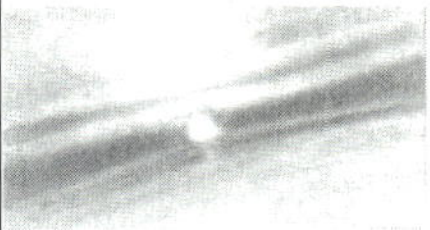	**Cirro-stratus** voile laiteux qui dessine un halo autour du Soleil ou de la Lune	nuages qui annoncent un ciel couvert	7 000 m
	**Cirrus** filaments assez fins d'aspect fibreux et d'un blanc brillant	nuages qui annoncent le mauvais temps	8 000 m
	**Cumulo-nimbus** gigantesque nuage vertical, dont la base est sombre et le sommet en enclume	nuage qui donne de la pluie	500 à 7 000 m
	**Cumulus** nuage blanc, à base plate mais au sommet frisé	nuage de beau temps temporaire	2 000 m
	**Nimbo-stratus** couches grises épaisses sans forme précise	nuages de mauvais temps	1 000 à 2 000 m
	**Strato-cumulus** nuage sombre formé de bourrelets minces et réguliers	nuage de mauvais temps	2 000 m
	**Stratus** couche grise continue comme un brouillard	temps gris avec pluie ou pas	2 000 m

Les arbres et la forêt

Une forêt est une vaste étendue de terrain peuplée d'arbres. Un bois est plus petit qu'une forêt. La forêt enrichit le sol en produisant de l'humus (feuilles mortes qui se décomposent). Elle ralentit et régularise l'écoulement des eaux, car les arbres retiennent les sols avec leurs racines et freinent la pluie avec leurs feuilles.

L'arbre

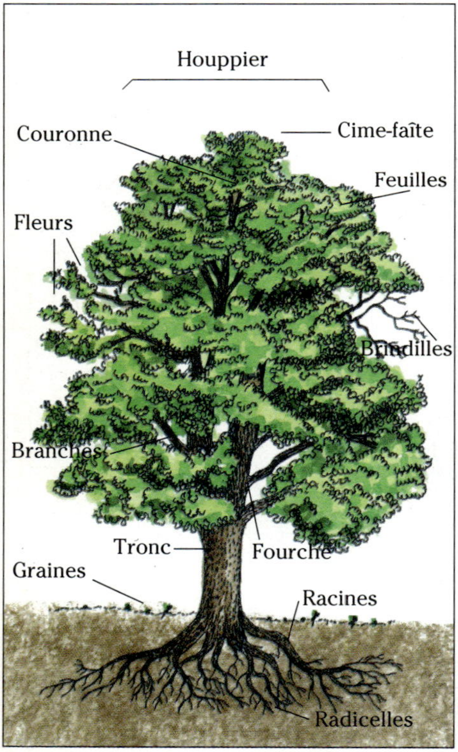

La répartition des forêts

Forêt boréale (fém.). Pins, sapins, épicéas, mélèzes, et bouleaux composent cette forêt que l'on trouve dans les régions nordiques comme le Canada, la Norvège, la Suède, le nord de la Russie.
Forêt équatoriale et tropicale (fém.). Acajous, okoumés, ébènes, hévéas forment une végétation très dense qui s'étage sur quatre ou cinq niveaux. On trouve ce type de forêt en Afrique et en Amérique latine.
Forêt méditerranéenne (fém.). Chênes verts, chênes-lièges, oliviers, cyprès, eucalyptus et lauriers supportent les étés chauds et secs et les hivers doux et humides. On les trouve autour du bassin méditerranéen.
Forêt de mousson (fém.). Tecks, eucalyptus, acacias, baobabs et savane (plaine herbeuse) supportent les saisons sèches et humides en Afrique équatoriale, dans certaines parties d'Amérique du Sud et en Australie.

Les types de forêts

Boulaie - Châtaigneraie - Chênaie - Coudraie - Cyprière - Érablière - Frênaie - Genévrière - Hêtraie - Ormaie - Peupleraie - Pinède - Sapinière - Saulaie - Tremblaie.

Pour être plus précis

Verbes
Abattre
Boiser
Couper
Déraciner
Dessoucher
Ébrancher
Éclaircir
Élaguer
Émonder
Entretenir
Essarter
Étêter
Étirer
Pousser
Protéger
Reboiser

Adjectifs
Arborescent
Caduque
Chétif
Clairiéré
Clairsemé
Dense
Domanial
Épais
Exotique
Exubérant
Forestier
Impénétrable
Luxuriant
Noueux
Résineux
Robuste
Sylvicole
Tropical
Végétal
Vert
Vierge

LES ARBRES

Nom de l'arbre	*Taille adulte*	*Caractéristiques*	*Fruit*	*Lieux de culture*
Bouleau blanc	25 m	bois blanc utilisé en menuiserie		régions froides ; boulaie
Cèdre	40 m	fût trappu à cime tabulaire ; bois rouge odoriférant et imputrescible	cône dressé	Asie et Afrique ; cédraie
Châtaignier	35 m	exploité pour ses fruits et son bois (charpente)	châtaigne	régions tempérées ; châtaigneraie
Chêne	40 m	bois résistant utilisé pour le chauffage, le mobilier et la construction	gland	régions tempérées ; chênaie
Cyprès	25 m	conifère à feuillage persistant vert sombre, planté en haie comme coupe vent	cône	région méditerranéenne ; cyprière
Frêne	35 m	bois dur, blanc jaune, utilisé en mobilier et construction	samare	régions tempérées ; frênaie
Hêtre	40 m	bois blanc, flexible, utilisé en menuiserie	faine	régions tempérées ; hêtraie
Marronnier	30 m	bois blanc, tendre, à tronc droit et cime arrondie, à feuilles composées palmées	capsule à une graine : le marron	régions tempérées et Balkans
Mélèze	35 m	bois dur qui noircit en vieillissant ; branches pendantes et aiguilles caduques	cône dressé	montagne ; mélezin
Orme	40 m	bois rouge brun, solide et souple, utilisé en charpenterie et menuiserie	samare	régions tempérées ; ormaie
Peuplier	33 m	bois blanc pour ébénisterie et pâte à papier ; arbre au port fastigié	capsule contenant une gaine duveteuse	régions tempérées ; peupleraie
Pin maritime	40 m	bois résineux pour la charpenterie ; arbre au feuillage persistant	cône pendant	régions tempérées ; pinède
Platane	30 m	bois de chauffage ; son écorce gris verdâtre se détache par plaques lobées	forme d'akènes groupés en capitule	Amérique et Asie ; platanaie
Sapin de Douglas	50 m	bois blanc non résineux, utilisé en menuiserie	cône allongé dressé	régions tempérées froides ; sapinière

Les champignons

Les champignons sont des végétaux aux formes variées qui n'ont ni fleurs, ni feuilles, ni chlorophylle. Ce sont des végétaux cryptogames car leurs organes de reproduction sont cachés. Il existe plusieurs milliers d'espèces de champignons, certains si petits qu'ils ne sont visibles qu'au microscope.

Le champignon

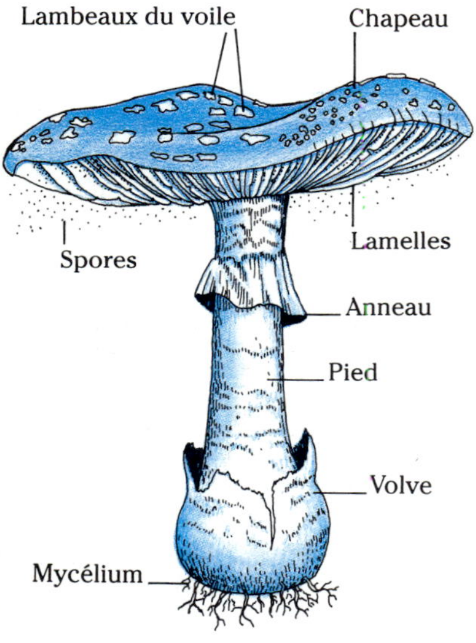

La culture des champignons

Compostage (masc.). Préparation de la matière végétale qui permettra à la semence (le mycélium) de se nourrir et de se développer. Au bout de 20 jours, cette matière est appelée compost.
Pasteurisation (fém.). Fermentation dirigée et contrôlée qui achève le compostage (6 jours).
Ensemencement (masc.). Mélange effectué entre la semence (ou mycélium, ou blanc) qui est fabriquée par des laboratoires spécialisés, et la masse du compost. Des filaments blancs naissent en trois ou quatre semaines.
Gobetage (masc.). Maintien de l'humidité dans le compost en superposant au compost ensemencé un mélange de calcaire et de tourbe.
Incubation (fém.). Développement du mélange en le portant dans un local clos à chaleur humide pendant une durée de 15 à 18 jours.
Récolte (fém.). Ramassage des champignons qui s'effectue pendant 8 à 12 semaines de façon discontinue. C'est le phénomène de volées ou alternance de grosses récoltes allant en s'amenuisant et de repos végétatif. La récolte se fait tous les jours et requiert dextérité et discernement.
Désinfection (fém.). Après la culture, le compost (ou corps de meule) est sorti de la carrière. Les locaux et les caisses sont largement désinfectés et une nouvelle culture peut commencer.

Pour être plus précis

Verbes
Composter
Cueillir
Cultiver
Désinfecter
Domestiquer
Ensemencer
Fumer
Gobeter
Humidifier
Identifier
Incuber
Larder
Pasteuriser
Ramasser
Récolter

Adjectifs
Arrondi
Comestible
Consommable
Fongeux
Fongicide
Fongicole
Fongiforme
Fongoïde
Jeune
Mycologique
Mycophage
Mycophile
Naturel
Résistant
Robuste
Savoureux
Toxique
Vénéneux

LA CLASSIFICATION DES CHAMPIGNONS

Aspect	*Caractéristiques*	*Exemples*
	champignons à aiguillons ou plis, sans lamelles ni pores	Hydnum, Cantharellus cratellerus, Hericium
Champignons à pores sous le chapeau ou sous les consoles		
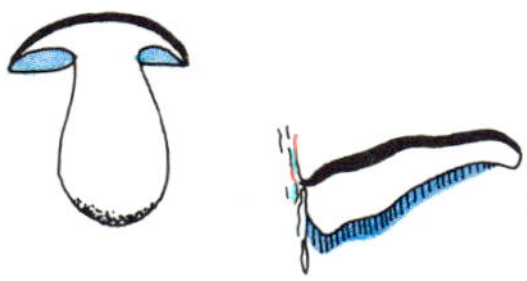	pied central et chapeau arrondi, poussant sur le sol	Bolets : Boletus, Xerocomus, Suillus
	champignon sur pied très court ou absent, en forme de sabot, poussant sur le bois	Polyporées : Tramètes
Champignon à lamelles sous le chapeau ou sous les consoles		
	sans pied ou pied très court, ou en forme de sabot, poussant sur le bois	Pleurotes
Champignon typique à lamelles sous le chapeau et pied central		
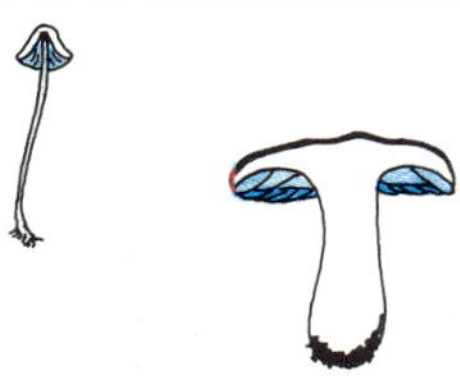	petits champignons fragiles, ne dépassant pas 6 cm, à chapeau délicat, convexe, hémisphérique ou conique	Mycènes, Collybies, Psilocybes
	champignons plus robustes à lamelles adnées, sans anneau ni volve	Russules, Lactaires Tricholomes, grands Entholomes
	champignons plus robustes à lamelles adnées, sans volve, possédant un voile arachnéen (cortiné) couvrant les lamelles de jeunes spécimens qui laissent une marque	Cortinaires
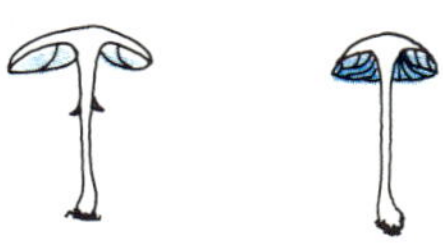	champignons robustes à anneau, sans volve, à lamelles adnées	Agrocybes, Armillaires, Rozites
	champignons robustes sans anneau ni volve, à lamelles libres	Plutées
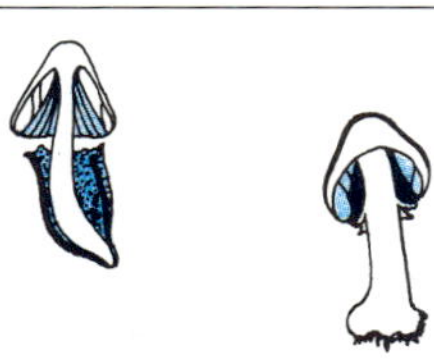	grands champignons sans anneau mais avec une volve et aux lamelles libres	Volvaires
	grands champignons à lamelles libres et à anneau, sans volve ou avec une volve réduite à des écailles à la base du pied	Agaries, certaines Amanites, petites et grandes Lépiotes
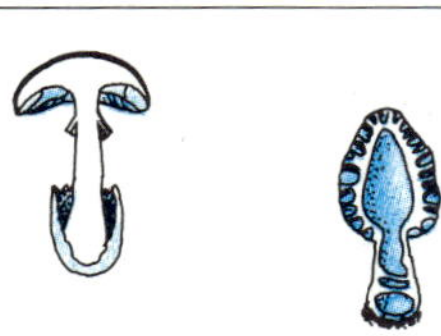	grands champignons à lamelles libres, présentant à la fois un anneau et une volve	certaines Amanites
	champignon sans aiguillons, sans lamelles ni pores, ne présentant pas la forme classique	Morilles, Truffes, Vesses de loup, Espèces gélatineuses

Les reptiles

Il existe quatre grands groupes de reptiles : les serpents, les crocodiles, les lézards et les tortues. Les reptiles sont des vertébrés qui n'ont ni plumes ni poils, mais des écailles. Les reptiles sont des animaux à sang froid : leur température varie en fonction de celle du milieu où ils vivent.

Les crocodiles

Les espèces
Alligator - Caïman - Crocodile - Gavial.

Les lézards

Les espèces
Agame - Basilic - Calote - Caméléon - Dragon de Komodo - Dragon volant - Gecko - Iguane - Lézard des murailles - Lézard vert - Moloch - Monstre de Gila - Orvet - Varan.

Les tortues

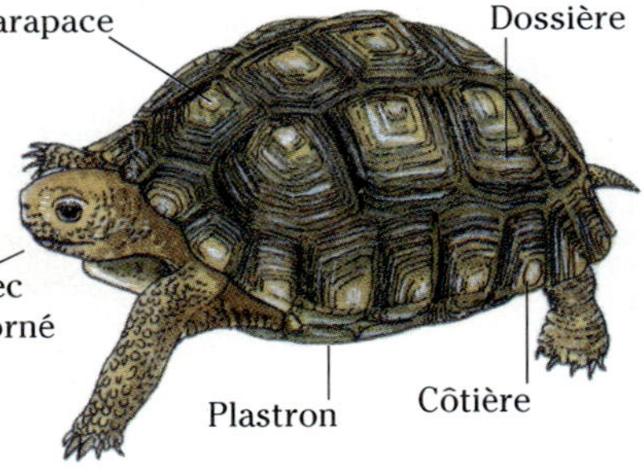

Les espèces
Terrestres : Tortue soleil - Tortue boîte - Tortue charbonnière - Tortue éléphantine - Tortue poulet.
Aquatiques : Tortue peinte - Cistude.
Marines : Tortue verte - Tortue luth - Tortue imbriquée.

Pour être plus précis

Verbes
Contracter
Enlacer
Enserrer
Étouffer
Happer
Hiverner
Ingurgiter
Injecter
Mordre
Muer
Ramper
Serpenter
Siffler

Adjectifs
Bifide
Corné
Diamanté
Écailleux
Effilé
Fourchu
Ondulant
Ovipare
Palmé
Préhensile
Rétractile
Serpentiforme
Sinueux
Vénimeux
Vermiforme
Vertébré

LES SERPENTS

Nom	*Caractéristiques*	*Région*
Anaconda	9 m. Non venimeux, serpent constricteur : il tue sa proie en l'étouffant	Amérique du Sud
Couleuvre	2 m. Non venimeux, serpent fouisseur, pupille circulaire	Europe
Crotale (serpent à sonnette)	2,10 m. Très venimeux, sa queue produit un bruit de crécelle	Amérique
Naja ou cobra noir	4 m. Très venimeux, son cou se dilate, laissant apparaître un dessin, d'où son surnom de « serpent à lunettes »	Afrique Asie
Python de Seba	10 m. Non venimeux, peut avaler un mouton grâce à ses mâchoires extensibles	Asie du Sud-Est Afrique
Vipère	1,50 m. Venimeux, queue réduite, large tête, pupille ovale verticalement	Europe Asie du nord

Les mammifères

Les mammifères sont des vertébrés ; ils ont quatre pieds ou pattes (tétrapodes), ils respirent par les poumons et les femelles allaitent leurs petits. Les mammifères peuvent être aériens (chauve-souris), amphibies (loutre), terrestres (éléphant), aquatiques (dauphin), arboricoles (écureuil), ou agrestes (campagnol).

La classification des mammifères

Carnassiers (ours, belette, lion...). Mammifères à griffes dont les dents et le système digestif permettent une alimentation à base de chair crue.

Chauves-souris (roussette, vampire...). Mammifères qui ont des ailes faites de membranes et qui vivent généralement la nuit.

Cétacés (baleine, phoque...). Mammifères aquatiques au corps en forme de poisson (pisciforme) dont les membres antérieurs sont transformés en nageoires.

Insectivores (hérisson, taupe...). Mammifères qui se nourrissent principalement d'insectes.

Marsupiaux (kangourou, koala...). Mammifères qui mettent au monde des petits qui vont terminer leur développement dans la poche maternelle renfermant les mamelles.

Ongulés (cheval, porc...). Mammifères dont les pieds sont terminés par de la corne (ongle, sabot).

Primates (singe, chimpanzé...). Mammifères qui ont une dentition complète et dont les mains sont capables de saisir (préhensiles).

Rongeurs (castor, lapin...). Mammifères qui n'ont pas de canines mais des incisives tranchantes qui ne cessent de pousser.

Les mammifères aquatiques

La baleine - Le cachalot - Le dauphin - Le lamantin - Le marsouin - Le morse - Le narval - L'orque - L'otarie - Le phoque.

Le chien

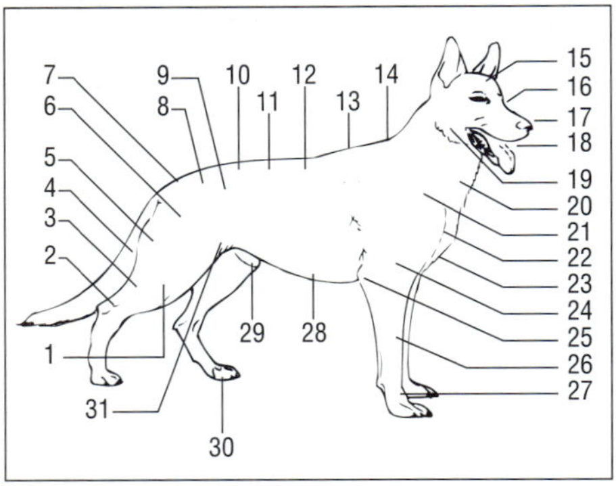

1. Grasset
2. Corde du jarret
3. Jambe
4. Queue
5. Cuisse
6. Fesse
7. Croupe
8. Hanche
9. Flanc
10. Rein
11. Dos
12. Côtes
13. Garrot
14. Encolure
15. Front
16. Chanfrein
17. Truffe
18. Gueule
19. Joue
20. Gorge
21. Épaule
22. Pointe de l'épaule
23. Poitrail
24. Bras
25. Coude
26. Avant-bras
27. Main
28. Ventre
29. Fourreau
30. Pied
31. Pli latéral

Pour être plus précis

Verbes
Allaiter
Apprivoiser
Brouter
Broyer
Chasser
Courir
Déchiqueter
Développer
Dévorer
Dresser
Gîter
Griffer
Grimper
Hiberner
Muer
Nager
Nicher
Planer
Ruminer
Sauter

Adjectifs
Actif
Annelé
Arboricole
Carnassier
Effilé
Herbivore
Insectivore
Nuisible
Omnivore
Palmé
Prédateur
Puissant
Rongeur
Souple
Svelte
Timide
Touffu
Trapu
Velu

LES MAMMIFÈRES COURANTS

Mâle	*Femelle*	*Petit*	*Cri*
Âne	ânesse	ânon	braire
Bœuf/taureau	vache	veau	beugler meugler mugir
Bouc	chèvre	chevreau	bégueter chevroter
Buffle	bufflonne bufflesse	bufflon buffletin	souffler beugler
Cerf	biche	faon	bramer réer
Chameau	chamelle	chamelon chamelet	blatérer
Chat	chatte	chaton	miauler
Cheval	jument	poulain	hennir
Chevreuil	chevrette	chevrotin	bramer
Chien	chienne	chiot	aboyer
Daim	daine	faon	bramer
Éléphant	éléphante	éléphanteau	barrir
Lapin	lapine	lapereau	glapir
Lièvre	hase	levraut	vagir
Lion	lionne	lionceau	rugir
Loup	louve	louveteau	hurler
Ours	ourse	ourson	gronder
Porc	truie	cochonnet	grogner
Rat	rate	raton	couiner
Renard	renarde	renardeau	glapir
Sanglier	laie	marcassin	grommeler nasiller
Souris		souriceau	chicoter
Tigre	tigresse	tigron	feuler râler rauquer

Le corps humain

Les mouvements de l'être humain sont assurés par des muscles fixés sur une charpente osseuse, le squelette, recouverte par la peau. Le corps reçoit des informations qui sont captées par les organes des sens et décodées par le cerveau.

La peau

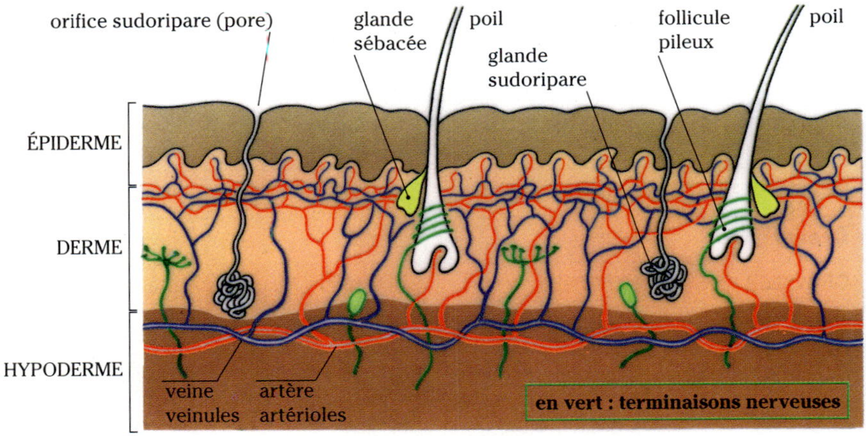

Les organes

Organes des sens : Langue - Nez - Oreille - Peau - Yeux.
Organes de la circulation : Artère - Capillaire - Cœur - Veine.
Organes de la digestion : Bouche - Estomac - Gros intestin - Intestin grêle - Œsophage.
Organes de la respiration : Bronches - Nez - Poumons - Trachée artère.

Le cerveau

Cerveau (*masc.*). Partie antérieure de l'encéphale formée des hémisphères cérébraux.
Cervelet (*masc.*). Partie postérieure et inférieure de l'encéphale.
Cortex (*masc.*). Enveloppe superficielle des hémisphères cérébraux et du cervelet.
Encéphale (*masc.*). Partie du système nerveux contenue dans la boîte crânienne des vertébrés.
Hémisphères cérébraux (*masc.*). Moitiés symétriques, droite et gauche, du cerveau.
Hémisphère droit (*masc.*). Partie qui commande le côté gauche du corps.
Hémisphère gauche (*masc.*). Partie qui commande le côté droit du corps.

Pour être plus précis

Verbes
Articuler
Contracter
Digérer
Goûter
Grandir
Ingérer
Percevoir
Régurgiter
Respirer
Saliver
Sécréter
Sentir
Toucher

Adjectifs
Charpenté
Chétif
Conformé
Découplé
Élancé
Épais
Frêle
Lourd
Maigre
Souple
Trapu

LES OS ET LES MUSCLES

Les os sont rigides : c'est ce qui permet au corps d'être soutenu.
Certains os sont articulés : c'est pourquoi nous pouvons bouger, grâce à des muscles.

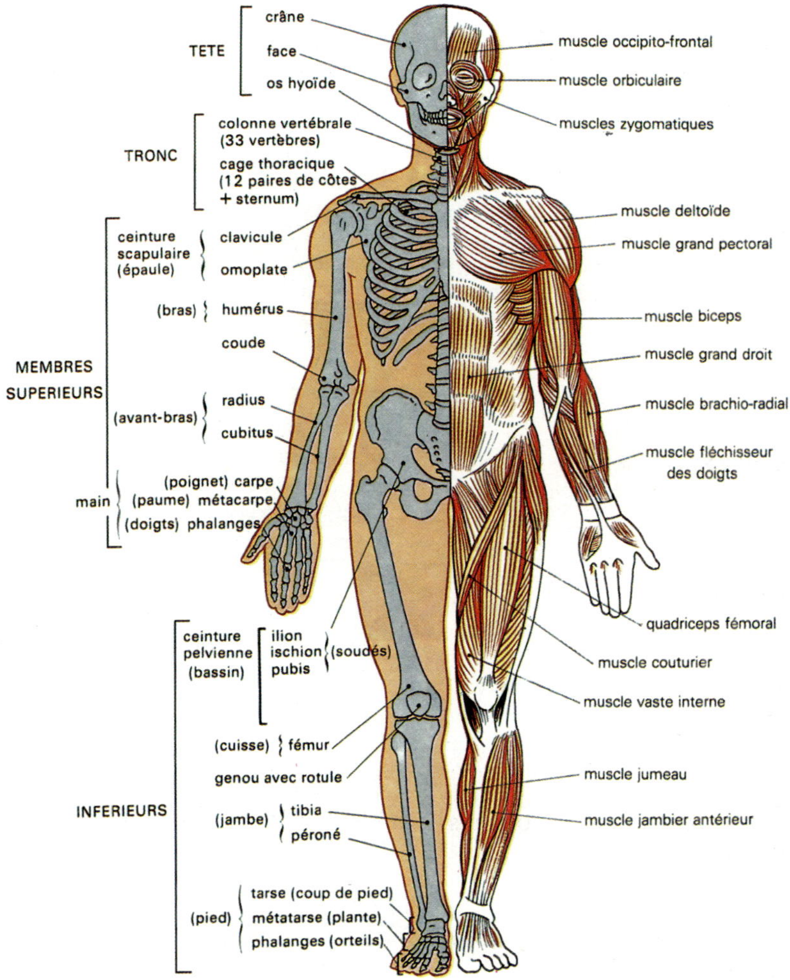

Les sens

La perception de l'environnement se fait par les organes des sens : la vue, l'ouïe, le toucher, l'odorat et le goût. Les sensations ressenties sont le chaud, le froid, le salé, le piquant…

Sens et sensations

Émotion (fém.). Réaction affective se manifestant par divers troubles, pâleur, rougissement, palpitations…
Passion (fém.). État affectif ou intellectuel puissant où la vie de l'esprit nuit au jugement. Passion est synonyme d'adoration, emballement, fanatisme.
Sensation (fém.). Impression produite par quelque chose d'extérieur à une personne.
Sentiment (masc.). État affectif stable et durable.

Le goût

Allécher - Déguster - Se délecter - Flatter - Goûter - Jouir - Piquer - Savourer.
Acide - Âcre - Aigre - Amer - Âpre - Assaisonné - Doux - Épicé - Fade - Fort - Insipide - Moelleux - Poivré - Rance - Relevé - Salé - Saumâtre - Succulent - Sucré - Sûr.

La vue

Apercevoir - Aveugler - Découvrir - Dévoiler - Discerner - Distinguer - Entrevoir - Masquer - Regarder.
Apparent - Discernable - Distinct - Imperceptible - Manifeste - Net - Perceptible - Visible.

L'odorat

Aspirer - Dégager - Désodoriser - Embaumer - Émettre - Empester - Enivrer - Entêter - Exhaler - Flairer - Fleurer - Humer - Puer - Renifler - Respirer - Sentir - Suffoquer.
L'arôme - La bouffée - Le bouquet - L'effluve - L'émanation - L'exhalaison - La fragrance - Le fumet - Le miasme - L'odeur - Le parfum - La pestilence - La puanteur - Le relent - La senteur - La vapeur.

Le toucher

Achopper - Butter - Caresser - Cogner - Effleurer - Empoigner - Frapper - Frôler - Heurter - Manier - Manipuler - Palper - Serrer - Tâter - Toucher.
Cotonneux - Délicat - Doux - Duveteux - Léger - Lisse - Moelleux - Râpeux - Rêche - Rude - Rugueux - Rustique - Satiné - Soyeux - Velouté.

L'ouïe

Avoir l'oreille fine - Avoir de l'oreille - Discerner - Distinguer - Entendre - Être dur d'oreille - Faire la sourde oreille - Ouïr - Percevoir - Tendre l'oreille.
Aigre - Aigu - Ahurissant - Assourdissant - Crépitant - Éclatant - Étouffé - Infernal - Nasillard - Perçant - Plaintif - Rauque - Sourd - Strident.

Pour être plus précis

Verbes
Aimer
Craindre
Dédaigner
Émouvoir
Éprouver
Espérer
Éveiller
Exciter
Goûter
Haïr
se Méfier
Pâlir
Palpiter
Pleurer
Plaire
Ressentir
Rire
Rougir
Sensibiliser
Souffrir

Adjectifs
Abattu
Antipathique
Ardent
Attirant
Auditif
Émotif
Gustatif
Impressionnable
Lascif
Luxurieux
Malheureux
Mélancolique
Repoussant
Sensible
Sensitif
Sensoriel
Sensuel
Serein
Sobre
Soucieux
Tactile
Triste
Visuel
Voluptueux

LES ORGANES DES SENS

Nom	*Description*	*Fonctions*	*Anomalies*
Langue (fém.)	La face supérieure de la langue est recouverte de papilles de différentes formes auxquelles correspondent des goûts : la pointe est sensible au sucré, les côtés à l'acide, l'arrière à l'amer.	– organe qui joue un rôle essentiel dans la déglutition, le goût et la parole	– agueusie : perte de goût
Nez (masc.)	Le nez comprend deux narines séparées par un cartilage souple. En relief sur le visage, il revêt des formes caractéristiques : aquilin, bourbonien, busqué, camard, camus, crochu, droit, épaté, grec, en pied de marmite, pointu, retroussé, en trompette...	– organe et siège de l'odorat – organe de la respiration et de la phonation	– anosmie : perte de l'odorat – parosmie : perversion de l'odorat
Œil (masc.)	L'œil humain est un globe enveloppé de trois membranes : - *la sclérotique* forme, en avant, la cornée ; - *la choroïde* se prolonge en avant par l'iris, percé de la pupille, à ouverture variable selon l'intensité de la lumière ; - *la rétine*, sur laquelle se dessinent les images, est reliée au cerveau par le nerf optique.	– organe de la vue – organe qui permet de manifester les émotions (larmes), les sentiments (ouvrir de grands yeux = étonnement) ou les désirs (faire de l'œil à quelqu'un)	– défauts de réfraction : ambliopie, astigmatisme, hypermétropie, myopie, presbytie – anomalie dans la vision des couleurs : achromatopsie, daltonisme, dyschromatopsie, hémératie – strabisme
Oreille (fém.)	L'oreille humaine se compose de trois parties : - *l'oreille externe* : pavillon, conduit auditif fermé par le tympan ; - *l'oreille moyenne* : le marteau, l'enclume et l'étrier transmettent les vibrations du tympan à l'oreille interne ; - *l'oreille interne* : organe de l'équilibration et appareil auditif.	– organe de l'audition – organe de l'équilibration	– surdité de transmission – surdité de perception – acouphène : perception de bruits anormaux (sifflements-ronflements)
Peau (fém.)	La peau est une enveloppe élastique qui protège le corps contre les agressions extérieures et régule la température. L'épiderme est la couche supérieure de la peau, le derme en est la couche profonde. La pulpe des doigts est la zone la plus sensible au froid, au chaud, au piquant, au doux.	– organe du toucher – organe auxiliaire de la respiration et de l'excrétion	

L'habitat

La maison est l'endroit où l'on habite. La maison peut être de plain-pied, c'est-à-dire que toutes les pièces sont au même niveau. Elle peut avoir plusieurs étages et posséder une cave ou un sous-sol, et un grenier ou des combles. Elle peut être individuelle ou mitoyenne, en rangée ou en immeuble.

Les pièces

La cave à provisions, la cave à bois, à charbon, le cellier à vins, le garage, le vestibule ou l'entrée, la cuisine, l'arrière-cuisine, la véranda, la salle à manger (de séjour), le salon, le bureau, la salle de bains (d'eau), le cabinet, les toilettes (WC), la buanderie, la chambre, le grenier (combles, mansarde), les couloirs, les corridors, les galeries ou les passages.

Le mobilier

Cuisine : Chaises - Cuisinière - Élément haut/bas - Élément sous évier - Élément sur hotte - Évier - Four - Lave-vaisselle - Plan de travail - Plaque de cuisson - Réfrigérateur - Table - Tabouret.
Salon : Bahut - Banquette - Canapé - Canapé convertible - Confiturier - Fauteuil - Meuble hifi-vidéo - Pouf - Table basse - Vaisselier.
Chambre : Armoire à linge - Chiffonnier - Commode - Garde-robe - Lit bateau - Lits jumeaux - Lits superposables - Mezzanine - Penderie - Table de chevet.

Les activités domestiques

Faire le ménage : Aspirer les moquettes - Balayer - Cirer les meubles - Dégivrer le réfrigérateur - Épousseter les meubles - Laver le sol - Laver les vitres - Ranger les armoires.
Entretenir la maisonnée : Cirer les chaussures - Coudre - Desservir - Faire les courses - Faire la lessive - Faire la vaisselle - Mettre la table - Préparer les repas - Raccommoder.

Les accessoires de la salle de bains

Anneau porte-serviette - Armoire de toilette - Crochet porte-serviette - Distributeur de papier toilette - Étagère - Miroir - Patère - Pont de baignoire - Porte-savon - Porte-serviettes - Porte-verre - Poubelle - Serviette - Tablette de lavabo.

Pour être plus précis

Verbes
Aménager
Balayer
Brosser
Cirer
Cuisiner
Débarrasser
Déménager
Emménager
Épousseter
Essuyer
Faire le ménage
Fourbir
Frotter
Habiter
S'installer
Mettre en ordre
Nettoyer
Peindre
Ranger
Récurer
Tapisser

Adjectifs
Aéré
Agencé
Carrelé
Commode
Confortable
Délabré
Douillet
Élégant
Fonctionnel
Luxueux
Meublé
Moderne
Négligé
Petit
Soigné
Spacieux

L'APPARTEMENT

1. La table de nuit
2. Le lit de deux personnes
3. La chambre
4. Le fauteuil
5. La table basse
6. Le radiateur
7. La gravure
8. Le meuble chaîne hi-fi
9. La salle de séjour
10. Le porte-manteau
11. L'entrée
12. Le vestibule
13. Le robinet
14. L'évier
15. La hotte
16. L'armoire à vaisselle
17. La plaque de cuisson
18. Le four
19. Le carrelage
20. La cuisine
21. La table
22. La chaise
23. Le réfrigérateur
24. La baignoire
25. Le lavabo
26. L'armoire de toilette
27. La salle de bains
28. Le bidet
29. Lieux d'aisance ou toilettes
30. Le miroir
31. La tablette
32. La moquette
33. La couverture
34. L'oreiller
35. La chambre d'enfant
36. L'applique murale
37. L'armoire ou la penderie
38. Le débarras

La famille

La famille désigne l'ensemble des personnes apparentées vivant sous le même toit : essentiellement le père, la mère et les enfants. Dans un sens plus large, on parle de famille pour désigner la succession des personnes ayant une même origine. On parle alors de lignage, de dynastie ou de généalogie.

Le cercle familial

Ménage solitaire (masc.). Un individu, un célibataire ou une veuve, vit seul.
Ménage nucléaire (masc.). Un seul noyau, le couple conjugal formé du mari, de la femme et des enfants.
Ménage élargi (masc.). Outre le couple conjugal et ses enfants, il comprend un ou plusieurs parents : un ascendant (grand-mère devenue veuve par exemple), des collatéraux (frère ou sœur célibataire de l'un des époux).
Ménage multiple ou polynucléaire (masc.). Ménage qui peut comprendre un premier couple, le fils marié, sa femme et leurs enfants.

Le matériel de bébé

Alèse - Baignoire - Barboteuse - Bavette - Bavoir - Berceau - Bercelonnette - Biberon - Bonnet - Brassière - Burnous - Cache-brassière - Chaise haute - Chauffe-biberon - Chausson - Combinaison - Couche - Couche-culotte - Écouvillon - Gigotière - Grenouillère - Landau - Lit auto - Lit parc - Moïse - Nid d'ange - Parc - Pèse-bébé - Porte-bébé - Poussette - Poussette-canne - Pyjama - Sac à dos porte-bébé - Siège auto - Sortie de bain - Stérilisateur - Table à langer - Talc - Tétine - Transat - Trotteur.

Le mariage

À la base de la famille, il y a entre un homme et une femme des formules d'engagement réciproque utilisées dans les rites civils (devant le maire) ou dans les rites religieux.
Lors du mariage, les mariés ont des témoins. Après l'échange des consentements, ils se passent mutuellement au doigt un anneau (l'alliance). Les nouveaux mariés et leurs familles sortent du lieu de la cérémonie en formant un cortège nuptial. Après une réception, ils partent en voyage de noces (lune de miel). On célèbre les anniversaires de mariage :
— noces d'argent : 25 ans
— noces d'or : 50 ans
— noces de diamant : 60 ans
— noces de platine : 75 ans.

Les liens familiaux

Arrière-grand-père - Arrière-grand-mère - Arrière-petit-fils - Arrière-petite-fille - Grand-père - Grand-mère - Petit-fils - Petite-fille - Grand-oncle - Grand-tante - Père - Mère - Cousin - Fils - Fille - Beau-père - Belle-mère - Gendre ou beau-fils - Bru ou belle-fille - Oncle - Tante - Neveu - Nièce - Beau-frère - Belle-sœur.

Pour être plus précis

Verbes
Abandonner
Adopter
Aimer
s'Allier
Bercer
Choyer
Convoler
Désobéir
Divorcer
Élever
Embrasser
Engendrer
Enterrer
Épouser
Gâter
Gronder
Interdire
Mourir
Porter le deuil
Punir
Respecter
Ressembler

Adjectifs
Affectueux
Atavique
Consanguin
Doux
Dur
Familial
Généalogique
Germain
Héréditaire
Indulgent
Infidèle
Laxiste
Légitime
Maternel
Matrimonial
Nombreux
Paternel
Poli
Prématuré
Sage
Sévère
Unique
Utérin

L'ARBRE GÉNÉALOGIQUE

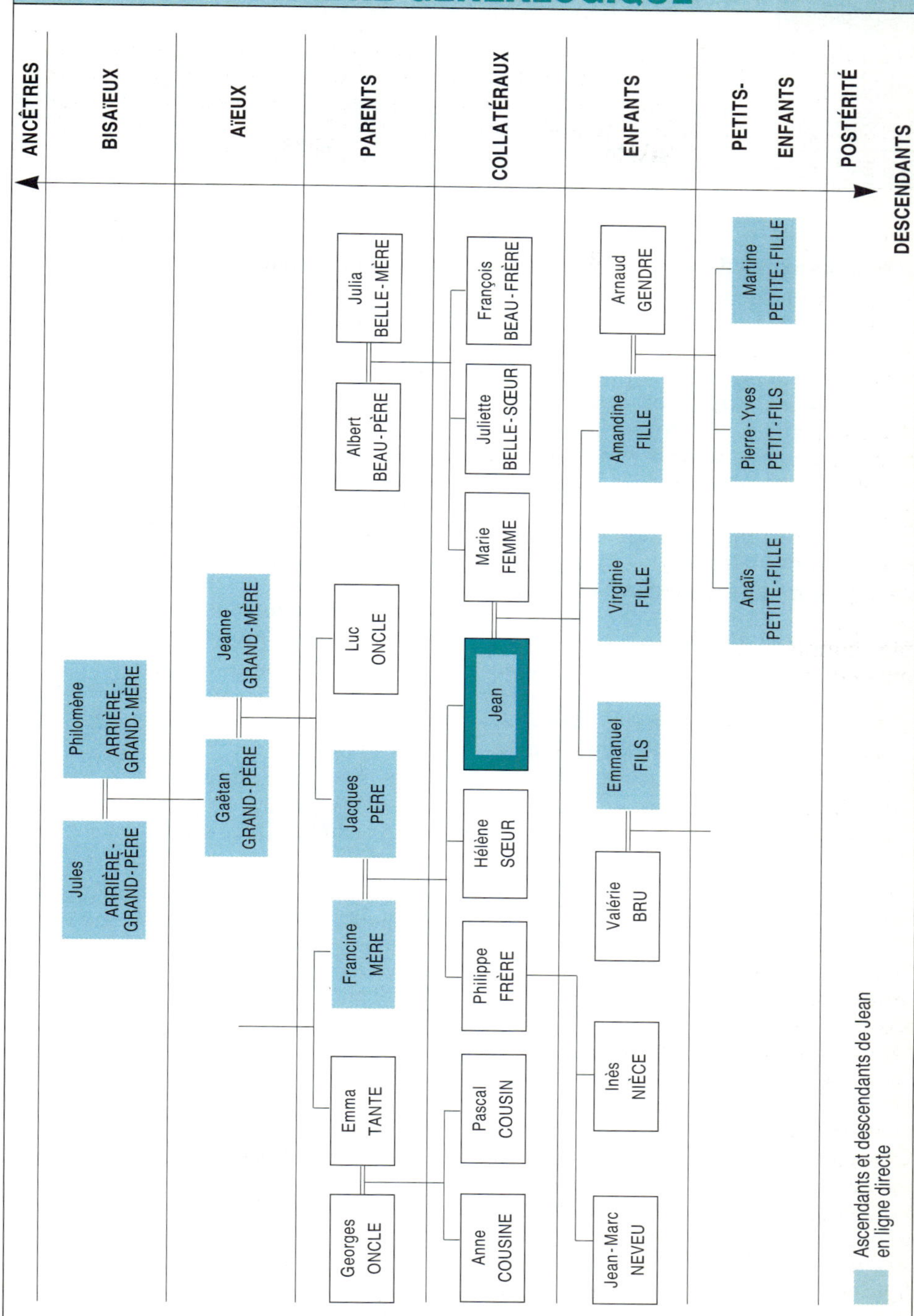

La ville

La ville est formée par une concentration considérable de constructions. Lieu d'habitation, elle est aussi le siège d'activités économiques (banques, commerces spécialisés) et de services administratifs et culturels.

Les quartiers

La ville s'organise en différents quartiers associés à une certaine unité d'activité. On distingue ainsi les quartiers administratifs, commerciaux, industriels. Le quartier des affaires, souvent central, s'ouvre sur le quartier résidentiel et parfois le quartier réservé des ambassades. Très souvent, les bidonvilles sont rejetés dans les quartiers périphériques de la ville. Les quartiers ouvriers se localisent dans les banlieues des grandes villes.

La circulation

Allée - Artère - Avenue - Boulevard - Ceinture périphérique - Chemin - Contre-allée - Cours - Cul-de-sac - Impasse - Mail - Passage - Pénétrante - Quai - Radiale - Rampe - Rocade - Rond-point - Rue - Ruelle - Toboggan - Voie expresse - Venelle.

L'administration

Maire (esse). Premier officier municipal élu par le conseil municipal. Il gère sa commune et veille au bien-être et à la sécurité de ses administrés.

Conseiller (ère) municipal (e). Élu chargé de la gestion de la ville. Il exprime les besoins des citoyens.

Secrétaire de mairie. Fonctionnaire qui veille à l'exécution des décisions prises au conseil municipal.

Officier d'état civil. Il enregistre les naissances, les décès et les mariages survenus dans la commune et délivre les fiches d'état civil.

Agent du cadastre. Il détermine la superficie et la valeur des propriétés foncières.

Services sociaux. Le bureau d'aide sociale gère l'ensemble des actions sociales mises en place par la commune : aide à l'enfance, aux personnes âgées, aide médicale, juridique...

Les agglomérations

Agglomération - Bourg - Bourgade - Capitale - Cité - Cité dortoir - Écart - Hameau - Lieu-dit - Localité - Mégapole - Métropole - Ville champignon - Ville commerçante - Ville cosmopolite - Ville d'eau - Ville de garnison - Ville industrielle - Ville jumelée - Ville nouvelle - Ville sainte - Ville tentaculaire - Ville universitaire.

Pour être plus précis

Verbes

Agrandir
Arpenter
Assainir
Bâtir
Bifurquer
Circuler
Construire
se Développer
Dévier
Électrifier
Emprunter
Entraver
Équiper
s'Étaler
s'Étendre
s'Étirer
Fabriquer
Loger
Occuper
Parcourir
Planifier
Prendre
Subventionner
Suivre

Adjectifs

Abrité
Accessible
Administratif
Bordé
Carrossable
Central
Citadin
Communal
Défoncé
Détourné
Désert
Desservi
Divisé
Électrifié
Étroit
Fortifié
Impraticable
Interdit
Interurbain
Jumelé
Périphérique
Praticable
Rectiligne
Réservé
Résidentiel
Suburbain
Tentaculaire
Urbain

LA VILLE

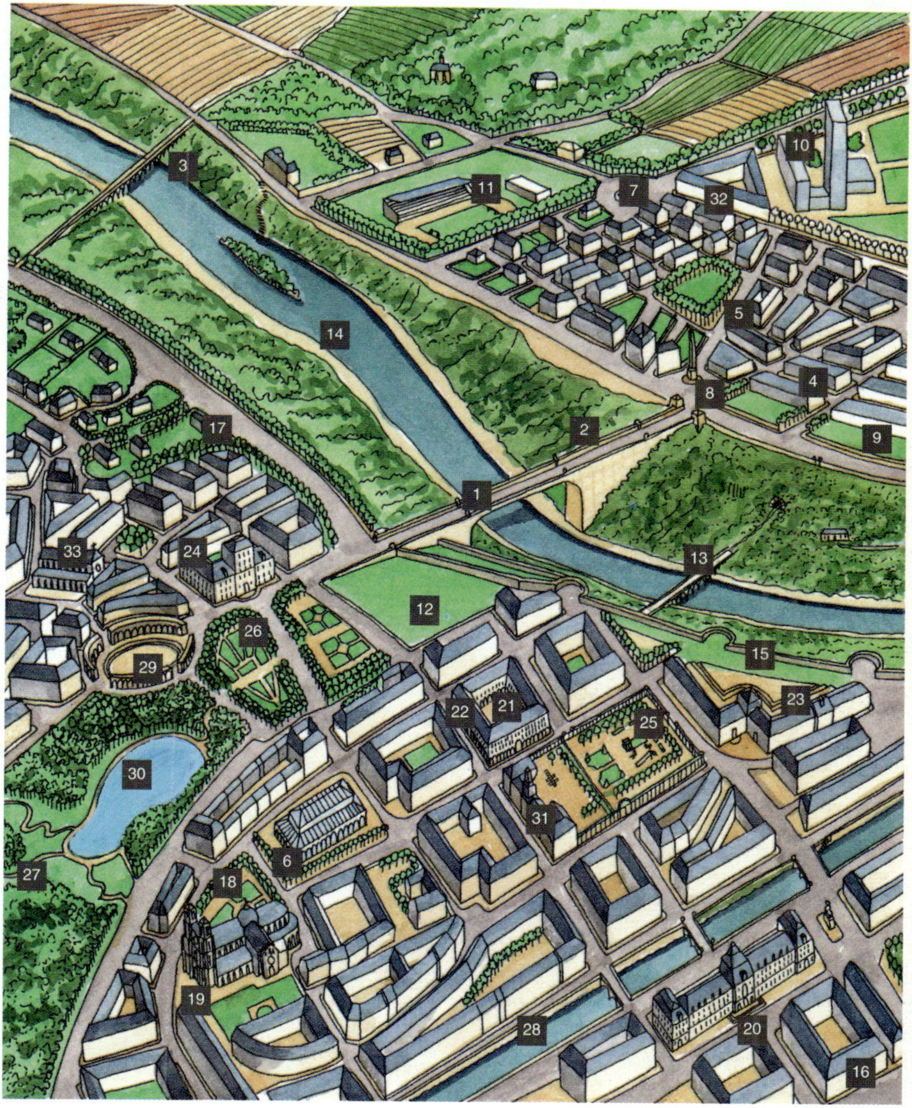

1. Le pont
2. La vallée
3. Le viaduc
4. Le boulevard
5. L'avenue
6. Le marché couvert
7. Le rond-point
8. L'obélisque
9. Les immeubles
10. La tour
11. Le stade
12. L'esplanade
13. L'aqueduc
14. Le cours d'eau
15. Les fortifications
16. La venelle
17. La maison
18. Le square
19. La cathédrale
20. L'hôtel de ville
21. La cour carrée
22. Les arcades
23. La terrasse
24. La préfecture
25. Le jardin public
26. Le mail
27. Le parc urbain
28. Le quai
29. Le forum
30. Le lac
31. L'école
32. L'hôpital
33. L'église

Les jeux

Le jeu développe chez l'enfant des aptitudes qui sont nécessaires à son développement. Il assure à l'adulte une activité de distraction. Les jeux peuvent se classer en deux grands groupes : les jeux de hasard et les jeux de réflexion.

Les jeux de hasard

Backgammon - Boules - Dés - Dominos - Jeu de l'oie - Jonchets - Loto - Monopoly - Pachisi - Parcours - Patolli - Petits chevaux - Pile ou face - Roulette.

Les jeux de cartes

L'origine des jeux de cartes est très ancienne. Les cartes sont connues en Chine depuis le Xe siècle. Les couleurs des cartes ont des appellations différentes selon les pays.

France	cœur	pique	trèfle	carreau
Pays latins	coupe	épée	bâton	denier
Pays germaniques	cœur	feuille	gland	grelot

Dans chaque couleur française les personnages ont un nom historique.

	cœur	pique	trèfle	carreau
Roi	Charles	David	Alexandre	César
Dame	Judith	Pallas	Argine	Rachel
Valet	Lahire	Ogier	Lancelot	Hector

Baccara - Bataille - Belote - Bésigue - Bonneteau - Boston - Brelan - Bridge - Canasta - Chemin de fer - Écarté - Manille - Mistigri - Nain jaune - Patience - Pharaon - Piquet - Poker - Quadrille - Réussite - Reversi - Tri - Triomphe - Whist.

Les jeux d'esprit

Boggle - Bouts rimés - Cadavre exquis - Calembour - Charade - Contrepèterie - Devinette - Énigme - Lexicon - Ludo - Mots carrés - Mots croisés - Mots fléchés - Pictionnary - Portrait - Rébus - Rencontre - Scrabble - Trivial pursuit.

Le jeu d'échecs

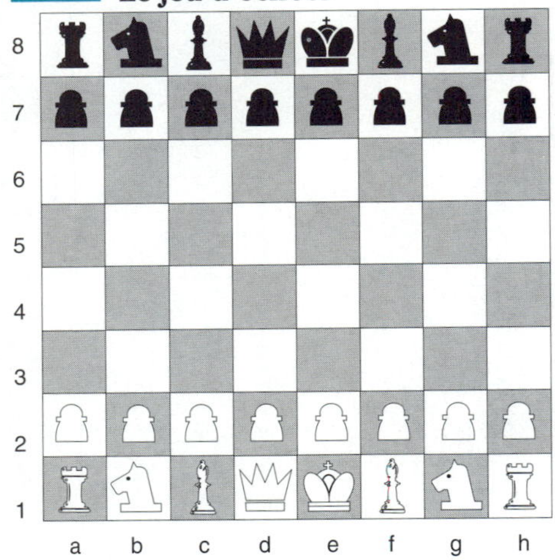

1e. Le roi. 1d. La reine. 1c. Le fou. 1b. Le cavalier. 1a. La tour. 2. Les pions.
L'échiquier. Les blancs. Les noirs. Les pièces.

Pour être plus précis

Verbes
Appeler
Annoncer
Battre
Bluffer
Brelander
Brouiller
Cartonner
Compter
Contrer
Couper
se Décaver
Déclarer
Défaire
se Défausser
Donner
Écarter
Escompter
Faire
Gagner
Jouer
Marquer
Mêler
Miser
Perdre
Ponter
Prendre
Relancer
Renoncer
Risquer
Tricher
Voir

Adjectifs
Aléatoire
Bas
Biseauté
Collectif
Compétitif
Distrayant
Éducatif
Fonctionnel
Haut
Hasardeux
Individuel
Imaginatif
Lucratif
Ludique
Majeur
Mathématique
Mineur
Second
Solitaire
Stimulant
Stratégique
Symbolique
Truqué

LES JEUX DE CARTES

Jeu de cartes	*Origine*	*Nombre de joueurs*	*Règle - But du jeu*
Bataille (fém.)	Vers 1820	– 2 joueurs – jeu de 32 ou 54 cartes	Les 4 couleurs sont équivalentes. On prend une carte avec une carte plus forte. Ordre : As - Roi - Dame - Valet. Le gagnant est celui qui a pris toutes les cartes de l'autre joueur.
Bridge (masc.)	Appelé d'abord triomphe au XVe siècle, puis whist au XVIIe. L'appellation bridge apparaît vers 1885 en Angleterre	– 4 joueurs par équipes de 2 : le donneur, le mort, les adversaires – jeu de 32 cartes	Après les annonces, l'équipe qui a fait la plus forte enchère et qui a réussi le nombre de levées correspondant a gagné.
Belote (fém.)	Europe centrale et Hollande. Introduit en France au début du XXe siècle	– 2 ou 4 joueurs par équipes de 2 – jeu de 32 cartes	Jeu de levées et de combinaisons. Ordre : As, 10, Roi, Dame, Valet. Couleur d'atout : Valet, 9, As, 10, Roi, Dame, 8, 7... L'équipe gagnante est celle qui a le maximum de points.
Manille (fém.)	Espagne au XVIIe et Midi de la France	– 3, 4, 5 ou 6 joueurs – jeu de 32 cartes	Ordre : 10 (dit manille) vaut 5, as (dit manillon) vaut 4, Roi vaut 3, Dame 2, Valet 1. Jeu de levées dans lequel l'équipe gagnante a réalisé le maximum de points.
Tarot (masc.)	Au XVe siècle dans les cours princières d'Italie. Introduit en France au XVIe. Sert à la divination fin XVIIIe	– 3, 4 ou 5 joueurs – jeu spécial de 78 cartes : 56 cartes + 22 atouts dont les 3 bouts : l'excuse, l'atout 21, l'atout 1 (le petit)	4 couleurs de 14 cartes. Ordre : Roi, Dame, Cavalier, Valet. 10 cartes de point, As = la plus faible. L'excuse peut être utilisée à tout moment pour remplacer n'importe quelle carte. Un joueur s'engage à réaliser un contrat précis, il joue seul contre les autres et doit faire le maximum de points.
Poker (masc.)	Louisiane au début du XIXe	– 4 ou 5 joueurs – jeu de 52 cartes – la durée de la partie se fixe avant de commencer	Ordre : As, Roi, Dame, Valet, 10. Chaque joueur dispose de 5 cartes. Il gagne s'il possède la combinaison de cartes la plus forte ou s'il parvient à le faire croire à ses adversaires. Les combinaisons possibles sont : flush royal, carré, couleur, full, quinte, brelan, paire.

Les religions

Les religions apportent des réponses aux interrogations existentielles se fondant sur la croyance en une puissance divine. Elles sont constituées de pratiques et de dogmes. On distingue cinq grandes religions dans le monde : le judaïsme, le christianisme, l'islam, l'hindouisme et le bouddhisme.

Le christianisme

Textes fondateurs : la Bible, composée de l'Ancien Testament et du Nouveau Testament (qui contient les Évangiles).
Clergé : prêtre, curé, évêque, cardinal, pape, diacre, archidiacre, pope, métropolite, patriarche, pasteur.
Lieux de culte : chapelle, église, cathédrale, temple.

L'islam

Textes fondateurs : le Coran, constitué de 114 sourates ou chapitres, de la Sunna (déclarations faites par Mahomet) et de la Charia, loi islamique.
Clergé : imam, calife, recteur.
Lieu de culte : mosquée.

Le judaïsme

Textes fondateurs : la Bible ou Loi écrite qui comprend trois livres : le Pentateuque, les Prophètes et les Hagiographes. Ils constituent la Torah. Le Talmud est appelé la Loi orale.
Clergé : rabbin.
Lieu de culte : synagogue.

L'hindouisme

Textes fondateurs : les quatre Védas, le Mahâbhârata (épopée en vers), la Bhagavad Gitâ qui enseigne la juste conduite, le Râmâyana et les Upanishads qui commentent les Védas.
Clergé : brahmane.
Lieu de culte : temple.

Le bouddhisme

Texte fondateur : les Trois Corbeilles sont les paroles de Bouddha, écrites par ses disciples après sa mort.
Clergé : moine bouddhiste.
Lieux de culte : temple, pagode.

Les symboles des religions

Pour être plus précis

Verbes
Abjurer
Adorer
Bénir
Catéchiser
Confesser
Convertir
Évangéliser
Exorciser
Méditer
Offrir
Pardonner
Pratiquer
Prêcher
Prier
Purifier
se Repentir

Adjectifs
Angélique
Bigot
Céleste
Clérical
Dévot
Dissident
Fervent
Fidèle
Hérétique
Illuminé
Impie
Intégriste
Karmique
Monacal
Monothéiste
Mystérieux
Mystique
Pécheur
Pieux
Polythéiste
Purifié
Rituel
Sacré
Saint
Schismatique
Vertueux

LA CATHÉDRALE GOTHIQUE

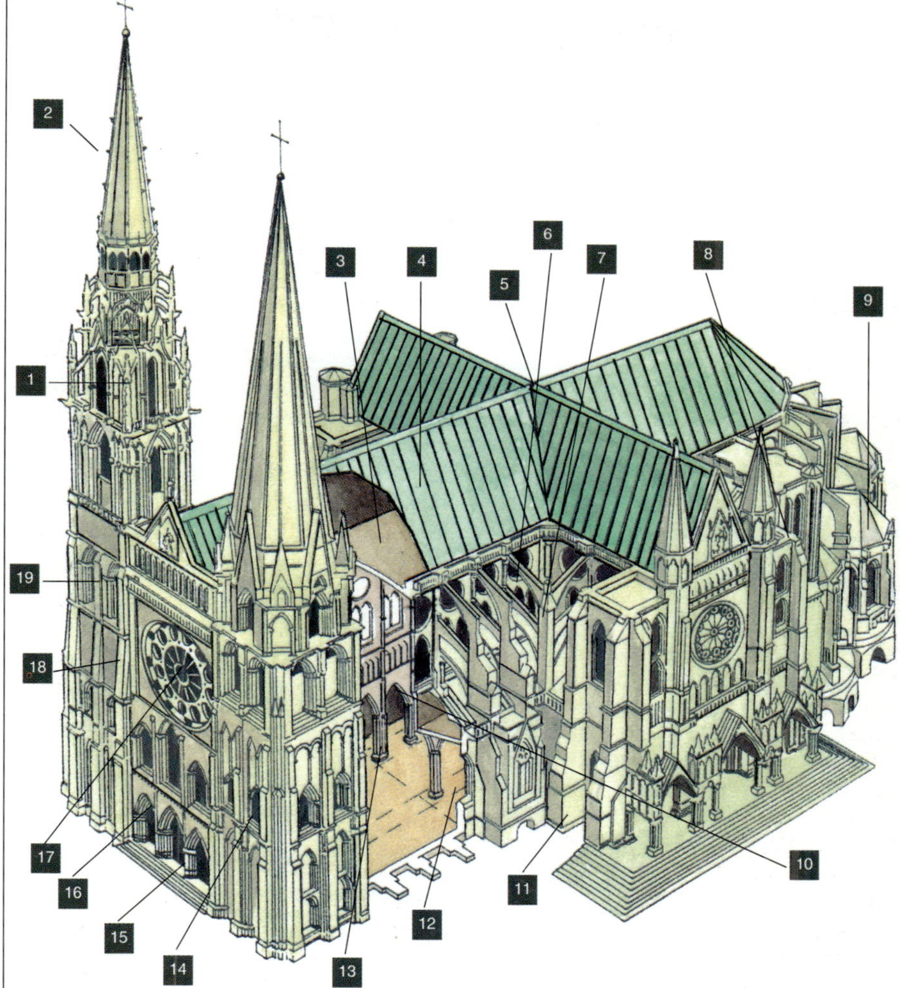

1. Tour
2. Flèche
3. Comble
4. Nef
5. Croisée du transept
6. Arc boutant
7. Pinacle
8. Fenêtre haute
9. Abside ou rond-point
10. Ogive
11. Contrefort
12. Bas-côté
13. Arcade de la nef (pilier)
14. Galerie ajourée
15. Portail
16. Gable
17. Grande rose
18. Façade principale
19. Galerie des rois

La médecine

Le médecin (le praticien) soigne les malades (les patients). L'activité du médecin se répartit en quatre domaines : prévenir les affections, ausculter le malade, diagnostiquer le mal dont il souffre et lui prescrire les soins appropriés.

La prévention

Dépistage (*masc.*). Recherche systématique dans la population des signes avant-coureurs d'une épidémie afin d'empêcher son développement.

Vaccination (*fém.*). Injection (inoculation) d'un virus affaibli, le vaccin, afin de permettre à l'organisme de développer les anticorps qui lutteront contre ce virus.

Rappel (*masc.*). Renouvellement d'une vaccination afin d'assurer le maintien des anticorps.

Le matériel d'auscultation

Abaisse-langue - Amblyoscope - Bronchoscope - Côloscope - Cystoscope - Diaphanoscope - Endoscope - Fibroscope - Fœtoscope - Gastroscope - Iridoscope - Laryngoscope - Microscope - Œsophagoscope - Ondoscope - Ophtalmoscope - Otoscope - Pharyngoscope - Rectoscope - Spiroscope - Stéthoscope - Stomatoscope - Urétroscope.

Les professions paramédicales

Aide soignant - Ambulancier - Assistante d'odontologie et de stomatologie - Audio-prothésiste - Diététicien - Ergothérapeute - Infirmier - Infirmier aide-anesthésiste - Infirmier de médecine préventive - Infirmier de médecine psychiatrique - Infirmier de salle d'opération - Infirmier général - Laborantin - Manipulateur en électroradiologie médicale - Masseur kinésithérapeute - Opticien lunetier - Orthophoniste - Orthoptiste - Pédicure - Préparateur en pharmacie - Prothésiste dentaire - Prothésiste orthésiste - Psychorééducateur - Puéricultrice - Sage-femme.

Les activités du médecin généraliste

Écouter : discerner dans les propos du patient ce qui est de l'ordre du symptôme subjectif.

Ausculter : examiner, palper le malade pour déterminer le mal dont il souffre.

Diagnostiquer : identifier la maladie en interprétant les signes organiques visibles (les symptômes).

Prescrire : établir une ordonnance des remèdes à prendre et des modalités de prise (la posologie).

Pour être plus précis

Verbes
Adoucir
Analyser
Apaiser
Ausculter
Badigeonner
Calmer
Collecter
Déterger
Diagnostiquer
Droguer
Drainer
Élonger
Exercer
Greffer
Guérir
Inoculer
Insuffler
Lénifier
Météoriser
Oblitérer
Occlure
Opérer
Palper
Panser
Percuter
Radiographier
Ressentir
Sauver
Soigner
Soulager
Traiter
Vacciner

Adjectifs
Allopathique
Antifébrile
Chronique
Contagieux
Convalescent
Curatif
Désinfecté
Homéopathique
Hospitalier
Médical
Médicinal
Palliatif
Pathologique
Physiologique
Préstérilisé
Prophylactique
Sanitaire
Séméiotique
Thermal
Thérapeutique

LES MÉTIERS DE LA MÉDECINE

Métier	*Activités*	*Domaines d'intervention*
Anesthésiste-réanimateur	- examen préopératoire, - choix de la technique anesthésiologiste, - surveillance du maintien des fonctions vitales et de l'équilibre humoral du patient endormi par inhalation, par voie intraveineuse, par injection locale de produit innervant - pratique du bilan postopératoire	arrêt cardiaque, arrêt respiratoire, spasme laryngé, bronchospasme, broncho-pneumopathie, hypersécrétion salivaire, toux, hoquet, convulsions
Chirurgien	- examen préopératoire, - intervention chirurgicale (opération, à l'aide d'instruments, de sectionnement des tissus sur un être vivant), - surveillance postopératoire, - visite de contrôle	kyste, polype, tumeur, fracture, lésion, infection, ablation, greffe, prothèse
Radiologue radiologiste	- radiographie aux rayons X, - interprétation des images transmises par différents appareils d'investigation par scintigraphie, gammagraphie, échographie, Doppler, imagerie par résonance magnétique (IRM), endoscopie, fibroscopie	fracture, fêlure, ingestion d'objet, pneumonie, tuberculose, tumeurs, abcès, hernie discale, dorsale
Radio-thérapeute	- repérage de la tumeur et des tissus péritumoraux - prise de clichés de contrôle en position d'irradiation du patient pour vérifier la justesse du positionnement du rayonnement, - irradiation des tumeurs aux rayons par radiothérapie transcutanée, par irradiation interstitielle ou par radiothérapie métabolique	cancers, tumeur maligne, furoncle, anthrax, adénopathie
Obstétricien	- surveillance du déroulement de la grossesse, - pratique de l'accouchement : déclenchement du travail lorsque la naissance tarde, correction des troubles de la dilatation, atténuation de la douleur par anesthésie générale ou péridurale, pratique de la césarienne ou de l'aide mécanique à l'expulsion, - surveillance postnatale de la parturiente	siège, césarienne, obstruction des voies aériennes, arrêt cardiaque
Pédiatre	- examens médicaux de la période néonatale, - prévention des maladies infantiles par la vaccination et l'hygiène alimentaire des nourrissons, - dépistage précoce des anomalies métaboliques ou anatomiques, réhabilitation des anomalies par des traitements curatifs	rougeole, rubéole, varicelle, oreillons, diphtérie, coqueluche, scarlatine
Ophtalmo-logiste	- examen de la structure et du fonctionnement des yeux, - soins des maladies des paupières, de l'appareil lacrymal, de la conjonctive, de la cornée, de l'uvée, ou de la rétine	photophobie, myopie, cécité, hypermétropie, ophtalmie, glaucome, astigmatie, orgelet, ophtalmoplégie, blépharite

La justice

Le pouvoir judiciaire est chargé de veiller à l'application des lois. Le magistrat du parquet (procureur) demande l'application de la loi, les magistrats du siège (juges) prononcent les jugements, et les avocats défendent les intérêts des accusés.

La loi

L'élaboration d'une loi, c'est-à-dire d'une règle obligatoire pour tous, passe par un vote du parlement sur le texte de la loi (il légifère). La publication de la loi au *Journal officiel* (sa promulgation) rend cette loi applicable.

Lorsqu'un individu ne respecte pas une loi, il la transgresse et se place en état d'infraction. Il reçoit une sanction judiciaire (amende, prison) prononcée par un juge. Le coupable est condamné.

Les tribunaux

Juridiction pénale : Cour d'assise - Tribunal correctionnel - Tribunal de police.

Juridiction civile : Conseil des prud' hommes - Tribunal de commerce - Tribunal de grande instance - Tribunal d'instance - Tribunal des baux ruraux - Tribunal des enfants.

Le vocabulaire de la justice

Le prévenu : personne répondant d'une infraction devant la justice pénale.

La jurisprudence : ensemble des décisions prises par les tribunaux et qui constituent une source du droit.

L'assignation : ordre donné par exploit d'huissier de se présenter en tant que défendeur ou témoin devant un juge.

La comparution : (tribunaux de droit commun) action de se présenter sur ordre de justice soi-même ou d'envoyer un mandataire.

L'instruction : recherche et réunion des preuves d'un délit ou d'un crime.

La mise en examen : accusation officielle de crime ou de délit.

Le plaidoyer : discours prononcé devant un tribunal pour défendre une cause.

Le témoignage : information donnée pour éclairer la justice.

L'acquittement : jugement innocentant l'accusé du crime ou du délit.

La condamnation : décision du tribunal prononçant une peine contre l'auteur d'un crime ou d'un délit.

Le non-lieu : ordonnance du juge d'instruction ou de la chambre des mises en accusation constatant qu'il n'y a pas lieu de poursuivre en justice.

La relaxe : décision du juge pénal qui abandonne l'action contre un prévenu.

Le crime : infraction grave à la loi, punie d'une peine afflictive.

Le délit : infraction passible de peine correctionnelle.

La contravention : infraction à un règlement, passible d'une amende.

Pour être plus précis

Verbes
Abroger
Accuser
Ajourner
Apprécier
Arbitrer
Assigner
Blâmer
Comparaître
Condamner
Constater
Déférer
Départager
Ester
Estimer
Expulser
Inculper
Instruire
Interjeter
Juger
Légiférer
Plaider
Régler
Réprouver
Statuer
Témoigner
Traduire

Adjectifs
Acquitté
Administratif
Civil
Contentieux
Contradictoire
Correctionnel
Défendable
Équitable
Fondé
Illégal
Impartial
Indéfendable
Innocenté
Judiciaire
Juridictionnel
Légal
Ministériel
Motivé
Paritaire
Possessoire
Public

LES MÉTIERS ET LES AUXILIAIRES DE JUSTICE

Métier	*Activités*	*Réalisations*
Juge d'instance	– jugement rapide des affaires les plus simples entre les individus (désaccords entre les propriétaires, contestations au sujet des des loyers, accidents de la circulation...)	conciliation, jugement, injonction à payer
Juge d'instruction	– direction des enquêtes criminelles, – collecte des éléments favorables et défavorables à la personne mise en examen, – interrogatoire des témoins, – réquisitions, organisation des reconstitutions	dossier d'instruction, conclusions, enquête
Procureur	– réclamation de l'application de la loi devant les tribunaux, défense de la société, – direction de la police judiciaire, – réception des plaintes et des procédures établies par les services de gendarmerie et de police	réquisitoire, procédure
Greffier	– rédaction de procès-verbaux de débats, d'interrogatoires, de confrontations, de procès, – prise en note des décisions du magistrat, rédaction du jugement définitif, enregistrement du jugement	archives, dossiers, copie de jugement, scellés
Huissier	– remise aux intéressés des décisions de justice qui les concernent, – établissement des constats, – exécution des décisions de justice	recouvrement, expulsion, constat, assignation, saisie, signification
Avoué	– mise en forme de la demande de révision d'un jugement en cour d'appel, – défense occasionnelle de la cause d'un client	déclaration d'appel
Clerc	– mise à jour des dossiers des clients d'une étude notariale ou d'huissier de justice, – collecte des pièces nécessaires à la préparation et à la rédaction des actes en vue de de leur délivrance	acte, certificat, copie
Avocat	– plaidoirie : mise en valeur de tous les faits qui avantagent son client, – conseil au justiciable sur la marche à suivre pour mener une affaire en justice, – assistance, représentation et défense du client devant le tribunal	plaidoyer, plaidoirie, entretien, dossier
Commissaire-priseur	– organisation des ventes publiques « aux enchères » dans les salles des ventes, – estimation des meubles et objets	vente, estimation, expertise

La vie scolaire

L'école est un établissement dans lequel des instituteurs ou professeurs donnent aux élèves un enseignement collectif qui peut être général ou spécialisé. À l'école, on apprend à lire, à écrire et à compter. Les matières enseignées dépendent de l'orientation et du type d'établissement.

Le mobilier de la classe

Affiche - Armoire - Armoire de sciences - Bac - Banc - Bibliothèque - Bureau - Carte murale - Cartonnier - Casier - Chaise dessinateur - Chiffon - Colonne - Craie - Écran - Éponge - Estrade - Étagère - Frise - Herbier - Meuble consigne - Meuble papier à dessin - Microscope - Table - Table à dessin d'art - Table biplace - Table imprimante - Table monoplace - Tableau - Vitrine.

Les types d'établissements

École maternelle - École primaire - Collège - Lycée classique - Lycée technologique - Lycée professionnel - Lycée agricole - Institut universitaire de technologie - Grande École - Université.

Les matières enseignées

Matières générales : Français - Mathématiques - Histoire - Géographie - Anglais - Allemand - Espagnol - Italien - Économie - Physique - Chimie - Sciences naturelles - Philosophie - Éducation physique et sportive - Dessin - Musique - Éducation civique - Russe - Latin - Histoire de l'art.

Professionnelles : Gestion - Comptabilité - Droit - Mathématiques financières - Institutions internationales - Bureautique - Restauration - Enseignement ménager - Télématique - Électronique - Productique du bois - Travaux publics - Bâtiments - Carrosserie - Dessin industriel - Transports - Commerce.

Le matériel de l'élève

Agenda - Agrafeuse - Ardoise - Boîte de peinture - Bulletin - Buvard - Cahier - Cahier de correspondance - Cahier de texte - Calculatrice - Carbone - Carnet de notes - Cartable - Carton à dessin - Ciseaux - Classeur - Colle - Compas - Copie - Correcteur liquide - Couverture - Crayon de couleur - Crayon gomme - Crayon gris - Dictionnaire - Double décimètre - Effaceur - Encre - Équerre - Étiquette - Feuilles perforées - Gomme - Gouache - Intercalaire - Livre - Livret scolaire - Manuel scolaire - Marqueur - Mine - Œillet - Perforatrice - Pinceau - Plumier - Porte-mine - Protège-cahier - Rapporteur - Règle graduée - Répertoire - Ruban adhésif - Stylo à encre - Stylo-bille - Stylo-feutre - Stylo-plume - Surligneur - Taille-crayon - Trousse.

Pour être plus précis

Verbes
Aider
Animer
Apprendre
Autoriser
Comprendre
Conseiller
Copier
Décider
Démontrer
Éduquer
Encourager
Enseigner
Expliquer
Faire l'appel
Féliciter
Instruire
Interdire
Intéresser
Montrer
Motiver
Orienter
Punir
Répéter
Réprimander
Sanctionner
Soutenir
Travailler

Adjectifs
Arbitraire
Autoritaire
Chahuté
Clair
Cohérent
Compréhensif
Confus
Consciencieux
Démagogue
Droit
Équitable
Injuste
Intolérant
Juste
Laxiste
Ouvert
Pédagogue
Ponctuel
Précis
Retardataire
Rigide
Savant
Sévère
Têtu
Tolérant

LES MÉTIERS LIÉS À L'ÉCOLE

Métier	*Fonction*	*Lieu d'exercice*
Recteur	Il fait exécuter les décisions du ministre de l'Éducation nationale.	Rectorat
Inspecteur	Il organise, gère et contrôle.	Inspection académique
Principal Principal adjoint	Ils sont responsables de l'équipe éducative du collège et du travail du personnel de service.	Bureau de direction
Proviseur Proviseur adjoint	Ils sont responsables de l'équipe éducative du lycée et du travail du personnel de service.	Bureau de direction
Conseiller d'éducation	Il contrôle les absences et anime la vie scolaire.	Établissement
Documen-taliste	Il gère l'achat et le prêt de livres, guide les élèves dans leur recherche documentaire.	Centre de documentation et d'information
Professeur	Il assure les cours et s'occupe du suivi des élèves du lycée et du collège.	Salle de classe
Instituteur	Il assure la classe et s'occupe du suivi des élèves de l'école maternelle ou primaire.	Classe
Conseiller d'orientation	Il informe les élèves sur les métiers et les filières conseillées.	Bureau de documentation et d'information
Surveillant	Il contrôle le respect du règlement intérieur par les élèves.	Permanence, couloirs, cour
Agent de service	Il fait le ménage et effectue les petites réparations.	Établissement
Infirmier	Il informe sur la santé et donne les premiers soins en cas d'accident.	Infirmerie
Secrétaire	Il reçoit les appels téléphoniques, dactylographie le courrier, classe les documents administratifs.	Secrétariat
Assistante sociale	Elle trouve de l'aide pour les élèves et les familles en difficulté.	Établissement
Intendant	Il s'occupe des achats de nourriture et de matériel.	Intendance
Cuisinier	Il compose les menus avec l'intendant et il prépare les repas.	Cuisine

Loisirs et vacances

Les vacances sont une période de l'année où l'on jouit de temps libre. Ce temps peut être consacré aux loisirs, au repos ou aux voyages. Cela peut être une activité préparée à l'avance avec un lieu de résidence fixe ; ou partir à l'aventure, camper, ou dormir à l'hôtel sans avoir retenu sa chambre.

L'hébergement

Auberges de jeunesse (fém.). Logements à caractère social, fédérés.
Camping (masc.). Activité touristique qui consiste à vivre en plein air, sous la tente ou dans la caravane.
Chambre (et table) d'hôtes (fém.). Pour une ou plusieurs nuits, une famille propose le coucher, le petit déjeuner et parfois le repas à la table familiale.
Gîte rural (masc.). Logement indépendant souvent aménagé dans une demeure traditionnelle et situé près d'une ferme ou d'un village.
Hôtel (masc.). Maison meublée, avec toutes les commodités du service.
Club de vacances (masc.). Organisme de vacances collectives, souvent orientées vers la pratique de sports.

Les activités de loisirs

Loisirs de plein air : Aller à la chasse - Aller au cinéma - Aller à l'opéra - Aller à la pêche - Aller au théâtre - Faire du canotage - Faire de la photo - Faire du sport - Jardiner - Se promener - Voyager.
Loisirs d'intérieur : Bricoler - Broder - Coudre - Écouter de la musique - Faire des mots croisés - Faire de la musique - Faire de la peinture - Faire de la sculpture - Jouer aux cartes - Jouer aux dames - Jouer aux échecs - Lire - Tricoter.

Pour être plus précis

Verbes		**Adjectifs**
s'Amuser	Flâner	Animé
Bronzer	Interrompre	Captivant
Collectionner	Nager	Culturel
se Délasser	se Relâcher	Divertissant
se Détendre	se Relaxer	Ennuyeux
se Divertir	se Reposer	Familial
Faire la sieste	Souffler	Inactif

La tente

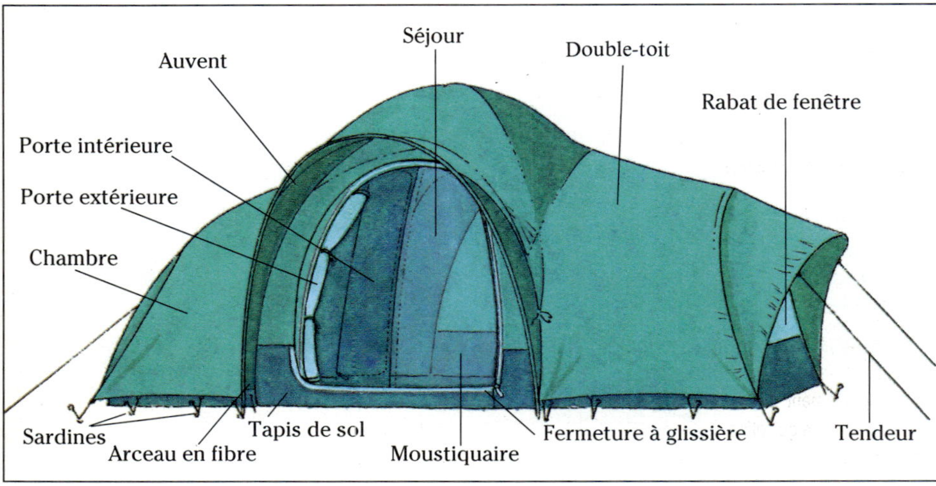

LE CAMPING-CAR

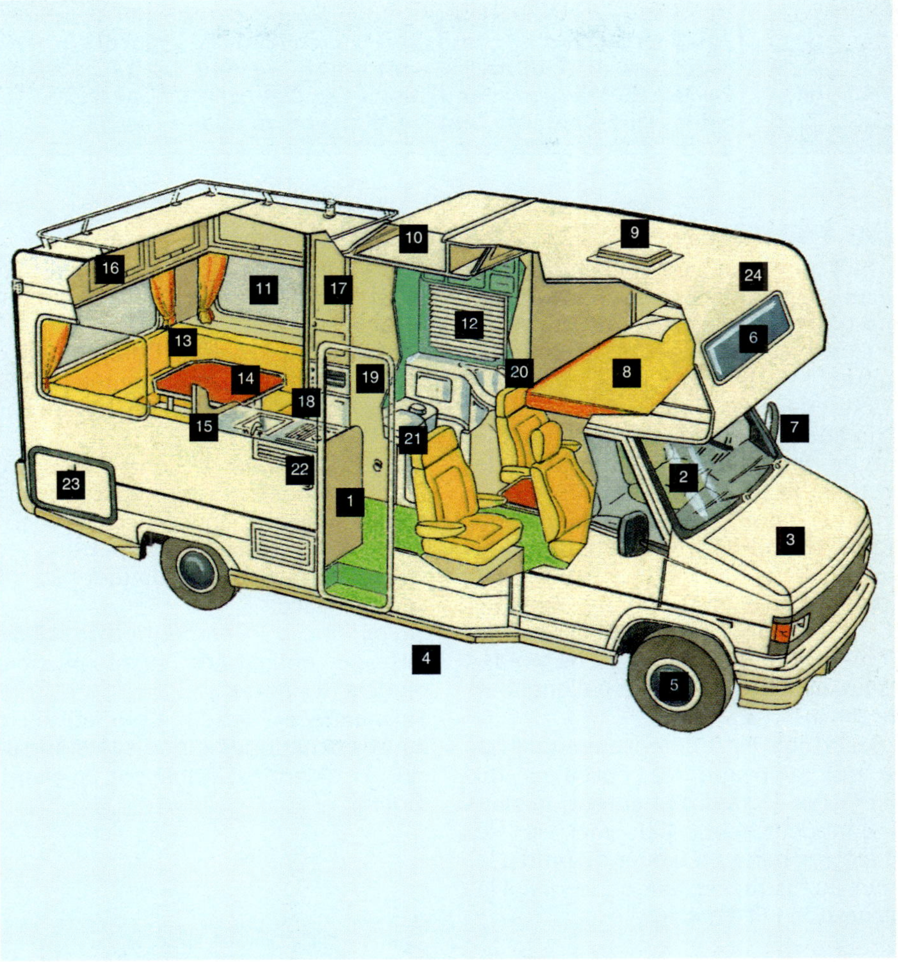

1. La porte
2. La cabine de conduite
3. Le moteur
4. Le châssis
5. La roue
6. Le hublot
7. Le rétroviseur extérieur
8. La couchette supérieure
9. Le lanterneau
10. Le rangement en hauteur
11. La fenêtre à guillotine
12. Le store
13. La banquette-lit
14. La table escamotable
15. L'évier
16. Le placard
17. La penderie
18. Le réfrigérateur
19. Le four
20. Le lavabo
21. Les WC
22. La gazinière
23. La soute
24. La capucine

Le sport

Le sport est une activité physique orientée vers le jeu, la lutte et l'effort ; il peut être individuel ou collectif. Les sportifs professionnels de haut niveau sont astreints à une discipline rigoureuse en vue des compétitions. On distingue les sports individuels, mécaniques, d'équipe, d'hiver et nautiques.

L'athlétisme

L'athlétisme est un ensemble de sports individuels qui regroupent trois types d'épreuves : les courses, les sauts et les lancers. Parmi les courses, on distingue les courses de vitesse, de demi-fond, de fond, de relais et de haies. Parmi les sauts : le saut en longueur, en hauteur, à la perche et le triple saut. Les épreuves de lancer comprennent le lancer du disque, du poids, du marteau et du javelot.

Le pentathlon est une épreuve féminine qui regroupe les épreuves de 100 mètres haies, de lancer de poids, de saut en hauteur, de saut en longueur et le 200 mètres.

Le décathlon est une épreuve masculine qui regroupe les épreuves du 100 mètres, le saut en hauteur, le saut en longueur, le 400 mètres, le 110 mètres haies, le lancer de poids, le lancer du disque, le javelot, le saut à la perche et le 1 500 mètres.

Le stade

Couloirs - Gradin - Haies - Ligne d'arrivée - Piste - Plots de départ (*Starting-blocks*) - Tribune - Zone de lancer de disque - Zone de lancer de marteau - Cage de sécurité - Drapeau de délimitation - Zone de lancement de poids - Butoir - Cercle de lancer - Zone de chute - Zone de saut à la perche - Barre - Piste d'élan - Tapis de réception - Zone de saut en hauteur - Aire d'élan - Fosse de saut - Zone de saut en longueur - Fosse de réception - Planche d'appel.

Les sports de glisse

Bobsleigh (masc.). Compétition de luges articulées à plusieurs places sur une piste de neige.
Char à voile (masc.). Compétition de vitesse dans une coque montée sur trois roues, poussée par la force du vent dans la voile.
Fun board (masc.). Compétition nautique qui consiste à exécuter des figures acrobatiques sur une planche à voile.
Patinage (masc.). Compétition de vitesse ou de figures artistiques sur des patins à glace.
Slalom (masc.). Compétition de ski avec passage obligatoire entre plusieurs piquets (les portes).
Ski nautique (masc.). Compétition de figures artistiques ou de sauts sur des skis. Le skieur est tracté par un canot à moteur.

Pour être plus précis

Verbes
Arbitrer
Bloquer
Chronométrer
Décider
Dégager
Dribbler
Feinter
Intercepter
Juger
Lober
Marquer
Masser
Plaquer
Pulvériser
Ratisser
Servir
Smasher
Talonner
Trancher
Transformer

Adjectifs
Agile
Amateur
Concentré
Coq
Dopé
Disqualifié
Entraîné
Éliminatoire
Éliminé
Homologué
Léger
Lourd
Mi-moyen
Mouche
Plume
Professionnel
Repêché
Sélectionné
Sportif

LES SPORTS D'ÉQUIPE

Nom	*Origine*	*Joueurs*	*Terrain*	*But du jeu*
Basket-ball	États-Unis. Créé par James Naismith en 1891	– 2 équipes de 5 joueurs + 5 remplaçants – 2 arbitres, 1 chronométreur, 1 marqueur, 1 opérateur des 30 secondes – Ballon rond	28 m x 15 m panneau : l = 1,20 m h = 1,20 m panier : diamètre 45 cm h = 3,05 m sol	Chaque joueur d'une équipe doit lancer le plus de fois possible le ballon dans le panier de l'équipe adverse. Le ballon peut être passé, lancé, frappé, roulé ou dribblé en le faisant rebondir avec une main.
Football	Origine qui remonte à l'Antiquité. Pratiqué en France au Moyen-âge. Importé au XVIIe siècle en Angleterre.	– 2 équipes de 11* dont 1 gardien de but + 2 juges de touche + arbitre * (libero - stoppeur - arrière droit/gauche - inter droit/gauche - distributeur - ailier droit/gauche - avant centre) – Ballon rond	L = 90 à 120 m l = 45 à 90 m surface de but : 5,50 m surface de réparation : 16,50 m but : h = 2,44 m l = 7,32 m	Chaque équipe doit faire pénétrer le ballon rond dans les buts adverses en utilisant les pieds ou la tête.
Handball	Allemagne. Apparaît en France en 1925	– 2 équipes de 7 joueurs dont 1 gardien + 7 remplaçants et 2 arbitres par match – Ballon rond	40 m x 20 m buts : l = 3 m h = 2 m	Marquer le plus de buts possible en envoyant à la main le ballon dans le but adverse.
Rugby	Angleterre. 1823 au Collège de Rugby. 1825 : passage au professionnalisme qui produit deux sortes de rugbys : rugby traditionnel à XV, rugby à XIII	– 2 équipes de 13 ou 15 joueurs chaussés de chaussures à crampons – Maillots numérotés selon la fonction : arrière - trois-quarts - demi d'ouverture - demi de mêlée - avants (3e, 2e et 1re ligne) – Ballon ovale	100 m x 68 m but : 6 à 11 m	Les joueurs courent et portent le ballon, le bottent, font des passes en arrière à la main. Les équipes marquent un essai en déposant le ballon au-delà de la ligne de but adverse. L'essai est transformé si le but parvient, par un coup de pied, à faire passer le ballon entre les poteaux au-dessus de la barre.
Volley-ball	États-Unis. Imaginé par W.G. Morgan en 1895	– 2 équipes de 12 joueurs dont 6 sur le terrain – Ballon rond	18 m x 9 m poteaux distants de 10 à 11 m partie supérieure du filet à 2,43 m	Chaque équipe tente de faire tomber le ballon sur le sol adverse ou de faire commettre une faute en renvoyant le ballon au-dessus du filet à la main. La partie est gagnée par l'équipe qui remporte 3 sets.

Le voyage

Voyager c'est se déplacer d'un lieu à un autre par différents moyens de transport. Le voyage effectué peut être touristique : dans ce cas, l'office du tourisme et les guides sont des aides précieuses pour découvrir la région. Si c'est un voyage d'affaires, les structures d'accueil sont fondamentales.

Les moyens de transport

Automobile - Avion de ligne - Avion de tourisme - Autocar - Bateau - Bateau de plaisance - Bicyclette - Charter - Mobylette - Motocyclette - Paquebot - Péniche - Taxi - Train - Transbordeurs (*Ferry-Boat*, *Car-Ferry*) - Voilier.

Les différents types de voyages

Voyage d'affaires (masc.). Voyage à but professionnel dont l'itinéraire peut être fixé et comporter des visites déterminées (le voyageur de commerce en tournée, par exemple).
Voyage d'agrément (masc.). Voyage dont le but est uniquement touristique.
Voyage d'étude (masc.). Voyage dont le but est scientifique ou technique. On explore un pays ou une contrée pour mieux les connaître ou les faire connaître.
Pèlerinage (masc.). Voyage individuel ou collectif qu'on fait à un lieu saint pour des motifs religieux.
Voyage circulaire (masc.). Parcours organisé pour revenir au point de départ.
Excursion (fém.). Exploration et visite d'une région pour une courte période.
Voyage organisé (masc.). Circuit préparé que l'on fait collectivement en général, organisé par une agence de voyage.
Croisière (fém.). Voyage fait sur un paquebot ou un navire de plaisance.

Le matériel de voyage

Cantine - Fourre-tout - Malle - Malle de cabine - Mallette - Sac à dos - Sac de voyage - Sacoche - Valise.

Le sac à dos

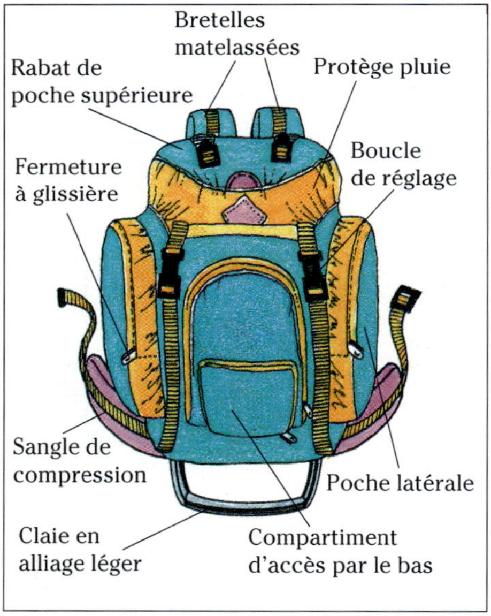

Les voyageurs

Ascensionniste - Excursionniste - Explorateur - *Globe-trotter* - Marcheur - Navigateur - Nomade - Passager - Pèlerin - Promeneur - Randonneur - Touriste.

Pour être plus précis

Verbes
Descendre
se Diriger
Émigrer
Explorer
Faire halte
Modifier
Naviguer
Rebrousser chemin
Rentrer
Réserver
Rouler
Sillonner

Adjectifs
Aventureux
Collectif
Commercial
Cosmopolite
Étranger
Hospitalier
Immigrant
Individuel
Inhospitalier
Inter-continental
Organisé
Professionnel

LA MOTOCYCLETTE

1. Siège
2. Batterie
3. Selle
4. Réservoir à essence
5. Bouchon du réservoir
6. Levier, frein avant
7. Poignée d'accélération
8. Compteur de vitesse
9. Phare
10. Clignotant
11. Fourche télescopique
12. Garde-boue avant
13. Frein à tambour
14. Valve de gonflage
15. Berceau
16. Tube d'échappement
17. Bloc moteur
18. Boîte de vitesses
19. Béquille
20. Chaîne
21. Repose-pied
22. Pneu
23. Pot d'échappement
24. Suspension arrière
25. Garde-boue arrière
26. Plaque d'immatriculation
27. Clignotant
28. Feu arrière

La boucherie

Le boucher reçoit la viande dépecée en bête entière, en demi-bête ou en quartiers. Il l'entrepose dans la chambre froide, puis la débite sur le billot et présente la viande piécée (rôtis, côtelettes, gigots...) à l'étal dans une vitrine réfrigérée.

Le matériel de boucherie

Affichette - Balance automatique - Bascule - Billot - Caisse - Caisse enregistreuse - Chambre frigorifique - Crochets - Étal - Hachoir mécanique - Moule à steak haché - Plats - Présentoir - Racloir - Table - Tringle à dents de loup - Vitrine réfrigérée.

Les outils du boucher

Couteau (masc.). Lame fine et pointue pour maintenir la viande pendant la coupe, plus grosse pour trancher et désosser, plus large pour trancher.
Feuille (fém.). Sorte de hachoir large et plat pour séparer les côtelettes.
Scie à os (fém.). Scie employée pour couper les gros os.
Fusil (masc.). Lime ronde qui permet d'aiguiser les différents couteaux.
Machine à hacher (fém.). Machine qui sert à fabriquer la chair à pâté ou le steak haché.

Le travail du boucher

Barder : envelopper un rôti d'un parement de graisse, la barde, avant de le ficeler.
Dénerver : enlever les nerfs et les parties tendineuses d'une pièce de boucherie.
Parer : ôter la peau, les nerfs, les graisses superflues de la viande.

Les abats

Amourette (moelle) - Cervelle - Cœur - Crépine - Estomac - Foie - Intestin - Joues - Mamelles - Museau - Oreilles - Panse - Pied - Pis - Poumons - Queue - Ris (thymus) - Rognon - Tête - Testicules.

Les viandes

L'agneau : Agneau de lait (laiton ou agneau blanc) - Agneau d'écurie ou broutant - Agneau de pré-salé (élevé au bord de la mer). Ce sont des animaux de 4 à 6 mois.
Le mouton : Brebis d'un an - Bélier d'un an, pubère et castré. L'animal est engraissé pour la boucherie.
Le bœuf : Mâle castré de 3 ans à 3 ans et demi - Génisse (vache de 5 ans ayant eu un veau) - Taure (génisse n'ayant jamais porté de veau) - Vache de réforme (vache laitière moins productive transformée en vache à viande) - Taurillon (mâle non castré de 15 à 18 mois).
Le veau : Petit de la vache, âgé de 105 jours au moins. Il est élevé en batterie ou « sous la mère ». Après un an, le veau mâle s'appelle bouvillon ou taurillon, le veau femelle, génisse.
Le porc : Cochon comme truie : de 80 à 110 kilogrammes.

Pour être plus précis

Verbes
Abattre
Barder
Couper
Débiter
Découper
Dégraisser
Dépecer
Dépouiller
Désosser
Émincer
Entamer
Éviscérer
Ficeler
Parer
Peser
Préparer
Saigner
Servir
Trancher
Tuer

Adjectifs
Arrière
Avant
Blanc
Charnu
Ciré
Couvert
Découvert
Désaponérisé
Entrelardé
Enrobé
Filandreux
Gras
Habillé
Maigre
Nerveux
Persillé
Rassi
Rosé
Rouge
Sapide
Tendineux
Tendre

LES VIANDES ET LEURS EMPLOIS

Viande	*Morceaux*	*Emplois*
Agneau	– première catégorie : le carré (la réunion des côtelettes non détachées), la selle et les gigots – deuxième catégorie : la poitrine et les épaules – troisième catégorie : les hauts de côtelettes, le collier et les pieds	brochettes : morceaux de première ou deuxième catégorie, coupés en dés et enfilés sur une broche pour être cuits au gril selle : morceau taillé d'un côté au ras des os du bassin et de l'autre côté près des premières côtes
Bœuf	– première catégorie : l'aloyau comprend : le train de côtes avec le filet, le contre-filet, la hampe, l'onglet dans la cuisse, la tranche grasse, le tendron de tranche et le gîte à la noix – deuxième catégorie : les plates côtes découvertes ; les parties inférieures de la poitrine : le tendron, le milieu de poitrine, le gros bout ; la partie inférieure du ventre : la paillasse, le paleron, les jumeaux et la macreuse – troisième catégorie : la joue, le collier, la jambe, la charollaise et la crosse	bifteck : tranche de bœuf de première catégorie que l'on cuit au gril ou à la poêle. Il peut être haché tournedos : morceau de trois centimètres d'épaisseur, pris dans le filet, que l'on cuit au gril ou à la poêle
Porc	– morceaux nobles : jambon, filet, côtes, échine et carré – bons morceaux : épaule, jambonneau et poitrine – morceaux courants : collet, tête, pieds, queue et oreilles	rouelle : morceau épais pris sur le travers de la cuisse (jambon)
Veau	– première catégorie : le quasi, le filet, le cuisseau, la longe et le carré – deuxième catégorie : l'épaule et le tendron – troisième catégorie : le jarret, la poitrine et le collet	grenadin : morceau pris dans la noix ou le filet, taillé en tranche épaisse et étroite paupiette ou oiseau sans tête : fine tranche prise dans la noix, aplatie et fourrée de farce, puis ficelée

La charcuterie

On appelle charcuterie les salaisons et préparations à base de viandes (bœuf, volaille et surtout porc). Ces viandes sont hachées et mélangées à des graisses et des aromates, avant de subir parfois une cuisson. La charcuterie désigne également le magasin dans lequel ces produits sont fabriqués et vendus.

Le porc

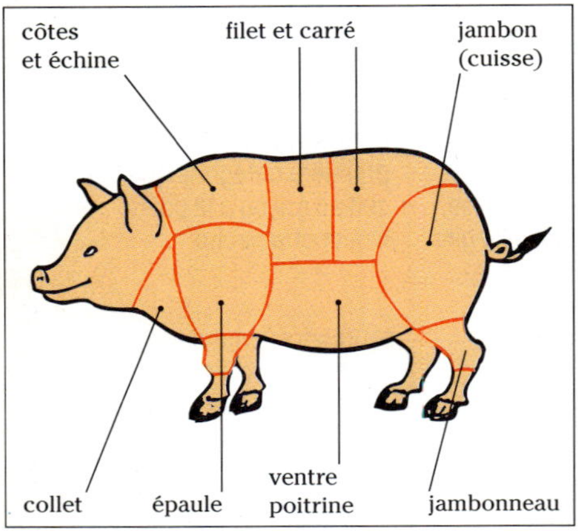

Le travail du charcutier

Cuire : modifier la substance de la viande par action de la chaleur dans un four. La durée et l'intensité de la cuisson déterminent la qualité et le goût du produit fini.
Étuver : chauffer la viande pour favoriser la sélection des bactéries, pour fixer la couleur et pour élaborer le goût du produit fini.
Fumer : modifier la structure superficielle du produit par une coloration particulière. Les fumées sont obtenues par combustion incomplète de sciures et copeaux de bois divers.
Saler : faire absorber par la viande une proportion de sel, ce qui facilite la liaison des préparations et régule la flore microbienne. Le salage se fait à sec, par contact ou par voie humide, par macération dans une saumure.

Les outils du charcutier

Balance - Boudinière - Broyeur - Chambre froide - Chaudière - Compresseur - Congélateur - Coupe-légumes - Couteaux - Dénerveuse - Éplucheuse - Étuve - Four électrique - Four à ventilation - Fumoir - Machine à trancher - Mélangeur - Moule à jambon - Piano - Poussoir à main - Poussoir hydraulique - Réfrigérateur - Robot de coupe - Saloir - Terrine - Tranchet - Trancheuse - Trépied à gaz.

Gibiers et volailles

Gibiers : Bécasse - Caille - Canard sauvage - Cerf - Chevreuil - Faisan - Lapin de garenne - Lièvre - Perdrix - Pigeon ramier - Sanglier.
Volailles : Canard - Cannette - Chapon - Dinde - Lapin - Oie - Pigeon - Pintade - Poule.

Pour être plus précis

Verbes
Assaisonner
Couper
Découper
Désosser
Ébouillanter
Échauder
Effiler
Étuver
Éviscérer
Farcir
Gratter
Malaxer
Parer
Plumer
Préparer
Raser
Saigner
Trancher
Vider

Adjectifs
Cru
Cuit
Épicé
Fourré
Fumé
Gras
Haché
Lardé
Macéré
Maigre
Mariné
Poivré
Roulé
Salé
Séché
Troussé
Truffé

LES CHARCUTERIES

Type de charcuterie	*Caractéristiques*	*Exemples*
Jambon 	jambon cru : membre postérieur du porc conservé dans le sel ou la saumure, il peut être fumé. La viande est ensuite mise à sécher.	jambon de Parme jambon de Westphalie jambon de Bayonne Bradenham viande des Grisons
	jambon cuit : cuisse ou épaule de porc cuite à l'étuvée. Le jambon cuit peut être fumé.	jambon d'York Cumberland jambon au torchon
Lard 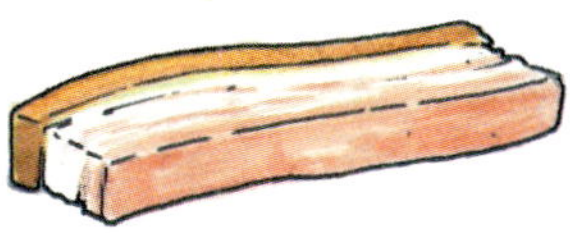	graisse épaisse fumée ou non. Les morceaux sont désossés et roulés en rôtis, en tranches et en grillades.	lard maigre bacon Whiltshire lard gras
Pâtés et terrines 	préparations à base de porc, de veau, de lapins, de gibiers ou de foies, hachés et assaisonnés. Une terrine est un pâté cuit et servi dans un récipient en terre.	pâté de campagne pâté de foie terrine de lièvre terrine de faisan foie gras d'oie foie gras de canard pâté en croûte
Saucisse 	hachis d'une ou de plusieurs viandes crues, assaisonnées puis introduites dans des boyaux comestibles.	saucisse de Francfort Bratwurst Zampone Haggis d'Écosse chorizo andouillette boudin noir
Saucisson 	saucisse dont le hachis de viande est préalablement cuit.	salami mortadelle saucisson d'Estrémadure saucisson de Lyon saucisson sec saucisson à l'ail

La boulangerie

Le boulanger travaille la farine pour fabriquer du pain. La céréale principalement utilisée est le blé tendre. Le travail du boulanger comporte deux grandes opérations : la préparation de la pâte et sa cuisson.

La farine

Dans des minoteries, le grain est d'abord nettoyé, on élimine les grains cassés ou avariés. Puis il est mouillé pour assouplir les enveloppes, et brossé pour éliminer les poussières et les poils. Ensuite il est broyé. Le produit obtenu est une semoule qui passe dans des claqueurs. Elle est alors transformée en finots. Ces finots sont transformés en farine par un convertisseur.

Le travail du boulanger

Doser : mesurer les quantités d'ingrédients nécessaires (60 % de farine, 36 % d'eau, 4 % de sel et de levure).
Pétrir : mélanger les ingrédients, malaxer et incorporer le maximum d'air à la pâte. Le pétrissage est réalisé par le pétrin.
Peser : diviser la pâte en parties égales, les pâtons.
Bouler : mettre les pâtons sous forme de petits rondins, les boulots.
Façonner : aplatir, plier ou allonger les pâtons. Le façonnage est réalisé mécaniquement par la façonneuse.
Couper les pâtons : inciser la pâte pour lui donner l'aspect choisi pour le pain : saucisson, polka, épi, fer à cheval, fougasse. La coupe est une opération manuelle.
Enfourner : mettre les pâtons dans le four à l'aide du tapis enfourneur ou de la pelle à enfourner.
Défourner : sortir les pains du four après le temps de cuisson.

Les types de pains

Pain anglais - Pain bis - Pain blanc - Pain brioché - Pain de campagne - Pain complet - Fer à cheval - Fougasse - Pain épi - Pain au lait - Pain de mie - Pain de seigle - Pain viennois.
Baguette - Bâtard - Boule - Boulot - Couronne - Faluche - Ficelle - Flûte - Fouée - Miche - Pistolet - Tourte.

Les gâteaux

Baba - Bûche - Cake - Charlotte - Chou - Clafoutis - Éclair - Flan - Gaufre - Génoise - Macaron - Meringue - Millefeuille - Pain au chocolat - Pain d'épice - Palais de dame - Palmier - Paris-brest - Profiterole - Quatre-quarts - Religieuse - Saint-honoré - Savarin - Tarte - Tartelette - Tarte Tatin - Vacherin.

Pour être plus précis

Verbes
Allonger
Bluter
Brasser
Broyer
Concasser
Convertir
Corriger
Cuire
Doser
s'Émietter
Enfourner
Enfariner
Façonner
Fariner
Fermenter
Manier
Moudre
Nettoyer
Peser
Pétrir
Saler
Sasser
Saupoudrer
Stocker

Adjectifs
Alvéolé
Bâtard
Cloqué
Complet
Craquart
Farineux
Farinacé
Frais
Fromenté
Furfuracé
Glutineux
Pâle
Panifiable
Plat
Précis
Rafraîchi
Rouge
Savoureux

LE FOURNIL

Machine	*Caractéristiques*	*Fonction*
Silo	cuve en acier comportant une vanne extérieure et un gueuloir à proximité du pétrin	stocker la farine nécessaire à plusieurs fournées
Balance	électronique ou mécanique ; tarée au poids du récipient	permettre la mesure des ingrédients
Refroidisseur d'eau	réserve d'eau refroidie par un serpentin réfrigérant	diminuer la température de l'eau courante
Pétrin	appareil mécanique constitué d'une cuve métallique cylindrique ou en forme de calotte sphérique, dans laquelle un bras métallique tourne. La cuve tourne sur elle-même	pétrir la pâte du pain, détremper et malaxer la farine avec de l'eau et la mélanger au sel et à la levure
Diviseuse	machine qui découpe la pâte en pâtons	diviser la pâte en parties égales
Bouleuse	machine qui boule les pâtons	former les pâtons en boules
Chambre de repos ou balancelle	machine dans laquelle des alvéoles accrochées à des armatures font un circuit de 15 à 20 minutes	laisser reposer la pâte après les manipulations du divisage et de boulage
Façonneuse	machine à tapis roulant qui moule la pâte par laminage, enroulement et étirement	donner la forme aux pains et aux baguettes
Chambre de pousse	armoire chaude et humide dans laquelle on place les grilles	contrôler la fermentation des pâtons
Four à sole	enceinte portée à température (250°) par chauffage indirect et continu. Les grilles sont enfournées sur la sole à la pelle à enfourner	faire la cuisson, accélérer les réactions chimiques qui produisent les bulles de la mie
Four rotatif	grilles placées sur un convoyeur qui tourne dans le four	cuire de manière homogène les pains
Grille	support métallique qui peut être enfourné	supporter la pâte dans le four
Moule	en tôle de fer ou d'aluminium ; forme creuse qui peut être enfournée	donner une forme particulière au pain
Panier	en osier tressé ou métallique	transporter et stocker les baguettes verticalement

La crémerie

Le crémier vend les œufs, ainsi que le lait et ses dérivés. Dans ses vitrines réfrigérées sont rangés les divers fromages, la crème, les yogourts et les crèmes de dessert, les plaquettes et les barquettes de beurre, ainsi que le lait dans ses différents conditionnements.

Le lait

Lait cru (masc.). Lait qui n'a pas été chauffé ni soumis à un traitement d'effet équivalent.
Lait pasteurisé (masc.). Lait chauffé à moins de 100 °C (pasteurisation). 75% des bactéries et la plupart des germes du lait sont détruits.
Lait stérilisé (masc.). Lait chauffé à 115 °C, ce qui permet une plus longue conservation.
Lait UHT (ultra-haute température) (masc.). Lait stérilisé par injection sous pression de vapeur d'eau surchauffée à 130 °C. Il peut se conserver jusqu'à huit semaines.
Lait en poudre (masc.). Le lait est d'abord chauffé à la vapeur, puis privé de son eau dans un évaporateur. La poudre s'agglomère pour donner des granulés qui sont séchés et filtrés.
Lait concentré (masc.). Lait privé de l'eau qu'il contient par évaporation. Cette opération lui confère son onctuosité.
Lait écrémé (masc.). Lait privé d'une partie de ses matières grasses. Cette opération se réalise par centrifugation.
Lait homogénéisé (masc.). Lait dont la taille des globules gras a été réduite et dont la dispersion est régulière grâce à l'homogénéisation. Cette opération évite la montée de la crème.

Le matériel du crémier

Chambre froide - Couteau à découper - Égouttoir - Faisselle - Fil à couper le beurre - Jonchée - Moule - Plat - Plateau - Pot - Presse - Ramequin - Râpe électrique - Râpe à main - Vitrine réfrigérée.

Les dérivés du lait

Beurre allégé - Beurre fermier - Beurre laitier - Beurre salé - Crème allégée - Crème crue - Crème épaisse - Crème fraîche - Fromage blanc - Fromage moulé - Fromage à pâte fraîche - Fromage à pâte molle - Fromage à pâte persillée - Fromage à pâte pressée - Yogourt.

La coupe du fromage

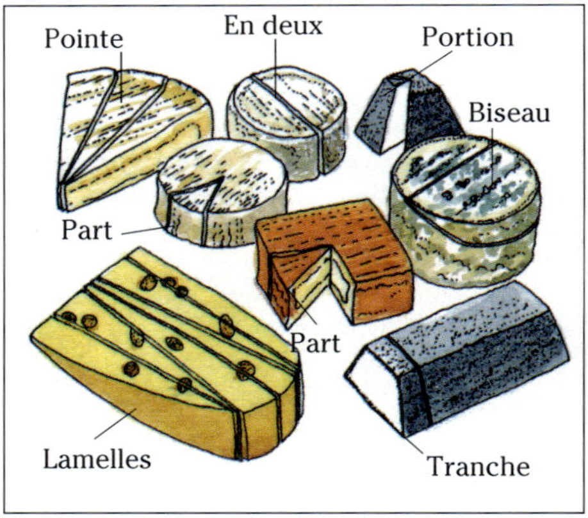

Pour être plus précis

Verbes
Affiner
Baratter
Brasser
Charbonner
Couper
Délaiter
Écrémer
Égoutter
Émietter
Ensemencer
Malaxer
Marquer
Mouiller
Pasteuriser
Presser
Présurer
Saler
Stériliser
Trancher

Adjectifs
Allégé
Aromatisé
Battu
Bouqueté
Caillé
Coulant
Crémeux
Émulsifié
Étuvé
Fait
Fondu
Fort
Frais
Gras
Lacté
Lactique
Laiteux
Laitier
Persillé
Rance

LES FROMAGES

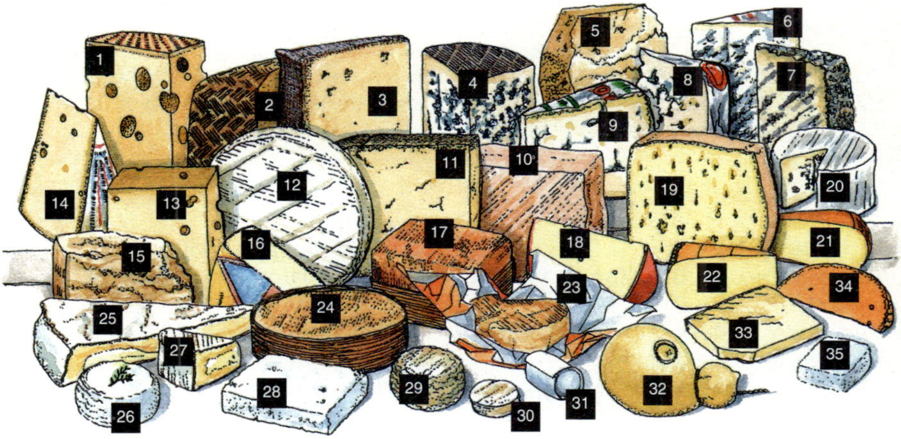

Types de fromages	*Exemples*
Pâtes fraîches	caillés lissés : petits suisses (31), fromages en barquette
	caillés salés : carrés-frais (35)
Pâtes molles	
à croûte fleurie	cancoillote, coulommiers (12), brie (25), camembert (27), carré de l'Est
à croûte lavée	géromé, limburger, époisse, munster (23), pont-l'évêque (10), livarot (17), maroille, vacherin (24)
à croûte naturelle	saint-marcellin, banon (26), brick (États-Unis)
Pâtes pressées non cuites	saint-nectaire, cantal (11), Hollande (18), fourme, reblochon (16), Port-Salut (22), saint-paulin (21), tillsister (19), bel paese, asiago, cheddar (33), mimolette (34)
Pâtes pressées cuites	gruyère (13), emmental (1), beaufort, parmesan (15), appenzel (Suisse) (14), fontina (3)
Pâtes molles à moisissures	bleu d'Auvergne (4), bleu de Bresse (20), bleu de Causse, bleu danois (6), gorgonzola (9), Stilton (7), Wensleydale, sassenage
Pâtes fondues	crème de gruyère, crème d'emmental, provolone (32)
Fromages de chèvre	chabichou (30), crottin de Chavignol (29), chevrotin
Fromages de brebis	roquefort (8), pecorinno romano (5), cabrales (2), manchego, feta (28)

La cuisine

Les cuisiniers exécutent les recettes traditionnelles ou élaborent de nouveaux mets : hors-d'œuvre, potages et consommés, entrées, poissons, viandes, sauces, légumes et desserts... avec des plats et des matériels de cuisson de plus en plus performants.

Les plats

Consommé (masc.). Bouillon de viande concentré.
Dessert (masc.). Mets sucré, fruit, pâtisserie servis après le fromage.
Entrée (fém.). Plat servi avant le plat de viande et après le hors-d'œuvre.
Entremets (masc.). Mets sucré servi après le fromage et avant le dessert.
Hors-d'œuvre (masc.). Plat froid que l'on sert au début du repas, avant les entrées ou le plat.
Plat principal (masc.). Viande ou poisson associé à sa garniture de légumes.
Potage (masc.). Bouillon dans lequel on a fait cuire des aliments solides.

Les ustensiles de la pâtisserie

Balance - Chinois - Chinois à étamine métallique - Corne - Douille-Pince - Écumoire - Emporte-pièce - Fouet - Fouet à sauce - Fourchette de chef - Grille - Louche - Mixeur - Moule à cake, à baba, à savarin, à tarte, à madeleine, à biscuit, à petits gâteaux - Palette - Pendule - Pèse-sirop - Pinceau - Planche à pâtisserie - Poche à douilles - Raclette - Rouleau - Roulette - Terrine - Tourtière - Sorbetière - Spatule - Spatule en bois.

Le personnel de cuisine

Chef de cuisine. Il participe à l'élaboration de la carte des menus. Il dirige les opérations de préparation des plats et ajoute la touche finale.
Chef rôtisseur. Il est spécialisé dans la cuisson des viandes rôties, cuites à feu vif, à la broche, sur le gril ou au four, avec ou sans sauce.
Chef poissonnier. Il est spécialisé dans la cuisson et la présentation des poissons et crustacés.
Chef saucier. Il est spécialisé dans la préparation des sauces qui accompagnent les plats.
Chef pâtissier. Il est spécialisé dans les plats sucrés, pâtisseries, gâteaux et desserts composés.
Chef entremetier. Il est spécialisé dans la préparation des légumes et de leurs garnitures.
Commis. Il effectue les préparations sous les directives des cuisiniers.
Plongeur. Il nettoie les plats et ustensiles utilisés dans la cuisine.

Pour être plus précis

Verbes
Barder
Blanchir
Braiser
Brider
Dégraisser
Échauder
Écumer
Émincer
Entrelarder
Éplucher
Farcir
Fricasser
Frire
Glacer
Gratiner
Griller
Hacher
Larder
Mijoter
Napper
Paner
Parer
Piquer
Poêler
Rissoler
Rôtir

Adjectifs
Aromatique
Arrosé
Bouilli
Corsé
Cuisinier
Culinaire
Écaillé
Enrobé
Épicé
Étuvé
Flambé
Fourré
Gastronomique
Glacé
Gratté
Lié
Mariné
Mouillé
Passé
Pelé
Poivré
Râpé
Relevé
Revenu
Salé
Sauté
Sucré

LE MATÉRIEL DU CUISINIER

La cuisson

- armoire chauffante
- autoclave
- bain-marie
- chauffe-saucisse
- crépière
- cuiseur-vapeur
- étuve
- four
- four à micro-ondes
- four à air pulsé
- four à rôtir
- four à pizza
- four indépendant
- four à convection
- four pâtissier
- friteuse
- gaufrier
- gril à gaz fonte striée
- grillade
- grilloir
- *grill stone gaz*

- marmite électrique
- piano
- plaque cuisson directe
- plaque chauffante
- plaque coup de feu
- plaque snack
- réchauds 2, 3, 4 feux
- rôtissoire broches à poulets
- réserve chaude électrique
- salamandre

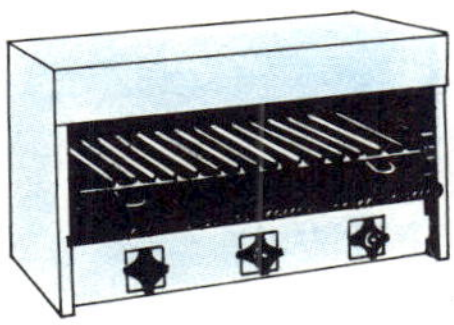

- sauteuse
- sauteuse basculante
- toaster

La batterie

- bahut à débarrasser
- bain-marie perforé
- bassine « cul de poule »
- bassine pâtissière
- bassine évasée
- bassine à friture
- bouilloire
- braisière
- cafetière « marmite à café »
- casserole
- casserole russe
- casserolette
- chaudron
- cocotte ronde
- cocotte ovale
- coquemar
- coquelle ovale

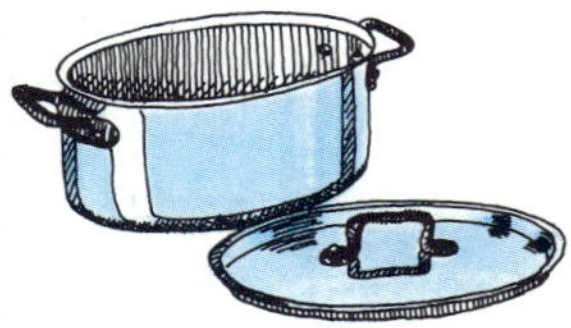

- couscoussière
- essoreuse à légumes
- faitout
- fontaine à farine
- jambonnière
- marmite
- marmite « pomme -vapeur »
- moule
- moule à tarte
- passoire à anses
- passoire sur pieds
- plat à paêlla
- plaque à rôtir
- moule
- poêle
- poêle à blinis
- poêle à crêpes
- poêle à poisson
- poêlon à sucre
- poissonnière
- sauteuse
- sautoir
- seau gradué
- tourtière
- turbotière

Les accessoires

- araignée

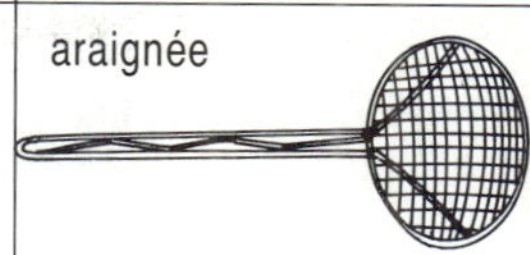

- boule à riz
- ciseaux de cuisine
- clé universelle
- couteau à désosser
- couteau à dénerver
- couteau à trancher
- couteau à jambon
- couteau à saumon
- couteau à huître
- couteau à poisson
- couteau à génoise
- couteau à pain
- couteau écailleur

- couteau coupe-tomates
- couteau d'office
- couteau tranche-lard
- couteau filet de sole
- couperet
- coupe-œufs
- coupe-frites
- coupe-légumes mandoline
- décozesteur
- dénoyauteur
- feuille parisienne

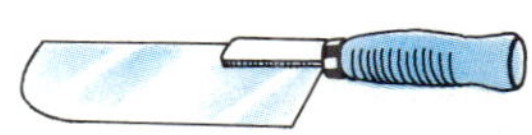

- fourchette « côte de bœuf »
- frise beurre
- fusil
- grappin
- hachoir berceuse
- moule à pommes
- moulin broyeur
- ouvre-boîtes
- passe-bouillon
- pinces
- râpe à muscade
- scie type « américain »
- vide-pomme

La restauration

Les métiers de la restauration concernent le service de salle, trait d'union entre la cuisine et les convives. Il s'agit de mettre en place la salle et de dresser les couverts, d'accueillir les clients, de servir les plats à table et, enfin, de débarrasser les tables à la fin du repas.

La brigade de restaurant

Barman. Il élabore les cocktails, sert les consommations, entretient les locaux et le matériel du bar. Il gère les stocks et les ventes effectuées au bar.

Chef de rang. Il aménage et entretient la salle, effectue le service de restauration. Il est responsable de plusieurs tables.

Garçon de salle. Il accomplit les opérations simples liées à la préparation et au service des repas : il débarrasse les tables et les nettoie.

Maître d'hôtel. Il organise la salle, accueille et conseille les clients, supervise et coordonne le service. Il dirige les chefs de rang et planifie le travail des garçons. Il assure la liaison avec la cuisine.

Sommelier (ière). Il conseille, présente et sert les boissons. Il est responsable des vins et eaux de vie et gère la cave du restaurant.

Les lieux de restauration

Brasserie - Buffet de gare - Café - Cafétéria - Cantine-restaurant - Grill - Mess - Pizzeria - Restaurant universitaire - Restauration à la place dans les hôpitaux, les trains, les avions - Restaurette automatique - Restauroute - Rôtisserie - Taverne - Wagon-restaurant.

Les différents services de restauration

Le service à l'assiette (masc.). Le serveur dépose devant le client l'assiette garnie à la cuisine.

Le service « plat sur table » (masc.). Le serveur dépose le plat sur la table et les clients se servent eux-mêmes.

Le service à la française (masc.). Le plat, accompagné d'un couvert, est présenté à gauche du convive, qui se sert lui-même.

Le service à l'anglaise (masc.). Le plat est présenté à la gauche de l'hôte, et c'est le serveur qui sert.

Le service à la russe (masc.). L'assiette est garnie sur un guéridon proche de la table, puis placée devant le client.

Les vêtements professionnels

Ceinture limonadier - Chemisier de service - Cravate barman - Frac - Gilet barman - Gilet limonadier - Jupe droite - Nœud papillon - Veste col châle - Veste croisée.

Pour être plus précis

Verbes
Accueillir
Aligner
Conseiller
Débarrasser
Déboucher
Diriger
Disposer
Distribuer
Dresser
Encaisser
Enlever
Enregistrer
Entretenir
Essuyer
Facturer
Faire marcher
Flamber
Frotter
Gérer
Mettre en place
Molletonner
Napper
Nettoyer
Organiser
Placer
Planifier
Prendre commande
Présenter
Prévenir
Reconduire
Remercier
Saluer
Servir
Trancher
Verser

Adjectifs
Aimable
Attentif
Commandé
Convivial
Courtois
Discret
Disponible
Habile
Naturel
Net
Poli
Rapide
Serviable
Simple
Soigné
Souriant

LE MATÉRIEL DU RESTAURATEUR

Les verres

ballon à eau
ballon à Porto
bock
bock gothique
chope à anis
chope à bière
coupe à champagne
coupe à glace
flûte à champagne forme tulipe
gobelet
verre à apéritif
verre à cocktail

verre à cognac
verre à dégustation alsace
verre à dégustation vin du Rhin
verre à digestif forme de bulbe
verre à digestif forme tulipe
verre à eau
verre à grog avec monture

verre à *long drink*
verre à thé
verre à vin blanc
verre à vin blanc
verre *irish coffee*

Les accessoires

beurrier
bougeoir
bougie chauffe-plats
cloche couvre-assiette
corbeille à pain
crémier

huilier
ménagère
moulin à poivre
moulin à sel
moutardier
panier verseur à vin
photophore

poivrière
porte-seau à champagne
porte-toast
pot à lait
rafraîchisseur
ramasse-miettes
réchaud à alcool
salière
seau à champagne
seau à glace
seau à vin du Rhin
soliflore
sucrier
support pour vin de Bordeaux
support seau à champagne
terrine à foie gras
terrine à pâté
verseuse

vinaigrier

Le matériel de service

argentier vaisselier
bain-marie chauffant
buffet
chauffe-plats
console
desserte
guéridon
planche à découper
réchaud à beurre
réchaud à flamber
table « maître d'hôtel »
table à fromage
table de service
table roulante
table suédoise
vitrine réfrigérée
voiture de tranche

Les plats

bol
bol à gratinée
caquelon
compotier
écuelle

godet à escargots
légumier
mauviette
moule à soufflé
moule à tarte
plat à asperges
plat à escargots
plat à œufs
plat à oreilles
plat à poisson
plat à saumon
plat à sole
plat ovale
plat rond
plat sabot

plateau à anses
plateau de fruits de mer
poêlon à escargots
ramequin
ravier
saladier
saucière Aladir

saucière sur plateau
soupière
support plateau à fruits de mer
tripière

L'hôtellerie

L'hôtellerie propose un gîte temporaire au voyageur. L'hôtel est un établissement d'hébergement qui loue des chambres meublées à une clientèle de passage ou qui séjourne pour un temps plus long.

La chambre d'hôtel

Bidet - Chambre - Lit et literie - Meuble porte-bagages - Meuble de rangement - Sièges - Table de chevet - Table à écrire - Tambour d'entrée - Toilette, bain, douche - WC.

Les catégories d'hôtels

Auberge de jeunesse - Auberge rurale de vacances - Club de vacances - Gîte rural - Hôtel 1 étoile - Hôtel 2 étoiles - Hôtel 3 étoiles - Hôtel 4 étoiles - Hôtel 4 étoiles luxe - Maison familiale de vacances - Motel - Palace - Relais château - Village de vacances.

Le personnel hôtelier

Assistant de direction. Il supervise le bon fonctionnement du service d'accueil.
Bagagiste. Il est responsable de l'acheminement et de la garde des bagages.
Caissier. Il établit les factures et encaisse les règlements au moment du départ.
Chasseur. Il achète les billets de transport et effectue les locations de voitures pour le client.
Concierge. Il est l'interlocuteur privilégié du client et cherche à résoudre ses problèmes.
Équipier d'étage. Il nettoie vestiaires, toilettes et douches. Il s'occupe de la propreté et de l'ordre dans le hall d'accueil (tables, fauteuils, cendriers), dans les couloirs et sur les paliers.
Femme de chambre-jour. Elle effectue le service des petits déjeuners, l'entretien des chambres et des sanitaires.
Femme de chambre-nuit. Elle répond aux demandes de la clientèle : lit supplémentaire, tisane, bouillotte. Elle remet au net les couloirs, les escaliers et les chambres libérées tardivement.
Gouvernante générale. Elle recrute le personnel et organise le travail dans les couloirs et les chambres.
Groom. Il fait les courses aux environs de l'hôtel. C'est lui qui promène les chiens et qui rend de menus services similaires.
Standardiste. Il s'occupe des communications téléphoniques.
Valet de chambre. Il nettoie les vitres et les glaces. Il transporte le linge, cire les chaussures et porte les bagages.
Voiturier. Il gare et va chercher la voiture du client.

Pour être plus précis

Verbes
Accueillir
Affecter
Aider
Annuler
Assister
Contrôler
Enregistrer
Exploiter
Facturer
Garder
Gérer
Héberger
Informer
Modifier
Porter
Renseigner
Réserver
Réveiller
Surveiller
Ventiler

Adjectifs
Bruyant
Calme
Confortable
Classé
Fiché
Garni
Homologué
Hôtelier
Insonorisé
Luxueux
Meublé
Personnalisé
Propre
Saisonnier
Sûr
Tranquille

L'HÔTEL

Lieux	*Fonctions*	*Matériel*
Hall	– accueil de la clientèle, conduite à la réception, port des bagages, tenue, ouverture et fermeture des portes, conduite des automobiles au garage ou au parking, – accueil et conduite du client à sa chambre avec transport des bagages, explication du fonctionnement des appareils, – courses pour le client, titres de transport, places de spectacle, appels de taxis, achat de journaux, réservation de tables de restaurants... – distribution du courrier	cabines téléphoniques, fauteuils, guéridons, chariots à bagages, vitrines, point presse, main courante, ascenseur, monte-charge
Réception	– informations sur les possibilités d'hébergement, – accueil de la clientèle, renseignements sur les conditions du séjour, distribution des numéros de chambre et des clés, – enregistrement des réservations des chambres, – tenue du compte client et vérification des notes au moment du départ	planning des réservations, planning de l'occupation des chambres, casier à clés, à courrier, bloc messages, standard téléphonique, compteur téléphonique, télécopie
Chambre d'hôtel	– conçue pour le sommeil, le séjour et les réceptions, – agencée de façon à prendre un petit déjeuner, à faire sa toilette et à effectuer des travaux de secrétariat. Les grands hôtels proposent des chambres qui sont de véritables appartements : les suites	lavabo, bidet, douche, baignoire, WC, tables de chevet, porte-bagages, fauteuils, sièges, placard, meuble de rangement, penderie, table à écrire, coiffeuse, lampe de chevet, appliques, téléphone
Bar américain	– consommation de boissons et rafraîchissements, – rencontres de visiteurs étrangers, d'hommes d'affaires	tabourets, fauteuils, tables, guéridons, comptoirs, caisse, placards réfrigérés, machine à glaçons
Cafétéria	– préparation et distribution des boissons chaudes qui composent les petits déjeuners pris dans la chambre, ou dans des « salons à petits déjeuners »	chaudière, percolateur, laitière, chocolatière, presse-fruits, toasteur, plateaux
Salons	– réunion de travail ou de détente des groupes ou des clients individuels	tables, fauteuils, guéridons, revues, journaux, télévision, fax, écran de projection
Autres lieux	– piscine, sauna, solarium, – restaurant, discothèque, – tennis, golf, – garage, parking	

L'arboriculture

La production de fruits comestibles est une spécialité agricole. L'arboriculture fruitière est la culture des arbres fruitiers. Les activités correspondantes sont : l'entretien du verger, les soins aux arbres fruitiers et la récolte des fruits, qui sont conservés au frais dans des fruitiers.

Le verger

Plantation (fém.). Verger ou jardin fruitier qui rassemble des arbres fruitiers plantés en ligne, en rideau.

Plantation en espalier (fém.). Les arbres sont taillés en forme de U (palmette) simple ou double et maintenus contre un mur, ils sont palissés, ce sont des arbres en espalier.

Plantation en contre-espalier (fém.). Les arbres sont palissés sur des fils de fer tendus entre des poteaux : ce sont des arbres en contre-espalier.

Plantation en plein vent (fém.). Les arbres fruitiers ne sont pas soutenus, leurs formes sont libres.

Le matériel de l'arboriculteur

Aérateur - Attache de plastique - Bêche - Clayette - Collier - Cueille-fruits - Ébrancheur - Échelle fruitière - Écisailloir - Échenilloir - Émondoir - Émoussoir - Fourche bêche - Fourche crochue - Gant émoussoir - Greffoir - Herse - Panier - Poudreuse - Pulvérisateur - Rampe d'arrosage - Raphia - Scie de jardinier - Scie à lame pliante - Sécateur - Sécateur à bras - Serpette - Tronc.

Le travail de l'arboriculteur

Greffer : multiplier les arbres fruitiers pour perpétuer l'espèce. L'opération consiste à prélever un rameau ou un bourgeon (œil), le greffon, sur un arbre sélectionné, pour le fixer sur un autre arbre, le porte-greffe ou sujet.

Tailler : couper des branches d'un arbre. La taille de formation assure la forme, l'aspect de l'arbre fruitier. Elle se pratique sur les arbres en forme palissés à cordon vertical, oblique ou horizontal.

La taille de fructification vise à augmenter la production par suppression des rameaux stériles.

La taille d'entretien favorise la durée de production de l'arbre.

Traiter : lutter contre les maladies et parasites qui attaquent les arbres fruitiers. Les traitements se font à l'aide de produits chimiques en poudre ou en bouillie qui tuent les insectes (insecticides), les champignons microscopiques (fongicides) et les herbes (herbicides débroussaillants).

Tuteurer : poser un étai pour soutenir les branches trop chargées. Le tuteurage se pratique sur un arbre en pleine production.

Pour être plus précis

Verbes
Arroser
Bouturer
Conserver
Cueillir
Désongletter
Élaguer
Émonder
Fertiliser
Gauler
Germer
Gratter
Greffer
Grossir
Habiller
Irriguer
Latter
Ligaturer
Marcotter
Mûrir
Pincer
Praliner
Pulvériser
Rabattre
Ramasser
Récolter
Tuteurer

Adjectifs
Acide
Acidulé
Amer
Âpre
Aqueux
Astringent
Cireux
Diurétique
Fructifère
Frugivore
Fruité
Fruitier
Huileux
Insipide
Juteux
Laxatif
Nutritif
Suave
Sucré

LES FRUITS

Type de fruit	*Arbre producteur*	*Fruit*
Fruits charnus à noyau 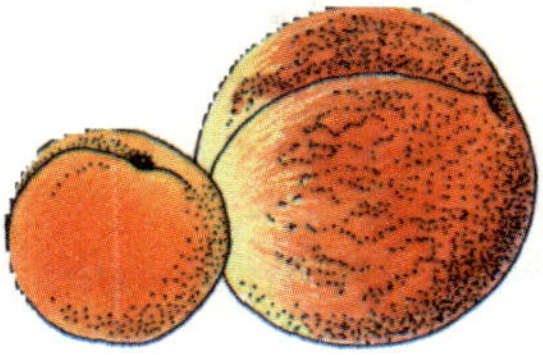	abricotier	abricot
	amandier	amande
	arbousier	arbouse
	cerisier	cerise
	griottier	griotte
	olivier	olive
	pêcher	pêche
	prunellier	prunelle
	prunier	prune
Fruits charnus à pépins 	actinidia	kiwi
	cognassier	coing
	néflier	nèfle
	poirier	poire
	pommier	pomme
	sorbier	sorbe
Baies 	airelle	airelle
	bananier	banane
	genévrier	baie
	groseillier	groseille
	groseillier à maquereau	groseille à maquereau
	groseiller noir	cassis
	kaki	kaki
	vigne	raisin
Fruits composés 	framboisier	framboise
	mûrier	mûre
	ronces	
Faux fruits 	fraisier	fraise
	grenadier	grenade
Fruits secs (akène) 	caroubier	caroube
	coudrier	noisette
	noisetier	
	noyer	noix
Agrumes 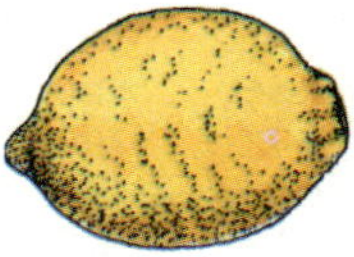	citronnier	citron
	clémentinier	clémentine
	mandarinier	mandarine
	oranger	orange
	pamplemoussier	pamplemousse

Le travail de la forêt

La forêt recouvre environ 35 % des terres émergées. Par ses feuilles, elle dispense l'oxygène dont l'homme a besoin. Elle est exploitée par l'homme : il en tire le bois d'œuvre pour ses constructions, et le bois de trituration pour la production des panneaux de fibres et des pâtes à papier.

Les métiers de la forêt

Agent technique forestier - Bûcheron - Commis de bois - Commis de coupe - Conducteur de machines agricoles d'exploitation forestière - Conseiller technique des parcs nationaux - Directeur de parc naturel régional - Expert forestier - Garde-chasse - Garde du fonds forestier national - Garde-moniteur des parcs nationaux - Garde de l'office national de la chasse - Ingénieur civil des forêts - Ingénieur des travaux des eaux et forêts - Ouvrier forestier - Ouvrier forestier d'exploitation - Sylviculteur - Technicien cynégétique - Technicien forestier.

Le travail du bûcheron

Abattre : couper l'arbre à l'aide d'une tronçonneuse à chaîne ou d'une machine d'abattage.
Débarder : acheminer les billes du lieu d'abattage à l'aire de stockage.
Ébrancher : couper des branches. Le tronc débarrassé de ses branches s'appelle la grume.
Flotter : transporter le bois par voie d'eau.
Marquer : indiquer l'arbre à abattre au moyen d'un symbole peint sur le tronc.
Marteler : désigner l'arbre à abattre au moyen d'une marque réalisée à l'aide d'un marteau composé d'un poinçon et d'une partie tranchante.
Scier : tronçonner la grume en éléments de 2 à 8 mètres appelés billes.

Le chantier de bûcheronnage

L'abatteuse-ébrancheuse-tronçonneuse est un engin qui réalise mécaniquement les opérations d'abattage, d'ébranchage et de tronçonnage des arbres.
Le tracteur forestier permet de débarder les grumes.
Le camion grumier transporte les grumes vers le lieu de stockage.

Le matériel du bûcheron

Abatteuse - Câble de traction - Camion grumier - Chenillard-débroussailleur - Coin d'abattage - Coin de fente - Compas forestier - Crochet de manutention - Croissant d'élagage - Débroussailleuse - Débusqueur - Descendeur - Ébrancheuse - Échelle - Échenilloir - Élingue - Griffe - Hache canadienne - Levier d'abattage - Marteau de marquage - Masse - Matériel de grimper - Merlin - Nacelle - Pinces de levage - Porteur - Scie à chaîne - Scie à manche - Serpe - Serpe emmanchée - Serpe italienne - Tournebille à anneau - Tournebille à douille - Treuil à main - Tronçonneuse.

Pour être plus précis

Verbes
Abattre
Billonner
Boiser
Débarder
Débroussailler
Débrousser
Débusquer
Défricher
Dessoucher
Ébrancher
Éclaircir
Essarter
Essoucher
Exploiter
Fendre
Reboiser
Régénérer
Renouveler
Scier
Tronçonner

Adjectifs
Arboricole
Branchu
Buissonneux
Caduque
Communal
Domanial
Épais
Feuillu
Forestier
Persistant
Privé
Recépé
Résineux
Sylvestre
Touffu

LA SYLVICULTURE

Nom	*Aspect*	*Utilisation*	*Âge*
Semis 	Jeunes pousses provenant de la germination des fruits des arbres (des glands pour les chênes).	Coupe de régénération des vieux arbres.	0 à 10 ans
Fourré 	Semis devenu impénétrable à cause du nombre de bois jeunes dont les tiges sont encore garnies de leurs branches dès la base.	Élagage et sélection des plus beaux bois.	10 ans
Gaulis 	Taillis qu'on a laissé croître en grandes perches fines.	Coupes d'éclaircie pour permettre aux arbres sélectionnés, les baliveaux, de se développer. Le bois coupé devient bois de trituration.	20 ans
Perchis 	Jeune bois dont les arbres ont entre 10 et 20 cm de diamètre.	Coupe pour dégager l'espace nécessaire au développement des beaux arbres. Le bois coupé devient bois d'œuvre et bois de trituration.	40 à 60 ans
Jeune futaie 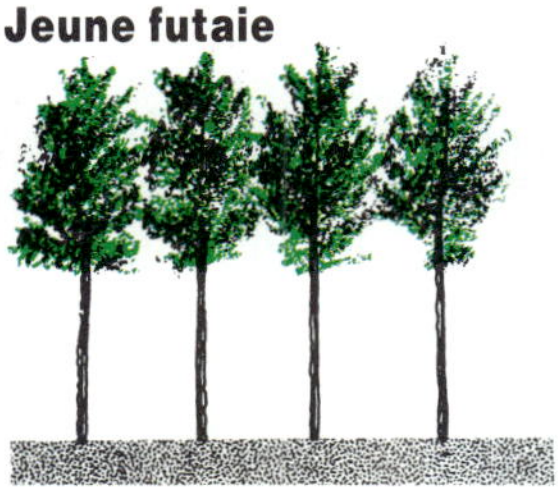	Forêt dont les arbres sont devenus adultes et ne permettent plus la pousse du taillis.	Sélection des arbres qui doivent être abattus. Ils servent de bois d'œuvre.	100 ans
Futaie 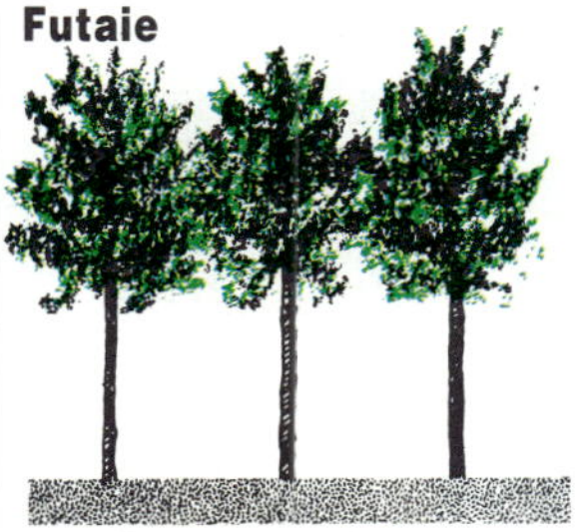	Forêt constituée d'arbres hauts et élancés.	Les arbres servent de générateurs (fruits). Leur bois est utilisé comme bois d'œuvre.	200 ans

L'horticulture

L'horticulteur cultive son jardin et produit des fleurs et des plantes décoratives. Selon sa production, il travaille en plein air ou dans une serre. Il sélectionne les plus belles espèces, les plante, les soigne puis les récolte et les vend.

La fleur

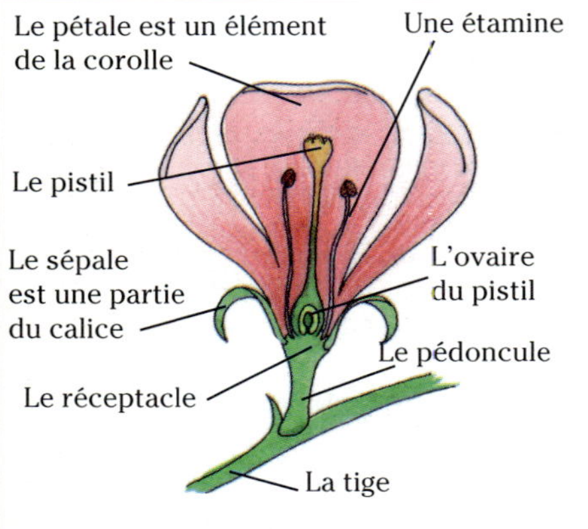

La disposition des fleurs

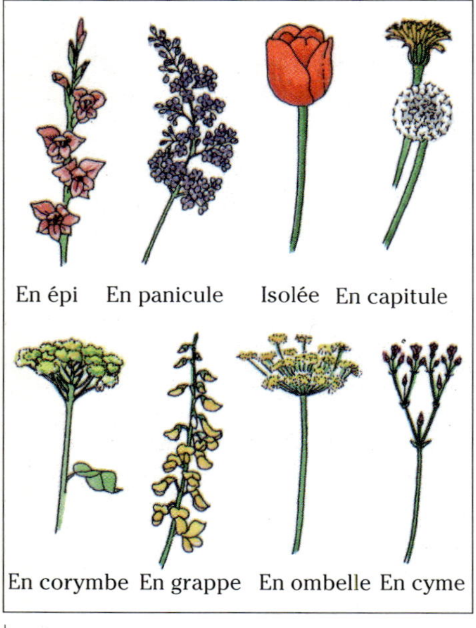

Le matériel de l'horticulteur

Arrosoir - Balayette fil de fer - Bêche - Caisse à fleurs - Caisse à grains - Collier - Cultivateur - Emporte-pièce - Fourche à fleurs - Grelinette - Griffe à fleurs - Houe à bras - Lien de plastique - Louchet - Pelle - Plantoir - Poudreuse à balancier - Pulvérisateur - Râteau à main - Rayonneur-butteur - Sabre - Sécateur - Semoir à main - Semoir à roue - Serfouette - Taille-haie - Tamis - Tire-racine - Transplantoir - Tuteur - Vaporisateur.

Les différents types de fleurs

Annuelle. Elle grandit, fleurit et fait des graines la même année.
Bisannuelle. Elle grandit la première année, fleurit et donne des graines l'année suivante.
À bulbe. Le bulbe constitue une réserve nutritive qui permet chaque année une nouvelle végétation.
Vivace. Elle renaît chaque année à partir d'une souche persistante.

Pour être plus précis

Verbes
Bourgeonner
Bouturer
Composer
Défleurir
Disséminer
Éclore
Effeuiller
Égaliser
Épanouir
Féconder
Fleurir
Parfumer
Persister
Sécréter
Sentir

Adjectifs
Accolé
Alterné
Annuel
Bisannuel
Composé
Corolliflore
Floral
Fugace
Grimpant
Odoriférant
Papillonnacé
Pétalé
Pétaloïde
Pollinisateur
Remontant
Sexué
Solitaire
Vivace

LES FLEURS

Nom de la fleur		Famille	Caractéristiques
JARDIN	**Dahlia**	composée	plante hybride issue d'espèces originaires du Mexique. La floraison est à son apogée en août.
	Géranium	géraniacée	herbacée vivace à fleurs groupées en ombelles. La floraison est estivale.
	Glaïeul	iridiacée	herbacée vivace à feuilles ensiformes et à fleurs groupées en épis sur une hampe.
	Lilas	oléacée	arbuste d'ornement à fleurs blanches, lilas ou rouge, réunies en panicules très odorants.
	Œillet	caryophyllacée	plante herbacée vivace à fleurs solitaires ou réunies en cymes terminales. Blanches, roses ou pourpre, elles dégagent une odeur suave.
	Pensée	violacée	petite herbacée à fleurs souvent bicolores ou tricolores (blanc, jaune, violet).
	Pétunia	solanacée	herbacée annuelle ou vivace, à fleur solitaire et à corolle en entonnoir.
	Rose	malvacée	fleur du rosier (arbuste, buisson, grimpant, miniature ou polyantha) aux pétales parfumés.
	Tulipe	liliacée	plante bulbeuse vivace à fleur solitaire oblongue ou lancéolée, cultivée aux Pays-Bas.
CHAMPS	**Bleuet**	composée	plante vivace des moissons à fleur bleue. On l'appelle aussi bluet, barbeau ou casse-lunettes.
	Bouton d'or	herbacée	plante annuelle, vivace, vénéneuse, aux fleurs le plus souvent jaunes, parfois blanches ou rouges.
	Colchique	colchicacée	fleur au périanthe rose, violet ou bleu dont la graine et le bulbe contiennent un poison mortel.
	Coquelicot	papavéracée	pavot à fleur rouge éphémère, cultivé pour les propriétés émollientes et sédatives de ses fleurs.
	Pissenlit	composée	herbe à feuilles disposées en rosettes et à fleurs jaunes.

La culture maraîchère

Le maraîcher produit les légumes et primeurs destinés aux marchés citadins. Ses activités combinent travail traditionnel de la terre et applications techniques nées de la recherche agronomique. L'utilisation rationnelle et rentable de son exploitation en fait un technicien de la culture maraîchère.

Les activités maraîchères

Bêcher : retourner la terre avec une bêche.
Biner : briser la croûte du sol avec une binette pour que la terre respire. Permet d'éviter l'évaporation de l'eau du sol.
Butter : rassembler la terre autour de la plante pour qu'elle puisse s'y appuyer.
Désherber : enlever la mauvaise herbe.
Éclaircir : arracher de-ci de-là une partie des jeunes plants d'un semis afin qu'ils soient moins serrés.
Fumer : mettre sur le sol, pour nourrir les plantes, du fumier ou de l'engrais.
Labourer : retourner la terre avec un tracteur ou un motoculteur.
Pailler : couvrir le sol de paille autour de la plante pour la garder au frais.
Pincer : couper le sommet d'une plante.
Repiquer : prélever les jeunes plants d'un semis pour les planter en pleine terre.
Sarcler : arracher les mauvaises herbes.
Semer : déposer les graines en terre pour qu'elles germent.
Traiter : pulvériser sur les plantes malades un produit pour les soigner.
Tuteurer : enfoncer dans le sol une baguette rigide pour soutenir ou redresser une plante.

Les produits du potager

Salades : Chicorée - Frisée - Laitue - Mâche - Scarole.
Composacées : Artichaut - Brocoli - Chou.
Feuilles : Épinard - Tétragone.
Gousses : Fève - Flageolet - Haricot - Haricot vert - Lentille - Pois.
Oignons : Ail - Échalotte - Oignon - Poireau.
Légumes-fruits : Aubergine - Concombre - Courge - Poivron - Tomate.
Racines : Asperge - Betterave - Carotte - Céleri - Fenouil - Navet - Pomme de terre - Radis.
Plantes aromatiques : Basilic - Ciboulette - Coriandre - Estragon - Menthe - Persil - Romarin - Sauge - Thym.

Les parties du potager

Allée (fém.). Bande de terre qui permet de circuler entre les différentes plates-bandes.
Châssis (masc.). Cadre portant le vitrage et posé sur un coffre en bois ou en ciment. Le châssis est utilisé pour l'exécution des semis aussi bien que pour les cultures de primeurs.
Contre-allée (fém.). Petite allée qui relie les allées principales.
Plate-bande (fém.). Bande de terre cultivée. Chaque plate-bande est consacrée à une espèce différente.

Pour être plus précis

Verbes
Aérer
Amender
Ameublir
Arroser
Bêcher
Biner
Bouturer
Brasser
Briser
Clocher
Démarier
Égaliser
Émietter
Forcer
Fouir
Fumer
Rabattre
Repiquer
Semer
Serfouir
Tracer

Adjectifs
Acide
Arable
Argileux
Azoté
Collant
Condimentaire
Défoliant
Fertile
Franc
Feuillu
Humide
Humifère
Meuble
Potager
Phosphorique
Sableux
Siliceux
Végétal

LE MATÉRIEL DU MARAÎCHER

Nom des outils	*Fonction*
Arrosoir - dévidoir - canons - tuyaux d'arrosoir - lance - rampe - tourniquet - pompe	Arroser, en fonction de la superficie à arroser, de la source d'eau et du type de culture
Sécateur - cisaille - ciseaux - écussonnoir - taille haie	Tailler, greffer, émonder des arbres et des haies
Bêche - pic - pelle	Défoncer, c'est-à-dire ameublir le sol en profondeur
Griffe - griffe à 4 dents - griffe à 3 dents	Aérer le sol sans le retourner en brisant la croûte superficielle par le griffage, préparer le sol, émietter de petites surfaces
Râteau en bois - râteau en fer - fourche - casse-mottes - sarcloir	Sarcler ou ratisser, c'est-à-dire aplanir la surface du sol et éliminer les mauvaises herbes
Traçoir - cordeau - piquets	Tracer les limites des massifs, de façon à avoir des sillons bien droits pour les semis
Binette - houe - croc	Ameublir le sol en surface
Rame - échalas - paisseau - perche - tuteur	Utiliser un pieu ou une branche fixés en terre comme support à une tige grimpante
Caisse - manne - panier - cueilloir	Placer les produits de la cueillette dans ces récipients
Brouette	Transporter la terre, les fruits, les légumes et tout autre matériau
Pots - terrines - caissettes - châssis - clocher - tunnels	Faire des semis, endurcir les plans repiqués
Batte	Tasser la surface du sol des terrines pour donner une bonne assise aux graines
Tamis	Tamiser la terre pour fabriquer la couche superficielle du substrat
Cultivateur	Travailler le sol sur de grandes largeurs
Semoir	Permet d'obtenir une meilleure répartition des graines
Serfouette ou piochon	Tracer le sillon

L'agriculture

L'agriculteur peut être paysan propriétaire de son exploitation agricole, fermier, métayer ou salarié. L'agriculteur prépare le sol, effectue les semailles et les récoltes. Le rendement des exploitations dépend du regroupement des terrains, du progrès technique et de la spécialisation des productions.

Le travail de l'agriculteur

Labourer : retourner et mélanger la terre. Le labourage permet la circulation de l'air et de l'eau dans le sol.
Émietter : réduire les mottes de terre en miettes et égaliser. L'émiettage favorise la circulation de l'air.
Épandre : enrichir le sol d'engrais et protéger les plantes par des insecticides. L'épandage favorise la croissance des graines.
Semer : répandre en surface ou mettre en terre les graines ou semences. La sélection des espèces a lieu en vue des semailles.
Moissonner : récolter et stocker les grains dans des silos. La moisson dépouille la terre des céréales.
Faucher : couper le foin. Le fauchage stoppe la croissance des tiges.
Faner : étaler et retourner le foin. Le fanage permet à l'herbe de sécher.

Les céréales

Avoine (fém.). Les grains servent surtout à l'alimentation des animaux.
Blé (masc.). Les grains, réduits en farine, servent à la fabrication du pain.
Maïs (masc.). Les grains comestibles servent à l'alimentation de l'homme et de l'animal.
Orge (fém.). Les grains de l'orge noire sont destinés à l'alimentation animale. Les grains d'une espèce sont employés pour l'alimentation et pour la fabrication de la bière.
Riz (masc.). Les grains sont très employés en Orient pour l'alimentation de l'homme.
Sarrazin (masc.). Les grains de cette plante cultivée sous le nom de « blé noir » sont utilisés pour l'alimentation.
Seigle (masc.). Les grains peuvent être utilisés pour la fabrication du pain. La plante peut aussi servir de fourrage.

Les machines agricoles

Arracheuse - Batteuse - Botteleuse - Buttoir - Charrue - Décolleteuse - Démarieuse - Ébarbeuse - Émottoir - Ensileuse - Épandeur - Faneuse - Faucheuse - Herse - Moissonneuse - batteuse - Planteuse - Poudreuse - Pulvérisateur - Rouleau - Scarificateur - Semoir - Tarare.

Le tracteur

Bras de relevage - Cabine de conduite - Crochet de traction - Filtre à air - Moteur Diesel - Pont avant - Pot d'échappement - Roue directrice et motrice - Roue motrice.

Pour être plus précis

Verbes
Amender
Arracher
Battre
Chauler
Couper
Emblaver
Engranger
Ensiler
Faucher
Gerber
Herser
Labourer
Lier
Moissonner
Recueillir
Rentrer
Rouler
Semer
Vanner

Adjectifs
Agronomique
Arable
Aratoire
Aride
Arrosé
Chaumé
Ensemencé
Exploité
Fertile
Fertilisé
Fumé
Inculte
Soigné
Végétal

LA RÉCOLTE CÉRÉALIÈRE

1. La maison d'habitation
2. Le hangar à matériel
3. Le silo à blé
4. Le silo à maïs
5. Le champ de blé
6. Le champ de maïs
7. La clôture
8. Le tracteur
9. Le tombereau
10. La remorque
11. La moissonneuse-batteuse
12. Le poste de conduite
13. Le réservoir à grain
14. L'élévateur à grain
15. La sortie de la paille et de la balle
16. Les rabatteurs
17. La lame de coupe
18. Les andains de paille
19. Les bottes de paille
20. L'ensileuse
21. La goulotte
22. La remorque

L'élevage

L'éleveur commercialise lait, viande, laine et œufs. Il peut nourrir ses bêtes (cheptel) en milieu naturel (élevage extensif) ou engraisser les animaux en milieu artificiel (élevage intensif). La médecine vétérinaire, les recherches génétiques et la gestion informatique sont ses auxiliaires.

Le travail de l'éleveur

Écourter : couper la queue des agneaux pour leur éviter des maladies.
Engraisser : faire grossir l'animal le plus rapidement possible en lui donnant une alimentation riche en grande quantité.
Gaver : introduire de force de la nourriture dans l'estomac des oies et des canards pour engorger leur foie.
Marquer : appliquer un numéro sur la croupe ou une petite plaque à l'oreille des bêtes afin de les identifier.
Tondre : ôter la laine des moutons une fois par an afin de la vendre.
Traire : extraire le lait des vaches, des chèvres ou des brebis deux fois par jour pour maintenir une production de lait abondante.

Les métiers liés à l'élevage

Apiculteur - Astasiculteur - Aviculteur - Berger - Bouvier - Conchyliculteur - Éleveur - Emboucheur - Engraisseur - Ésociculteur - Gaveuse - Héliciculteur - Herbager - Maquignon - Maréchal-ferrant - Méléagriculteur - Mytiliculteur - Nourrisseur - Ostréiculteur - Palefrenier - Pisciculteur - Porcher - Pulliciculteur - Sériciculteur - Toucheur - Vacher - Valet d'écurie - Vétérinaire.

La laiterie

L'entrée des vaches dans la laiterie se fait par une porte spéciale qui les laisse passer une à une.
Chaque vache monte sur la plate-forme rotative dont la surface est irrégulière pour que les sabots ne glissent pas. La vitesse de la rotation varie avec la durée de la traite.
La vache avance vers la mangeoire la plus proche et doit faire basculer le joug pour accéder à la nourriture composée de granulés d'aliment. Le volume de nourriture pour chaque vache est réglé par un boîtier de commande.
Quand elle commence à manger, le fermier fixe les manchons-trayeurs aux pis de la vache.
Le lait est contenu dans les pis et sort par les trayons qui les déversent dans des récipients de verre gradué. Le récipient permet de connaître la production de chaque vache.
Le lait est ensuite passé par une canalisation jusqu'au réservoir de stockage.
Quand les vaches ont fini de donner leur lait, le fermier débranche les trayons et les vaches sortent de la plate-forme.

Pour être plus précis

Verbes		**Adjectifs**
Abreuver	Gratter	Avicole
Bouchonner	Incuber	Domestiqué
Brosser	Inséminer	Génétique
Brouter	Marquer	Gras
Croiser	Monter	Inséminé
Curer	Nettoyer	Laitier
Cureter	Nourrir	Maigre
Désinfecter	Panser	Nerveux
Détroquer	Parquer	Piscicole
Écourter	Sélectionner	Prolifique
Engraisser	Tondre	Rustique
Étriller	Traire	Sélectif
Ferrer	Trier	Spécialisé
Gaver	Vacciner	Tendre
	Vendre	

LES ANIMAUX D'ÉLEVAGE

Adulte	*Mâle*	*Mâle castré*	*Jeune femelle*	*Jeune mâle*	*Petit*	*Cri*	*Lieu d'élevage*
Vache	taureau	bœuf	génisse vachette	taurillon bouvillon	veau	meugler beugler mugir	étable
Brebis	bélier	mouton	agnelle	agnelet	agneau	bêler	bergerie
Poule	coq	chapon	poulette poularde	poulet coquelet	poussin	caquetter glousser	poulailler
Truie	verrat	cochon pourceau	gorette	goret	porcelet	grogner	porcherie
Jument	étalon cheval	hongre	pouliche	poulain	poulain	hennir	écurie
Lapine	lapin				lapereau	glapir	clapier
Oie	jars				oison	cacarder	basse-cour
Cane	canard			canardeau	caneton	nasiller cancaner canquetter	canarderie canardière
Chèvre	bouc				chevreau	bêler bégueter	chèvrerie
Dinde	dindon				dindonneau	glouglouter glousser	basse-cour
Faisane ou poule faisane	faisan				faisandeau	criailler piailler	faisanderie
Vison	vison						cage
Abeille							ruche
Huître							parc claire
Moule							bouchot
Écrevisse							vivier
Escargot							escargotière
Ver à soie	ver à soie						magnanerie

La vigne et le vin

Le vigneron s'occupe à la fois des vignobles et de la fabrication du vin (la vinification) dans les chais. Il organise ses travaux au rythme de la végétation : vinification en automne et en hiver, travaux dans les vignes au printemps et en été. Ces travaux se mécanisent.

Les soins de la vigne

Accolage - Attachage - Binage - Buttage - Déchaussage - Désherbage - Échalassage - Effeuillage - Épamprage - Évrillage - Fumage - Labours superficiels - Palissage - Pincement - Prétaille - Ramassage mécanique - Rognage - Sarclage - Soufrage - Sulfatage - Taille de formation - Taille d'entretien - Vendanges.

Le cep de vigne

Cep - Feuillée - Grappe - Pampre - Sarment - Souche - Vrille.

Le bouquet du vin

Caractère floral : Violette - Tilleul - Jasmin - Sureau - Acacia - Iris - Pivoine.
Caractère fruité : Framboise - Cassis - Cerise - Griotte - Groseille - Abricot - Pomme - Banane - Pruneau.
Caractère végétal : Herbacé - Fougère - Mousse - Sous-bois - Terre humide - Crayeux - Champignons divers.

Les activités de vinification

Coller : clarifier le vin en lui intégrant une « colle », substance à base de protéines, qui fait tomber les impuretés en suspension.
Égrapper : séparer les grains de raisin de la rafle de la grappe au moyen d'un égrappoir.
Élever : soigner le vin pour lui permettre de développer toutes ses qualités au cours du vieillissement dans les cuves.
Embouteiller : mettre le vin en bouteilles pour le commercialiser.
Faire fermenter : provoquer la transformation des sucres contenus dans la pulpe en alcool et gaz carbonique.
Filtrer : faire passer le vin à travers des filtres qui retiennent les impuretés.
Fouler : écraser les raisins par pression, en les piétinant ou à l'aide d'un fouloir. Un broyeur écrase les raisins entre deux rouleaux.
Ouiller : compléter les fûts pour qu'ils restent constamment pleins.
Pressurer : presser la vendange pour en extraire le jus ou le marc, à l'aide d'un pressoir. Les déchets : rafles, peaux, pépins, peuvent être transformés en alcool, le marc.
Soutirer : transvaser le vin de la cuve dans des fûts ou des bouteilles de manière à ce que les dépôts, la lie, restent dans la cuve.
Sulfiter : aseptiser le jus du raisin broyé, le moût, au moyen d'anhydride sulfureux.

Pour être plus précis

Verbes
Accoler
Biner
Bonder
Butter
Débutter
Déchausser
Dégorger
Doser
Embouteiller
Enfûter
Entonner
Encaver
Mécher
Nouer
Palisser
Prétailler
Remuer
Sceller
Soutirer
Tailler
Tir
Traiter
Vendanger
Vinifier

Adjectifs
Acide
Aigrelet
Âpre
Astringent
Bouchonné
Bourru
Capiteux
Charpenté
Corsé
Coulant
Doux
Dur
Élégant
Épais
Équilibré
Étoffé
Fruité
Gouleyant
Moelleux
Pétillant
Plat
Râpeux
Riche
Sucré
Velouté
Vineux

LE MATÉRIEL DU CAVISTE

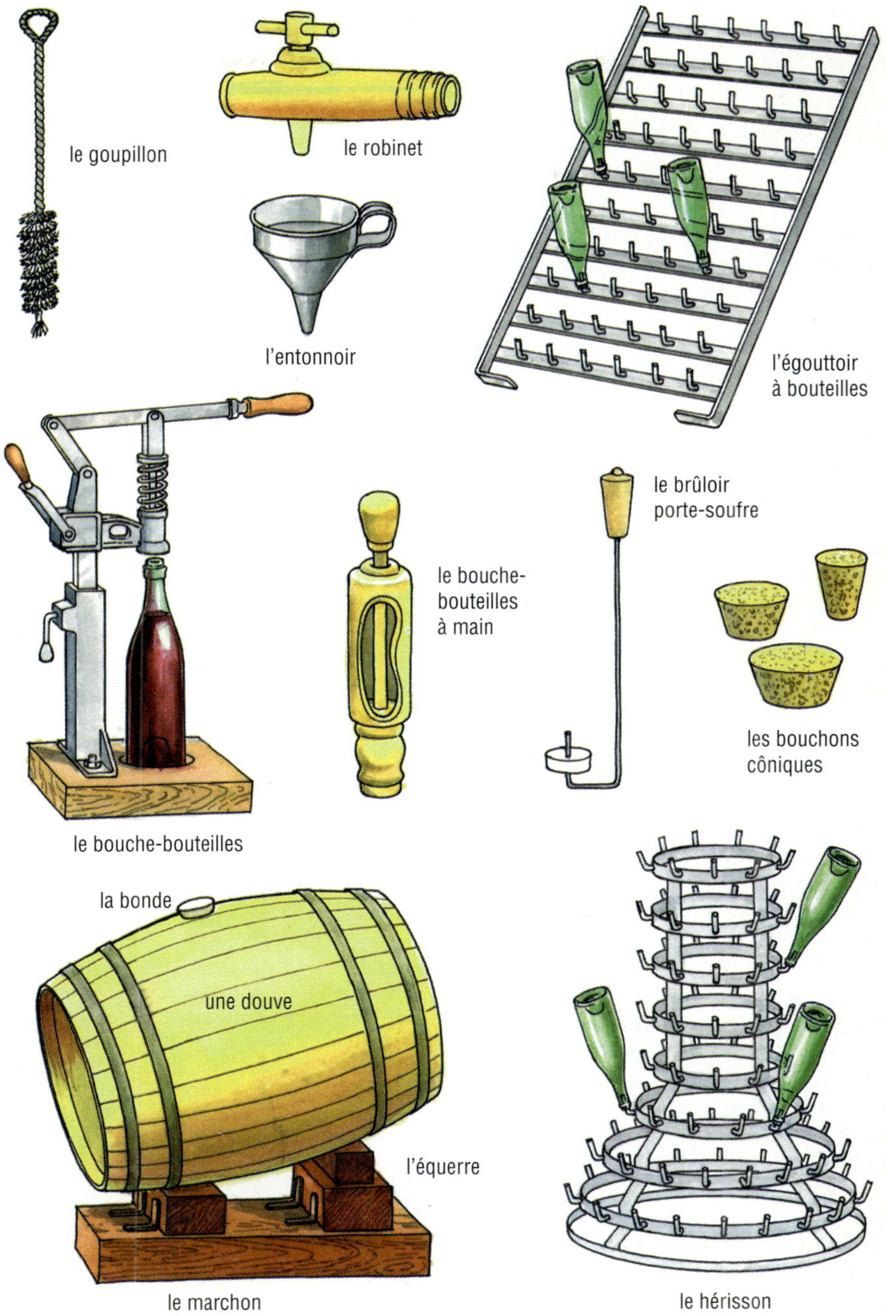

La pêche en mer

Industrielle ou artisanale, la pêche en mer consiste à capturer du poisson. Elle se pratique depuis la grève ou depuis un bateau. Les techniques de prise du poisson diffèrent. Le poisson capturé est conservé par le froid, par le sel, ou par le fumage.

Les bateaux de pêche

Baleinier - Caseyeur - Chalutier - Civelier - Coquilleur - Cordier - Crevettier - Dragueur - Goémonier - Harenguier - Langoustinier - Ligneur - Morutier - Palangrier - Sardinier - Senneur - Terre-neuvas - Thonier - Trémailleur.

Le matériel du pêcheur

Balance - Barrage - Bordigue - Carrelet - Casier - Chalut - Chalut flottant - Chalut électrique - Croc - Drague - Épervier - Épuisette - Fagot - Filet - Filet maillant - Filet pélagique - Foëne à anguille - Harpon - Haveneau - Lamparo - Ligne à canne - Ligne à main - Ligne de traîne - Ligne dormante - Mitraillette - Nasse - Palangre de fond - Palangre flottante.

Les types de pêches

Pêche artisanale - Pêche du bord - Pêche au chalut - Pêche continentale - Pêche côtière - Pêche au coup - Pêche à la drague - Pêche embarquée - Pêche au feu - Pêche au filet - Pêche fraîche - Pêche hauturière - Pêche industrielle - Pêche au lancer - Pêche à la ligne - Pêche de loisir - Pêche maritime - Pêche à pied - Pêche professionnelle - Pêche réfrigérée - Pêche salée - Pêche semi-industrielle - Pêche sous-marine - Pêche au trimmer.

La conservation du poisson

Réfrigération (fém.). Conservation par maintien de la température du poisson entre 3 et 5 °C.

Congélation (fém.). Conservation par abaissement rapide de la température du poisson pour amener l'eau constitutive de la chair à l'état de glace.

Surgélation (fém.). Conservation par congélation ultra rapide de façon à limiter la taille des cristaux de la congélation.

Séchage (masc.). Conservation par diminution de la teneur en eau dans le poisson. On peut pratiquer le séchage par exposition au soleil et au vent, par chauffage à la chaleur d'un feu ou, industriellement, dans des fours spéciaux.

Salage (masc.). Conservation par le sel.

Fumage (masc.). Conservation par exposition à l'action de la fumée.

Pour être plus précis

Verbes	Mouiller	Filé
Amarrer	Pêcher	Flottant
Ancrer	Plonger	Fluvial
Appâter	Racler	Frais
Armer	Ramasser	Fumé
Capturer	Remonter	Halieutique
Chaluter	Saler	Hauturier
Congeler	Sécher	Lacustre
Débarquer	Stocker	Lancé
Embarquer	Tirer	Maillant
Encercler	Trier	Maritime
Équiper		Pélagique
Éviscérer	**Adjectifs**	Polyvalent
Exploiter	Affalé	Réfrigéré
Fileter	Congelé	Salé
Fumer	Continental	Subtropical
Gréer	Côtier	Traîné
Hâler	Dérivant	Tropical
Manœuvrer	Dormant	Viré

LA PÊCHE EN MER

Type de pêche		Caractéristiques	Bateau	Poissons
FILETS	**filets droits et filets de dérive**	Les filets sont posés en nappes verticales tendues, fixes ou libres (filets de dérive), dans lesquelles les poissons viennent mailler par les ouïes.	pinasse, drifter	poissons variés,surtout alose, sardine, maquereau et sprat
FILETS	**filets tournants (sennes, cercos, bolinches)**	Les filets, posés en nappes verticales autour d'un banc de poissons détecté aux ultrasons, se transforment en une poche que l'on réduit à l'aide d'un système de ralingues, jusqu'à pouvoir prendre le poisson à la gaffe, à l'épuisette ou à la pompe aspirante.	senneur	hareng, maquereau, thon
FILETS	**chalut de fond et chalut semi-pélagique**	Les filets forment une poche en forme de cône coupé en deux par le milieu, traîné sur le fond, la gueule maintenue ouverte par des flotteurs.	chalutier	morue, églefin, merlan, merlu, grondin, sole, langoustine, crevette
FILETS	**chalut pélagique**	Le chalut pélagique tracte entre deux eaux une poche à section carrée.	chalutier	alose, hareng, sprat
FILETS	**drague**	La drague tracte des poches semblables à celles du chalut, mais de plus petites dimensions.	dragueur	coquillages
LIGNES	**palangre**	Les longues lignes dormantes, portant de nombreux hameçons, sont tendues au fond (palangres ou lignes de fond), ou entre deux eaux.	palangrier ou cordier	raie, congre, julienne, thon, espadon
LIGNES	**ligne de traîne**	Les lignes, d'une cinquantaine de mètres, traînent derrière le bateau en marche.	thonier ou traîneur	thon, espadon
LIGNES	**canne (appât vivant)**	La pêche est faite à l'aide de cannes dont le principe est identique à celui des gaules employées en rivière, mais dont la résistance est plus grande.	clipper, canneur, thonier	thon, espadon, requin
nasses et casiers		Les nasses et les casiers sont mouillés en chapelets, toujours au fond.	caseyeur, langoustier, homardier, crabier	crustacé, langouste, homard, crabe

L'entreprise

L'entreprise est la cellule de base de l'économie. Globalement, ses activités sont : acheter (se procurer les matières premières et les moyens nécessaires à son activité) ; fabriquer (créer de la valeur ajoutée) ; et vendre (un produit, un service en réalisant des profits).

L'organisation de l'entreprise

UNE COMPAGNIE DE TRANSPORTS ROUTIERS

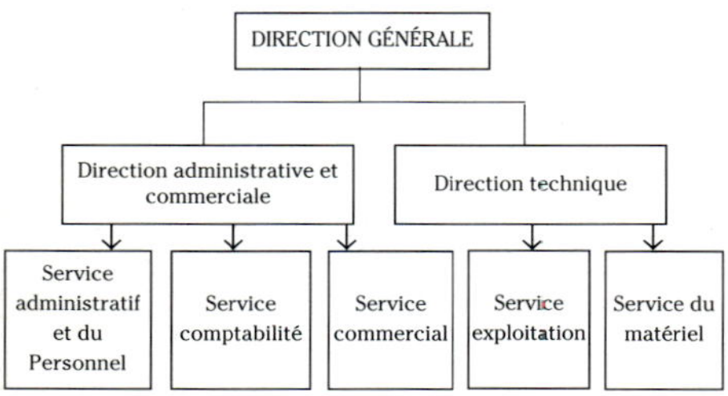

...

UNE ENTREPRISE INDUSTRIELLE
DE MOYENNE DIMENSION

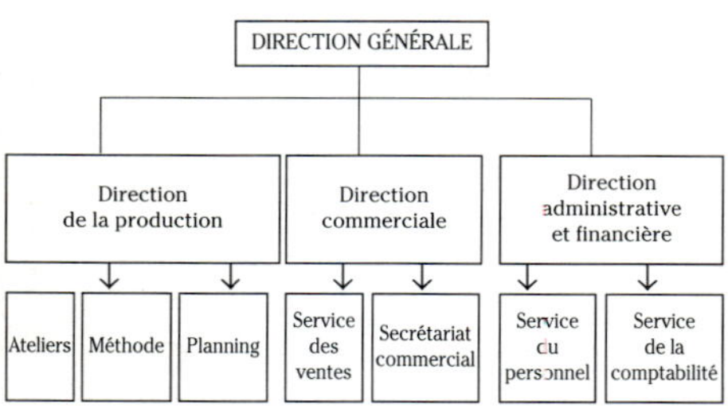

L'environnement social de l'entreprise

Comité d'entreprise - Commission hygiène et sécurité - Congés payés - Conseil des prud'hommes - Convention collective - Convention de conversion - Délégué du personnel - Droit du travail - Emploi - Formation - Grève - Inspection du travail - Licenciement - Médecine du travail - Organisation patronale - Organisme de formation - Préavis - Règlement intérieur - Retraite - Section syndicale.

Les activités de l'entreprise

Fonction	Activités
Direction	information ; décision ; explication ; délégation ; motivation ; contrôle
Logistique	approvisionnement ; équipement ; maintenance ; gestion du personnel ; recherche et développement ; administration générale
Production	études ; méthodes ; gestion de la production ; fabrication ; contrôle
Distribution	recherche et études commerciales ; ventes ; administration des ventes ; après-vente ; publicité ; promotion

Pour être plus précis

Verbes
Acheter
Administrer
Choisir
Chômer
Communiquer
Concurrencer
Créer
Débaucher
Décider
Diriger
Embaucher
Entreprendre
Gérer
Informer
Innover
Licencier
Négocier
Organiser
Orienter
Planifier
Prévoir
Produire
Programmer
Régulariser
Répartir
Vendre

Adjectifs
Capitaliste
Commercial
Coopérative
Décentralisé
Économique
Finalisé
Financier
Fonctionnel
Hiérarchique
Industriel
Libéral
Matriciel
Multinational
Opérationnel
Politique
Privé
Publique
Réglementé
Social
Syndical
Technique

LA HIÉRARCHIE DE L'ENTREPRISE

Poste	*Activités*	*Réalisations*
Président Directeur général	– définition des politiques de l'entreprise, fixant les objectifs dans l'espace ou dans le temps ; – agencement des techniques financières et commerciales ; – gestion des relations humaines : structure, communication, formation, assistance au personnel.	directives générales, communiqués, rapport annuel, compte rendu d'assemblée
Directeur financier	– étude des comptes d'exploitation générale et des pertes et profits, surveillance des liquidités et de la trésorerie ; – surveillance du marché des capitaux et des choix des procédés de financement à court, moyen et long terme.	bilan financier, analyse financière
Directeur de la comptabilité	– traitement au jour le jour des mouvements de fonds de l'entreprise ; – tenue de la comptabilité générale, traitement de la comptabilité analytique d'exploitation pour déterminer les prix de vente ou de service, contrôler la rentabilité des produits et permettre l'examen critique de l'exploitation.	tableaux de bord, budget des ventes, de production des approvisionnements, des amortissements, de trésorerie
Directeur du personnel	– recrutement du personnel : sélection, orientation, embauche ; – formation du personnel : apprentissage, perfectionnement, promotion ; – évaluation du personnel : notation, promotion, mutation, sanction, réglementation.	tests, annonces, offres d'emploi, contrat de travail, lettre de licenciement, règlement intérieur
Directeur commercial	– choix et mise en place du réseau de distribution, formation et encadrement du personnel de vente, publicité, promotion des ventes ; – analyse et prévision des ventes.	commandes, factures, plans de vente
Directeur du *marketing*	– étude des produits présents et futurs, conditionnement, politique de marque ; – étude de marché pour déterminer les débouchés des produits.	enquêtes, analyses statistiques, recherche opérationnelle, sondages, plan de vente, plan de campagne, publicité
Directeur de la production	– élaboration des études et projets, réalisation des prototypes ; – mise en application des méthodes, de la normalisation, des études de temps ; – régulation du travail par ordonnancement, lancement des fabrications ; – fabrication, contrôles et essais qualitatifs.	étude de projet, gamme de fabrication, fiche essais-mesures, grille d'analyse de la valeur, compte rendu de cercle de qualité, nomenclatures

Secrétariat et bureautique

Les secrétaires assistent leur responsable hiérarchique et le déchargent des contraintes rédactionnelles et organisationnelles, en collectant, mettant en forme et conservant l'information.

Les activités de secrétariat

Archiver : conserver un exemplaire dans les archives, sur microfiche ou sur mémoire externe.
Créer le texte : dactylographier à l'aide de machine à écrire (mécanique, électrique, électronique) ou de matériels de traitement de texte (machines dédiées ou micro-ordinateurs).
Diffuser : envoyer le document aux destinataires.
Reproduire un texte : copier le texte au moyen de duplicateurs (à alcool ou hectographique, à encre ou par machine offset de bureau) ou de copieurs (thermocopie, photocopie, électrocopie).
Saisir un texte : enregistrer le texte sous forme manuscrite, sténographique ou magnétique (dictaphone).

La bureautique

La bureautique regroupe tout ce qui concerne le traitement de texte, l'archivage (électronique et microfiche), le courrier électronique (Telex, télécopie, messagerie électronique et télétex) et la téléphonie.

La télématique

La télématique est constituée des réseaux, du courrier électronique, de la téléphonie, du vidéotex (banque de données, annuaire électronique), de la téléconférence (audioconférence et visioconférence) et de la monétique.

Les travaux de secrétariat

Secteur commercial
Fichiers clients prospects - Fichiers articles - Confirmations de visite - Lettres de proposition - Devis - Publipostage - Invitations aux présentations - Comptes rendus d'activités - Tarifs.
Secteur courrier
Notes de service - Rapports - Projets - Contrats - Textes juridiques - Invitations - Convocations - Comptes rendus de réunions - Cahier des charges.
Secteur personnel
Réponses aux candidatures - Lettres d'embauche - Contrats de travail et avenants - Lettres de changement de position ou de coefficient - Fichier du personnel - Convocations.

Pour être plus précis

Verbes
Adresser
Appeler
Archiver
Centrer
Classer
Codifier
Conditionner
Consulter
Créer
Dactylographier
Dater
Dicter
Diffuser
Distribuer
Documenter
Dupliquer
Émettre
Enregistrer
Exploiter
Facturer
Filtrer
Formater
Imprimer
Indexer
Informer
Justifier
Marger
Modifier
Parapher
Photocopier
Présenter
Recevoir
Répondre
Reproduire
Saisir
Sélectionner
Traiter
Transmettre
Trier
Valider
Vérifier

Adjectifs
Alphabétique
Automatique
Binaire
Comptable
Confidentiel
Effaçable
Électrique
Electronique
Hectographique
Inaltérable
Indélébile
Indexé
Informatique
Lisible
Lithographique
Magnétique
Manuscrit
Mécanique
Numérisé
Optique
Polyvalent
Portable
Portatif
Séquentiel
Signé
Sténographique
Vidé

LE MATÉRIEL DE BUREAU

Le mobilier

armoire penderie
bac à roulettes
bureau
caisson mobile
chevalet de conférence
cloison
coffre
comptoir d'accueil
crédence
fauteuil de travail

fauteuil visiteur
lampadaire
placard de bureau
poste multiplan secrétariat
siège poutre
table de conférence
table de réunion
table téléphone
vestiaire penderie

Le matériel de rangement

armoire bibliothèque
armoire penderie
bac à roulettes
caisson mobile
classeur à rideau
classeur à basculants
classeur rotatif
classeur à levier
classeur relieur
classeur à tiroir
boîte-archives
boîte tiroir de classement
caisse à archives
chemise à élastiques
chemise à onglets
chemise de classement
corbeille à courrier

Le matériel informatique

bombe dépoussiérante
capot insonorisant
cartouche numérique
clavier
coffret disquettes
disquette

fichier à disquettes
filtre Polaroid
housse pour clavier
housse pour écran
imprimante à bulles d'encre
imprimante à jet d'encre
imprimante laser
imprimante matricielle
lecteur CD-ROM
logiciel
moniteur
onduleur
organiseur de clavier
plateau tournant
porte-copie
porte-écran pivotant
ratelier à bandes magnétiques
scanneur à main
souris informatique
stand imprimante de table
support souris
tapis antidérapant
tapis antistatique
télécopieur
téléphone
tiroir escamotable
unité de base
visière antireflet

La papeterie

agrafeuse
arrache-agrafe
bâton de colle
bloc bureau
bracelet élastique
cachet
calculatrice
calendrier d'organisation
cavalier à languettecachet
calculatrice
calendrier d'organisation
cavalier à languette
cisaille
copieur
dateur
destructeur
enveloppe
enveloppe pochette
étiquettes d'adressage
fiche à épaules
fiche ordinaire
film carbone
liasse message répondeur
listing autocopiant
machine à dicter
machine à écrire électrique
machine à écrire électronique
massicot
mémo-cube
noteur Post-it
papier
papier pelure
papier perforé
papier photocopieuse
papier thermique
perforateur
pèse-lettre
plieuse
pochette à soufflets
porte-timbres
répondeur enregistreur
rogneuse
stylo
stylo marqueur
tampon encreur

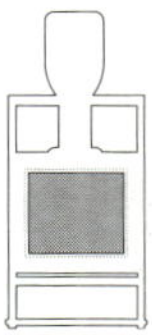

La banque

Les activités bancaires consistent à collecter des fonds (opérations de caisse), à en prêter (opérations de crédit) et à effectuer des placements boursiers (opérations financières). On distingue les banques de dépôt, de crédit et d'affaires.

La banque de dépôt

Dans une banque, un client ouvre un compte de dépôt à vue (compte chèque, compte sur livret qui rapporte un intérêt, ou compte courant pour les entreprises commerciales). Par chèque, virement, lettre de crédit, accréditif, carte de paiement et carte de crédit, le client gère son compte de dépôt.
Le client peut également ouvrir un dépôt à terme ; l'argent ne peut alors être retiré qu'à une date fixe.

Le vocabulaire de la banque

Agio - Barème - Billet - Bordereau - Carte bancaire - Chéquier - Commission - Compte courant - Compte titre - Coupure - Court terme - Débit - Découvert - Dépôt de devise - Échéance - Effet de commerce - Escompte - Fond - Intérêt - Liquidités - Livret - Long terme - Moyen terme - Opération - Opposition - Placement - Provision - Taux - Terme - Titre - Valeur mobilière.

Le chèque bancaire

Chiffres pour la lecture optique - Date de l'opération - Lieu d'émission - Logo de la banque - Montant en chiffres - Montant en lettres - Nom de l'agence - Nom de la banque - Nom du créditeur - Nom du tireur - Numéro du chèque - Numéro du compte - Signature.

Les placements boursiers

Action (fém.). Titre représentant une part de capital dans une société anonyme. L'action donne à son possesseur (l'actionnaire) un droit à la répartition des bénéfices de la société.
Bourse (fém.). Lieu où acheteurs et vendeurs d'actions ou d'obligations (les valeurs mobilières) établissent officiellement le prix (le cours) de ces titres.
Dividende (masc.). Revenu d'une action. C'est une somme annuelle qu'une société distribue à ses actionnaires.
Obligation (fém.). Reconnaissance de dette (titre de créance) remise au souscripteur d'un emprunt émis par une société ou par l'État. L'obligation donne droit à un intérêt annuel fixé dès l'émission et payé à date fixe (l'échéance).

Pour être plus précis

Verbes
Acheter
Agioter
Amortir
Arbitrer
Avaliser
Baisser
Couvrir
Créditer
Démarcher
Déporter
Échanger
Émettre
Encaisser
Endosser
Exécuter
Financer
Jouer
Lancer
Lever
Liquider
Placer
Prélever
Réaliser
Rembourser
Remiser
Spéculer
Tirer
Vendre
Virer

Adjectifs
Amortissable
Baissier
Bancaire
Certifié
Consolidé
Créditeur
Débiteur
Découvert
Déficitaire
Disponible
Escomptable
Exigible
Ferme
Financier
Fiscal
Garanti
Haussier
Irrégulier
Lié
Limité
Mobilisable
Nominal
Nominatif
Payable
Productif
Provisionné
Spéculatif
Soldé
Solvable
Soutenu
Visé

LES MÉTIERS DE LA BANQUE

Métier	*Activités*	*Réalisations*
Chef d'agence	– gestion de l'agence, contrôle et répartition des tâches, gestion du personnel (notation, promotion), application de la réglementation bancaire ; – réalisation des objectifs financiers et commerciaux, placement des produits et services de la banque ; – conseil aux clients importants, constitution des dossiers de demande de crédit, accord de prêts.	dossier de demande de crédit, feuilles de notation, rapport de notation, planning d'activités, lettres d'information à la clientèle
Analyste financier	– étude de la situation financière de l'entreprise, de la conjoncture particulière de la branche et de l'évolution boursière ; – étude de la documentation fournie sur la société (documentation officielle, forme juridique, type d'activité, type de clientèle, bilans...).	notes de synthèse, bilan financier, étude de conjoncture, ratios, fiches valeurs
Inspecteur	– contrôle de l'application de la réglementation et des consignes dans les agences ; – contrôle et vérification de la présence physique des valeurs (espèces, or, effets, titres, coupons) à partir des pièces comptables ; – contrôle et vérification des pièces comptables et administratives (ordres de virement, registres, comptes « profits et pertes »), des délais de réalisation des dossiers de demande de crédit...	notes, rapport d'inspection
Gestionnaire clientèle particuliers	– développement de la clientèle de son fonds de commerce ; – réponse aux besoins de son fonds de commerce par l'analyse d'un ensemble de données (niveau des revenus, caractéristiques du compte bancaire, produits et services bancaires déjà utilisés...) ; – placement des produits de la campagne commerciale par relance de la clientèle.	dossiers clients, comptes privés, dossiers de demande de crédit
Caissier	– réception et remise des pièces, documents justificatifs ou espèces en échange d'un bordereau ; – contrôle de la caisse billet par billet, liasse par liasse, contrôle de la qualité des billets ; – gestion de la caisse de manière à faire face aux sorties d'espèces, demande de fonds à la caisse centrale.	bordereau, chèque, registre, journal, effets de commerce
Guichetier	– ouverture des comptes particuliers, commerçants ; – information de la clientèle et proposition de services bancaires.	bordereau, fiches, bons de caisse, emprunts

La coiffure, l'esthétique

Le coiffeur et l'esthéticienne sont des professionnels de la beauté. Le coiffeur s'occupe de la santé et de la bonne tenue du cheveu, l'esthéticienne nettoie et entretient la peau et maquille le visage.

Les activités de la coiffure

Couper : raccourcir aux ciseaux ou au rasoir l'ensemble de la chevelure, mèche par mèche.
Décolorer : appliquer des produits décolorants qui enlèvent aux cheveux leur couleur initiale et les rendent plus clairs.
Faire une mise en plis : donner aux cheveux mouillés la forme et la frisure qu'ils garderont une fois secs.
Faire une permanente : friser les cheveux par des procédés qui maintiennent la frisure.
Teindre : appliquer un shampooing colorant ou un produit de teinture pour donner aux cheveux un reflet ou pour modifier la couleur initiale.

Le travail de l'esthéticienne

Bronzer : brunir la peau, sans exposition au soleil, par une séance de rayons ultra-violets.
Désincruster : nettoyer la peau à l'aide d'un produit qui absorbe les impuretés.
Épiler : enlever les poils superflus à l'aide d'une pince à épiler ou par application de cire chaude.
Gommer : éliminer la couche superficielle de la peau (desquamer) par application de produits capables d'accélérer le renouvellement des cellules.
Nettoyer la peau : appliquer une crème, une pâte, un gel qui enlève les impuretés et resserre les pores.
Pulvériser : asperger le visage d'un liquide aromatisé qui nettoie et stimule la peau.

Les produits de l'esthéticienne

Anticernes - Base - Blush - Cire à épiler - Crayon contour des yeux - Crayon à sourcils - Crème - Crème hydratante - Crème teintée - Démaquillant - Durcisseur - Eau de toilette - Eau tonique - Émulsion - Essence - Exfoliant - *Eye liner* - Fard à joues - Fard à paupières - Fixateur - Fond de teint - Gel - Huile - Khôl - Lait - Lotion - Mascara - Masque - Paillettes - Pain de toilette - Parfum - Perles de bain - Poudre - Rouge à joues - Rouge à lèvres - Sérum - Tonique - Vernis à ongles.

Pour être plus précis

Verbes
Brosser
Boucler
Calamistrer
Coiffer
Cranter
Crêper
Décaper
Démaquiller
Démêler
Éclaircir
Effiler
Effleurer
Épiler
Estomper
Farder
Fixer
Frictionner
Friser
Froisser
Gainer
Hydrater
Maquiller
Natter
Peigner
Rafraîchir
Raser
Stimuler
Régénérer
Stimuler
Tailler
Teindre
Tondre
Tresser

Adjectifs
Aromatique
Astringent
Blanc
Blond
Bouclé
Brillant
Brun
Bruni
Bronzé
Charnu
Châtain
Clarifiant
Coloré
Concentré
Cosmétique
Couperosé
Dégradé
Épidermique
Frais
Gras
Hydratant
Massé
Mixte
Nettoyé
Nourrissant
Pâle
Parfumé
Pulpeux
Rafraîchissant
Rénovateur
Rose
Sec
Vaporeux

LES SOINS DU CHEVEU

	Définition	*Caractéristiques*
Cheveu	Un cheveu est constitué d'une racine ou bulbe capillaire et d'une tige. La structure de la tige se compose de trois couches : la moelle, le cortex et la cuticule, couche protectrice externe faite d'écailles de kératine.	Les types de cheveux : cheveux normaux, cheveux secs, cheveux gras, cheveux mixtes, cheveux épais, cheveux fins, cheveux fragiles
Shampooing	Un shampooing est constitué essentiellement d'un détergent qui dissout les graisses ou sébum, et élimine les salissures. D'autres ingrédients sont associés au détergent, leur rôle est second. Selon la dureté du détergent on distingue les shampooings acides, neutres ou alcalins. On parle de shampooings doux, de shampooings enrichis et de shampooings « fréquence ».	Les additifs du shampooing : bière, henné, herbes, huiles de jojoba, lanoline, citron, huile d'amande, de noix de coco, de vison, d'ylang-ylang, d'orange, huile essentielle de thym, de romarin, de lavande ou de verveine, vitamines, agents cationiques...
Coloration	Une teinture chimique ou fabriquée à partir de végétaux naturels permet de changer la couleur des cheveux. On distingue la coloration temporaire : la couleur reste superficielle, elle ne pénètre pas dans le cheveu ; la coloration directe : la coloration pénètre la couche externe du cheveu ; la coloration permanente : les composants chimiques modifient la teinte naturelle du cheveu ; et les balayages et reflets qui fonctionnent de la même façon que la coloration permanente mais sur des mèches éparses.	Les reflets : reflets naturels, reflets mouchetés, fraissage, flash pointe, mèche colorée, halo, reflets modelage
Coupe	Une coupe de cheveux à l'aide du peigne, du rasoir, des ciseaux ou de la tondeuse, permet la réalisation de la coiffure adaptée à la forme du visage et au style de vie.	Les coupes : coupe au carré, dégradé, coupe au rasoir, désépaississage, brosse, crête, rasage, coupe classique
Mise en plis	Une mise en plis permet de changer temporairement la coiffure en modifiant la forme des cheveux sans agir sur leur structure. L'utilisation des rouleaux, rouleaux-papillottes, épingles, fers à friser, pinces à gaufrer, du séchoir à main ou du casque, donne volume et ondulations en conservant le brillant naturel des cheveux raides ; elle permet de raidir ou défriser les cheveux naturellement frisés.	Les effets : boucles en cascades, mèches souples, mèches ondulées, coiffure sauvage, crêpage
Coiffage	Un coiffage apporte la finition au soin de la coiffure. Coiffure au fer avec chignon ou brushing au séchoir à main, la mise en place des cheveux donne le style de la coiffure.	Les coiffures : anglaises, catogan, garçonne, lionne, queue de cheval, chignon, couettes, tresses, nattes, banane

Le travail du cuir

Le cuir est une matière première naturelle provenant d'une peau d'animal traitée. Le travail du cuir comporte : la transformation des peaux en cuir (tannage), la transformation du cuir en produits manufacturés (confection) et la réparation de ces produits.

La préparation du cuir

Chamoiser : rendre les peaux aussi souples que celles du chamois.
Chauler : enlever les poils de la peau (épilage) par action de la chaux.
Corroyer : assouplir le cuir, lui donner une épaisseur régulière et son aspect définitif.
Déchauler : faire disparaître la chaux utilisée pour l'épilage de la peau.
Refendre : diviser les cuirs épais en deux parties : la fleur (le coté poil du cuir) et la croûte (le coté chair de la peau).
Tanner : transformer la peau de l'animal en cuir par l'action de substances tannantes (les tanins).
Teindre : colorer chimiquement le cuir. La teinture peut être superficielle ou plus profonde (teinture dans la masse).

Les sacs de cuir

Attaché-case - Besace - Blague à tabac - Bourse - Cabas - Carnassière - Cartable - Cartouchière - Couffin - Gibecière - Hotte - Malle - Mallette - Musette - Pochette - Porte-documents - Sac à dos - Sac à main - Sac de voyage - Sacoche - Serviette - Valise.

Le matériel du cordonnier

Alène - Bisaiguë - Colle - Compas - Ébourroir - Fer à chaussure - Fourre - Gouge - Ligneul - Lime - Lissoir - Mailloche - Marteau - Pince - Pointe - Poix - Râpe d'emboîtage - Roulette - Semelle d'usure - Semence - Soie - Talonnette - Tranchet.

Les métiers de la chaussure

Modéliste (euse). Il crée les nouveaux modèles qui seront la mode.
Coupeur (euse). Il découpe à l'emporte-pièce les morceaux de peau qui formeront la chaussure.
Piqueur (euse). Il réalise le dessus de la chaussure (la tige), les piqûres d'ornementation, de jointage et d'assemblage.
Brocheur (euse). Il s'occupe du semelage de la chaussure, de la préparation de la première de montage, de l'assemblage des semelles et des talons.
Monteur (euse). Il assemble sur une forme la tige à la semelle par un montage soudé ou un montage cousu.
Finisseur (euse). Il nettoie, lustre la chaussure, pose les lacets.

Pour être plus précis

Verbes
Assouplir
Blanchir
Cirer
Cœurser
Craminer
Débaucher
Dérayer
Ébourrer
Écaller
Écharner
Égaliser
Essorer
Étirer
Fouler
Foulonner
Huiler
Laver
Lustrer
Pelaner
Piquer
Refendre
Reverdir
Rogner
Scier
Sécher
Teindre
Tremper
Vernir

Adjectifs
Artificiel
Battu
Brut
Chaulé
Coudré
Cylindré
Encollé
Épilé
Glacé
Grénelé
Imputrescible
Lustré
Lissé
Maroquiné
Palissonné
Paré
Pigmenté
Ramolli
Résistant
Salé
Satiné
Sec
Tanné

LES MÉTIERS DU CUIR

Le tanneur
Activités : il modifie la nature des peaux pour les rendre imputrescibles.
Il procède à l'écharnage dans l'atelier de chevalage, il gratte la peau tendue sur un chevalet de rivière.
Il tanne la peau en la laissant tremper dans une solution de tan (écorce de chêne, de châtaignier) ou dans de l'alun, du chrome, après un saumurage dans une solution acide.
Il égoutte les peaux par calandrage ou laminage, puis il procède au grattage des peaux au lissoir et à leur glaçage à la lame d'acier.

Outils : couteau à croupon, à débourrer, à écharner, à dérayer, rond, sourd, lissoir, palisson, chevalet de rivière.

Réalisation :
Le crouponnage : Le croupon, séparé au crouponnage est la partie de la peau dont la valeur est la plus grande.

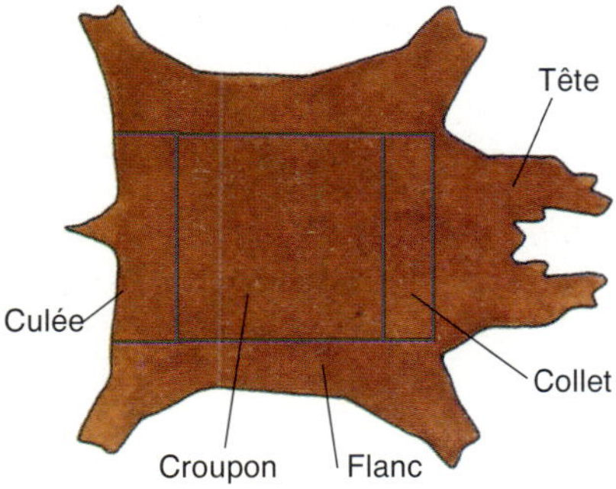

Le bourrelier
Activités : il fabrique le harnachement des chevaux. Il travaille des cuirs gras et chromés.
Il découpe les bandes de cuir en suivant un gabarit au couteau mécanique. Il amincit les bandes à la fenderie, les coupe et les pare au couteau à pied.
Il assemble manuellement les bandes par une couture au fil poissé.

Outils : griffe à molette, paumelle, gant royal, rembourroir, rainette, couteau à pied, abat-carre, pilon, tranchet, griffe à frapper, pince à coudre, pince à tendre, emporte-pièce, rainette à épaule, rainette d'emboîtage.

Réalisations : selle, harnais, fontes, étuis, sangles, rênes, brides, bricole, selette, dossière, chaîne dossière, collier, croupière, julhes, armels, sous-ventrière, guides, méjeanne, branche de croupière, avaloire, œillères, courroie.

Le sellier
Activités : il confectionne des articles rognés.
Il étudie et met au point les produits, établit les patrons et gabarits dans du carton ou du métal.
Il découpe et régularise les peaux, procède à leur placage en les disposant sous une sorte de presse chauffée pour leur donner leur forme.
Il assemble et coud les morceaux à la main, au poinçon ou à la machine. Il pose les boucles et les objets décoratifs.

Réalisations : sacs de cuir, porte-monnaie, portefeuille, porte-cartes, porte-billets, porte-cigares, porte-cigarettes, porte-documents, ceintures, bracelets pour montre, coffrets, écrins, tables à écrire...

Le fourreur
Activités : il travaille les peaux apprêtées et lustrées pour les transformer en vêtements de fourrure.
Il achète les peaux par lots à un pelletier.
Il crée le modèle, il réalise la toile et le patron papier.
Il fabrique le vêtement, assortit les peaux en fonction de la couleur, de la hauteur et du reflet du poil, coupe les peaux en bandes ou en morceaux et indique l'emplacement des coutures. Il cloue les peaux mouillées sur une planche selon le patron. Il égalise les peaux lorsqu'elles sont sèches et les lisse pour leur redonner du volume.
Il supervise la finition, la pose de la percaline, du padou et de la doublure.

Fourrures : loutre, castor, martre, petit-gris, zibeline, astrakan, hermine, scons, herminette, chinchilla, lièvre blanc, renard, renard noir, renard bleu, vison.

Réalisations : pèlerine, palatine, pelisse, manteau, veste, blouson, toque, gant, mouffle.

L'habillement

Les métiers de l'habillement recouvrent : la fabrication industrielle de vêtements de série (confection) ; la réalisation de vêtements sur mesure, par un tailleur (vêtements masculins) ou une couturière (vêtements féminins) ; et la haute couture (vêtements griffés et prêt-à-porter de luxe).

Les métiers de la haute couture

Coupeur : dirige l'atelier de coupe.
Dessinateur modéliste : exécute les maquettes pour créer la collection.
Essayeur-retoucheur : adapte le vêtement au corps de la cliente et rectifie les vêtements après finition complète.
Modéliste : responsable de la collection, il crée les modèles.
Petit ouvrier tailleur, ouvrier tailleur : exécute seul une pièce tailleur.
Première d'atelier : assume la responsabilité et l'exécution du travail de la prise de commande jusqu'à la livraison.
Première main débutante, qualifiée : exécute une pièce entière livrée coupée.
Retoucheur : rectifie les vêtements avant leur finition complète.
Second d'atelier : fait les essayages, distribue le travail aux ouvriers, règle les pièces.
Seconde main débutante, qualifiée : exécute une pièce coupée et installée.

La fabrication du vêtement

Couper : découper les différentes pièces du vêtement, en limitant au maximum la perte de tissu. La découpe traditionnelle aux ciseaux électriques est remplacée par la découpe automatique au couteau, au laser ou au plasma, gérée par ordinateur.
Matelasser : superposer plusieurs couches d'étoffes en matelas afin de couper de nombreuses pièces en même temps.
Piquer : coudre une partie du vêtement à la machine à coudre et passer le vêtement au poste suivant sur la ligne de montage.
Placer-tracer : reproduire le patron sur l'étoffe à la craie dans la fabrication en petite série. Dans la fabrication en grande série, le plaçage se gère par ordinateur.
Presser : repasser pour effacer les plis, presser pour casser les plis, thermocoller pour coller.

Les vêtements

Masculins : Blouson - Blue-jean - Caban - Complet - Gilet - Habit - Imperméable - Manteau - Pantalon - Pardessus - Pelisse - Robe de chambre - Smoking - Veston.
Féminins : Blouse - Bustier - Chemisier - Corsage - Déshabillé - Deux-pièces - Fourreau - Fuseau - Jupe - Jupon - Maillot - Parka - Robe - Spencer - Tailleur.

Pour être plus précis

Verbes
Assembler
Bâtir
Border
Broder
Coudre
Couper
Débâtir
Doubler
Entoiler
Épingler
Essayer
Faufiler
Galonner
Matelasser
Monter
Ourler
Pincer
Piquer
Plisser
Presser
Rabattre
Remplier
Repasser
Rucher
Surfiler
Surpiquer
Tracer

Adjectifs
Ajusté
Appuyé
Bouillonné
Boutonné
Cintré
Cloqué
Créatif
Croisé
Épaulé
Flou
Froncé
Gaufré
Griffé
Habile
Ouatiné
Passepoilé
Piqué
Plaqué
Retouché
Roulotté
Surjeté

LES MÉTIERS DE LA CONFECTION

Métier	*Activités*	*Outils*
Styliste	– proposition des lignes des vêtements, de leur allure générale, détermination des modèles, recherche et sélection des couleurs, dessins et tissus ; – prévision des évolutions de la mode pour présenter ce qui va séduire.	catalogue des tendances, ébauches, croquis, dessins
Modéliste toiliste	– fabrication du prototype sur le mannequin de couturière, habillage du mannequin de toile à patron ; – ajustement des morceaux du modèle au patron définitif, pour tracer le gabarit des divers morceaux d'étoffe à découper ; – proposition de modifications.	mannequin, patron, gabarit, toile à patron
Patronnier gradueur	– démontage du vêtement de toile pour établir le patron de base, traduction du patron standard dans les autres tailles ; – découpage de chacun des morceaux dans un matériau semi-rigide.	perroquet, pantographe, ciseaux à main, traceur, feuille de placement
Matelasseur	– superposition des couches de tissu sur la table de coupe, afin de couper de nombreuses pièces d'un seul coup ; – vérification des défauts du tissu.	table de coupe, chariot matelasseur à tourelle pivotante, sonnette
Placeur-traceur	– placement de tous les éléments du patron sur l'étoffe pour tracer les contours à la craie ou travail direct sur écran d'ordinateur dans les grandes entreprises ; – contrôle du respect du sens du droit fil du tissu.	craie, ordinateur, table traçante, feuille de placement
Coupeur	– découpe des morceaux selon le tracé indiqué sur le matelas ; – étiquetage des morceaux pour leur identification.	ciseau électrique, coupeuse mobile, scie à ruban, gant de mailles métalliques, emporte-pièce, faisceau laser
Mécanicien de piquage	– alimentation de la machine en fil, montage des aiguilles, réglage de la tension du fil et de la longueur du point ; – couture des morceaux prévus et envoi du vêtement au poste suivant de la chaîne pour le surfilage, la couture, l'assemblage ou la finition.	machine à coudre, ligne de montage, panier
Retoucheur	– correction de la production de confection pour l'adaptation au client ; – exécution des retouches, ourlets, pose de fermeture à glissière, déplacement de boutonnière...	machine à coudre, fiche de retouches, ciseaux, aiguille, presse à vapeur

Les travaux publics

L'entreprise de travaux publics intervient dans la construction de grands ouvrages, pour la production d'énergie, la réalisation des voies de circulation (routes, ponts, aérodromes, voies ferrées, tunnels, installations portuaires), ou encore l'établissement de réseaux d'adduction d'eau…

Les engins

Asphalteuse - Balayeuse - Bouteur biais - Bouteur inclinable - Chargeuse-pelleteuse - Compacteur à pied donneur - Débroussailleuse - Défonceuse - Dessoucheuse - Élévateur - Grue télescopique - Grue automotrice - Grue autoportée - Grue treillis - Pelle hydraulique - Scarificateur - Tarière - Tombereau automoteur - Treuil - Tunelier.

Compacteur

Les ouvrages

Aqueduc (masc.). Canal souterrain ou aérien qui transporte l'eau potable.
Autoroute (fém.). Voie très large, à deux chaussées séparées, sans croisements à niveau, destinée à la circulation automobile.
Barrage (masc.). Ouvrage qui barre un cours d'eau. La retenue est utilisée comme source d'énergie ou comme réservoir pour l'irrigation.
Canal (masc.). Voie navigable percée dans le sol afin de conduire les eaux d'un captage à un réservoir ou à une usine hydraulique (canal d'amenée), ou de régulariser le débit d'un cours d'eau (canal de dérivation).
Pont (masc.). Construction pour relier deux rives d'un cours d'eau, pour franchir une voie ferrée, un estuaire.
Tranchée (fém.). Fouille plus haute que large destinée à la pose de grosses canalisations.
Tunnel (masc.). Galerie souterraine pratiquée pour donner passage à une voie de communication.

Les métiers

Architecte - Arpenteur - Boiseur - Charpentier - Coffreur - Conducteur d'engins - Conducteur de travaux - Constructeur en canalisations d'hygiène publique - Contrôleur - Dalleur de voierie - Dessinateur en génie civil - Foreur - Grutier - Maçon - Mécanicien de chantier - Métreur - Monteur de réseau électrique - Opérateur géomètre-topographe - Paveur - Piqueteur - Projeteur de ligne - Soudeur - Testeur - Topographe.

Pour être plus précis

Verbes
Accrocher
Aménager
Aplanir
Araser
Arracher
Combler
Compacter
Compresser
Décaper
Défoncer
Dégager
Désagréger
Draguer
Drainer
Égaliser
Entasser
Évacuer
Forer
Niveler
Rejeter
Remblayer
Stabiliser

Adjectifs
Abrupt
Accidenté
Argileux
Ballasté
Boueux
Compact
Comprimé
Drainé
Dur
Durci
Hydraulique
Imperméable
Incliné
Inégal
Mécanique
Meuble
Mou
Perméable
Plat
Poreux
Sableux
Stable
Vibré

LE CHANTIER

1. Le camion toupie apporte le béton depuis une centrale à béton jusqu'au chantier.
2. La flèche de grue fixe permet de distribuer et d'élever les matériaux lourds.
3. La grue à flèche treillis
4. Les stabilisateurs.
5. La défonceuse brise les sols durs sur une profondeur importante.
6. La chargeuse articulée est équipée d'un godet.
7. La pelle hydraulique est équipée en rétro pour l'exécution des tranchées.
8. L'excavatrice à chenilles
9. La cabine
10. Les chenilles
11. Le godet
12. Les dents
13. Le scarificateur
14. Le bureau de chantier
15. La lame
16. Le coffrage en palplanches
17. Le géomètre
18. Le câble de manutention
19. Le mouton
20. La sonnette
21. La benne preneuse
22. Le crochet de levage
23. La tourelle
24. Le moteur Diesel
25. Le boutteur

Le bâtiment

Les corps de métiers qui participent à la construction d'une maison, d'un immeuble... travaillent dans le « bâtiment ». Les activités de terrassement, de maçonnerie, de charpente et de couverture font partie du « gros œuvre ». Le « second œuvre » comprend les travaux réalisés à l'intérieur de la construction.

Les matériaux de construction

Bloc fenêtre - Bloc porte - Boutisse - Brique - Chaux - Ciment - Fer à béton - Gravier - Moellon - Mortier - Panneau de façade - Panneresse - Parpaing - Pierre - Plaque de béton - Poutrelle.

Les types de murs

Cloison (fém.). Paroi mince séparant les pièces dans une maison, réalisée en plaque de plâtre.
Galandage (masc.). Cloison en briques posées de chant, l'une à côté de l'autre.
Mur d'échiffre (masc.). Mur supportant les escaliers.
Mur gouttereau (masc.). Mur en longueur, couronné de gouttières et percé de fenêtres.
Mur mitoyen (masc.). Mur construit à cheval sur une limite de propriété.
Mur de refend (masc.). Mur intérieur qui sert d'appui intermédiaire au plancher.
Mur de soutènement (masc.). Mur s'opposant aux poussées de terre, utilisé pour retenir un talus par exemple.
Pignon (masc.). Mur le plus souvent aveugle terminé en triangle. Il supporte une toiture à deux pentes.

Les installations de chantier

Appareil de levage - Armoire de raccordement - Atelier mécanique et charpente - Baraquement - Bétonnière - Bureau de chantier - Centrale à béton - Clôture - Grue - Installation de pompage - Installation de production d'air comprimé - Magasin - Parc de stockage de matériaux - Treuil - Vestiaire - Voie d'accès - WC.

Ciments et bétons

Béton (masc.). Agglomérat de cailloux, de graviers et de sable réunis au moyen d'un ciment hydraulique.
Béton armé (masc.). Béton dans lequel sont enrobées des armatures métalliques, les fers à béton, pour consolider et résister aux efforts.
Béton banché (masc.). Béton coulé dans un coffrage vertical (les banches) en bois ou en métal.
Ciment (masc.). Matière qui, mélangée à l'eau, forme une pâte plastique capable d'agglomérer en durcissant des pierres, des briques ou d'autres éléments.
Mortier (masc.). Mélange de sable et de chaux ou de ciment, délayé dans l'eau. Il durcit à l'air et lie les pierres ou les briques. Il permet également de réaliser des enduits.

Pour être plus précis

Verbes
Ancrer
Assainir
Assembler
Bâtir
Cloisonner
Coffrer
Couler
Démonter
Dresser
Édifier
Élever
Empiler
Enduire
Ferrailler
Forer
Implanter
Jalonner
Jointoyer
Mouler
Percer
Piqueter
Pomper
Raccorder
Renforcer
Verser
Vibrofoncer

Adjectifs
Acoustique
Armé
Banché
Bétonné
Charpenté
Cintré
Compacté
Comprimé
Contre-buté
Encastré
Équarri
Étanche
Hydraulique
Isolant
Lissé
Portant
Préfabriqué
Raidi
Rigide
Thermique
Viabilisé
Vibré

LES MÉTIERS DU BÂTIMENT

Métier	*Activités*	*Réalisations*
Dessinateur en bâtiment	– préparation du travail de la construction, – réalisation des plans de construction à partir des croquis de l'architecte et des calculs des ingénieurs	schéma d'implantation des réseaux, plan de coffrage, plan de masse
Métreur	– exécution des mesures et calculs nécessaires à l'évaluation du prix de revient d'un ouvrage	devis, feuille de situation, mesures des éléments réalisés
Conducteur des travaux	– responsabilité globale d'un ou de plusieurs chantiers pour lesquels il assure la conduite des travaux du point de vue technique, économique et réglementaire, – direction des équipes qui interviennent sur le chantier, organisation du travail	planning d'intervention, gestion du chantier
Chef de chantier	– aménagement des installations de chantier, – répartition du travail entre les chefs d'équipe, – suivi de l'avancement des travaux	plan d'implantation, plans d'intervention, feuilles de suivi
Conducteur d'engins	– conduite des engins utilisés sur les chantiers de travaux publics (pelle mécanique, bulldozer, chargeuse, bouteuse, décapeuse...), – détection et réparation de pannes simples	talus, tranchée, nivellement, butte, fouille, arasement
Constructeur	– réalisation du gros-œuvre des ouvrages : fondations, murs porteurs, planchers, poutres, escaliers, – mise en place du coffrage (moule dans lequel le béton est coulé), – installation, vérification de l'aplomb et de l'alignement des banches (coffrages en métal préfabriqués), – réalisation du ferraillage (pose du cannelage dans le moule), – bétonnage (coulage du béton dans le moule)	coffrage, ferraillage, coulage, décoffrage
Charpentier métallique	– réalisation de constructions entièrement métalliques ou à ossature métallique, – exécution d'après les plans des pièces en vraie grandeur à l'atelier, – montage partiel, au sol, d'ensembles, – levage, mise en place, assemblage et réglage des différents éléments de l'ouvrage	soudure, rivetage, perçage, sciage, vissage des différentes pièces, montage de l'ossature
Couvreur	– mise « hors d'eau » de l'habitation, réalisation de toitures en tuiles, ardoises, chaume, zinc, aluminium, cuivre, acier, inox..., – pose de chéneaux, gouttières et lucarnes	arête, rive, noue, faîte, gouttière, larmier, égout, châssis, lucarne

La charpente

La charpente soutient la toiture, supporte le poids des couvertures, recouvre les constructions de façon à protéger les murs et les menuiseries contre les intempéries. Elle doit également prendre en compte l'exposition et l'esthétique régionale.

Les types de charpentes

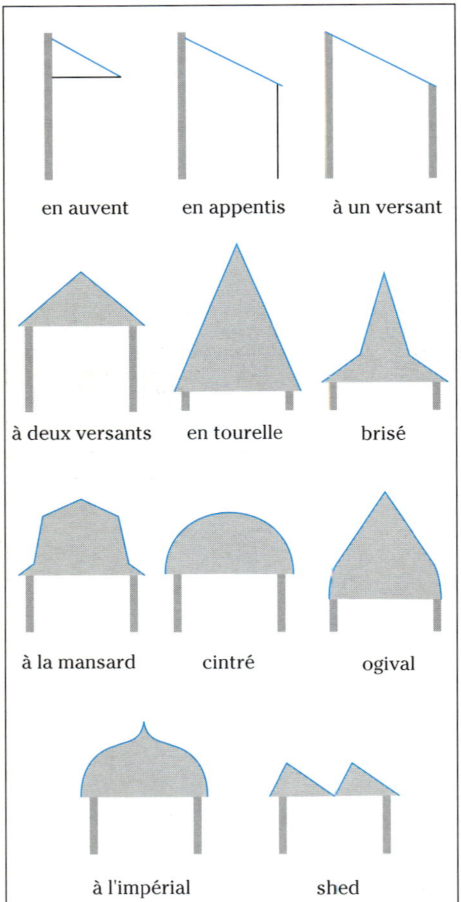

Le bois de charpente

Bastaing - Chevron - Fermette - Lambourde - Latte - Liteau - Madrier - Planche - Plateau - Poutre - Solive - Volige.

Le travail du charpentier

Chevronner : fixer les chevrons sur les fermes.
Contreventer : par exemple fixer provisoirement ou définitivement la première ferme.
Lever : monter les éléments sur l'immeuble à l'aide du mât de levage, de treuils, de moufles, de grues, de crics, de vérins ou de leviers.
Marquer le bois : repérer à l'aide de signes conventionnels l'ordre des différents éléments de la charpente.
Régler les cotes : ajuster les dimensions de la charpente.
Tailler : découper le bois selon les lignes de coupe.
Tracer : dessiner au crayon de charpentier des lignes de coupe sur les pièces de bois.

Pour être plus précis

Verbes
Aboucher
Abouter
Affourcher
Ajointer
Anter
Arquer
Assembler
Blanchir
Calibrer
Cheviller
Cintrer
Corroyer
Débiter
Dégauchir
Dégrossir
Déligner
Dresser
Ébarber
Emboîter
Empatter
Équarrir
Marquer
Planer
Riper
Soulager
Tailler
Tracer
Tronçonner

Adjectifs
Affaissé
Affamé
Affûté
Amaigri
Boulonné
Brisé
Cintré
Courbe
Croche
Déchevillé
Déjeté
Équarri
Étanche
Isolé
Jumelé
Mansardé
Palière
Pentu
Rectiligne
Refeuillé
Résistant
Retroussé
Surbaissé

LA CONSTRUCTION

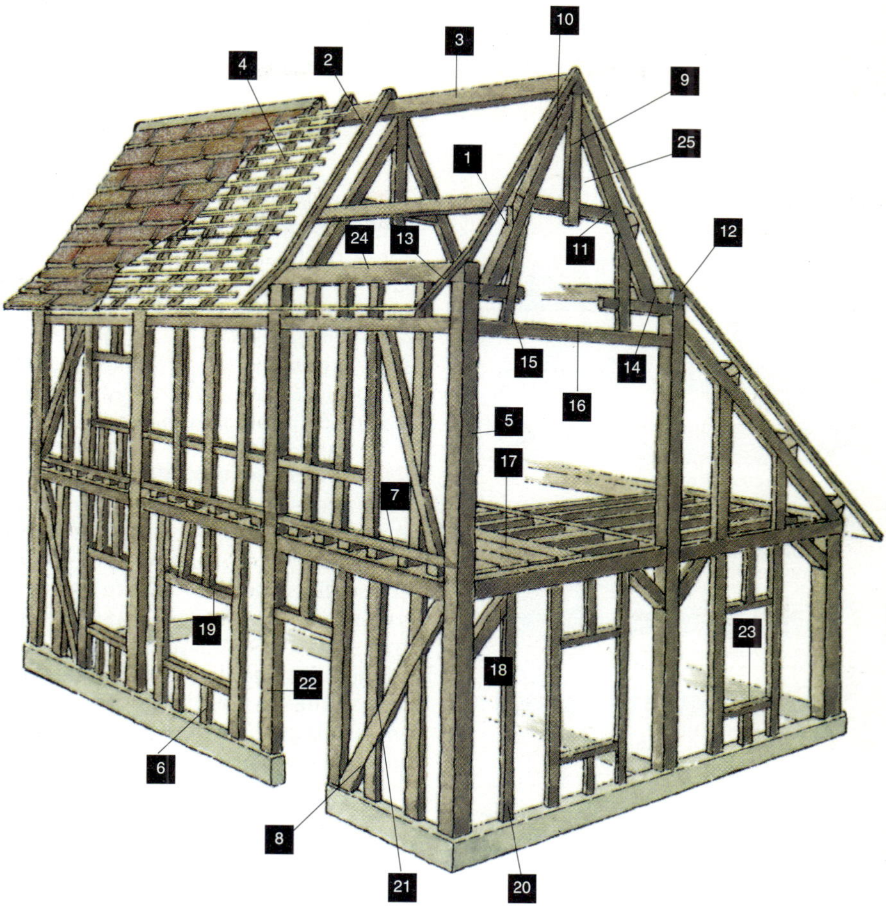

1. L'échantignolle maintient les pannes en place.
2. Les chevrons sont fixés sur les pannes.
3. La panne faîtière relie le sommet des différentes fermes qui forment le comble.
4. Les liteaux sont fixés sur les chevrons et supportent la couverture.
5. Le poteau cornier
6. Le potelet
7. La semelle
8. L'écharpe (décharge)
9. Le poinçon s'appuie sur l'entrait pour répartir les forces exercées par le poids de la charpente.
10. L'arbalétrier est le bastaing qui donne la pente du toit.
11. L'entrait assure la rigidité de la ferme.
12. La panne sablière
13. Le coyau
14. Le blochet
15. La jambe de force
16. La poutre formant entrait
17. La solive
18. Le bras
19. La traverse
20. Le potelet
21. Le tournis
22. Le poteau
23. La tablette
24. La panne sablière est une poutre posée sur les côtés de la maison, sur laquelle se fixent les fermes.
25. La ferme est le triangle de base sur lequel reposent les pannes

La menuiserie

Artisanale ou industrielle, la menuiserie recouvre la réalisation d'ouvrages en bois, plastique ou aluminium pour le bâtiment (portes, fenêtres, parquets, cloisons, lambris), ainsi que la fabrication de meubles sans placage ni ornements sculptés.

Le bois et ses dérivés

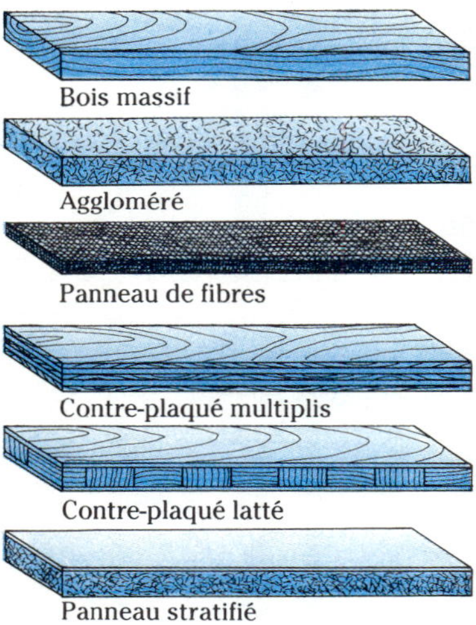

Les machines utilisées par le menuisier

Dégauchisseuse (fém.). Lame qui dresse les côtés (les chants) d'équerre ou suivant un angle donné. On l'utilise pour des opérations de dérasement (diminution de l'épaisseur de la planche), de chanfreinage (suppression de l'angle droit sur le côté d'une planche) et de mouluration.
Mortaiseuse (fém.). Machine qui réalise des trous de section rectangulaire, des entailles de ferrage et des tourillons.
Raboteuse (fém.). Machine qui permet la mise à largeur de pièces minces, le rabotage en chanlatte (c'est-à-dire de section triangulaire) ainsi que le rabotage de pièces courbes.
Scie circulaire (fém.). Disque d'acier, muni de dents, qui exécute des rainures ou des feuillures. La scie circulaire sert aussi à tronçonner ou à entailler le bois.
Scie à ruban (fém.). Ruban d'acier denté qui tourne entre deux volants. Il scie le bois selon les tracés droits ou courbes sur les planches.

Les assemblages

Agrafage - Assemblage à tenon mortaise - Assemblage à queue d'aronde - Assemblage à tourillons - Assemblage à queue d'hirondelle - Assemblage à clé - Assemblage à paume - Assemblage à moitié bois - Assemblage à double queue d'hirondelle - Assemblage à trait de Jupiter - Assemblage à gargouille - Assemblage à sifflet - Chevillage - Clouage - Collage - Entaillage - Vissage.

Pour être plus précis

Verbes
Abouter
Affleurer
Araser
Assembler
Chanfreiner
Chantourner
Cheviller
Claveter
Clouer
Coller
Débiter
Dégrossir
Déligner
Déraser
Dresser
Entailler
Façonner
Fraiser
Lambrisser
Monter
Mortaiser
Percer
Raboter
Rainurer
Scier
Tailler
Tenonner
Tracer
Visser

Adjectifs
Acoustique
Arrimé
Battant
Calé
Coulissant
Dégauchi
Dépoli
Dormant
Étanche
Jointif
Latté
Métallique
Ouvrant
Palière
Pivotant
Plaqué
Profilé
Scellé
Solide
Stable
Strié
Vitré

LE MATÉRIEL

Outillage de préparation

le colombus
le comparateur
le compas à ellipse
le compas à pointes sèches

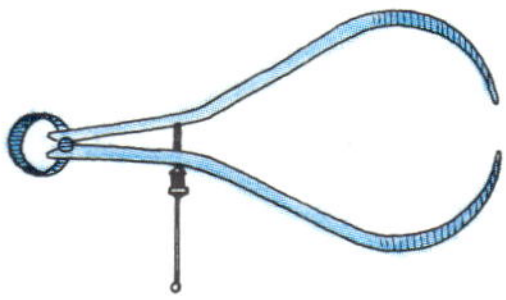

le compas à verge
le compas d'ajusteur
le compas d'épaisseur

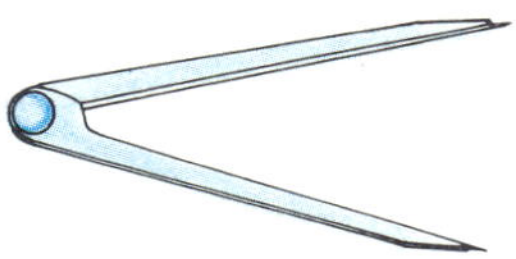

le compas de menuisier
le compas simple
le crayon à mine large
l'équerre d'onglet
l'équerre de menuisier
la fausse équerre
le fil à plomb
le maître à danser
le mètre en bois à 5 ou 10 branches
le mordache
le niveau à bulle

le pied à coulisse
le réglet d'acier
le ruban d'acier souple
la sauterelle
le trusquin d'assemblage
le trusquin ordinaire

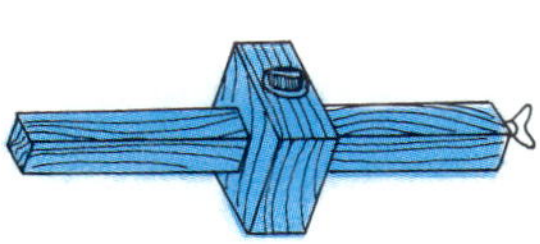

Outillage auxiliaire

la boîte à coupe
le châssis à coller
le coin
l'établi de menuisier
l'étau
la griffe d'établi
le maillet

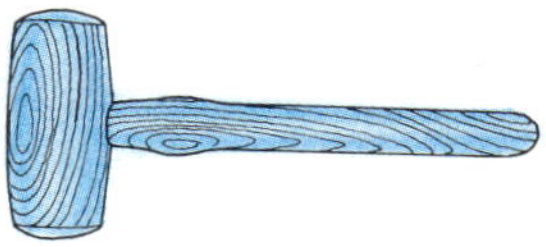

le marteau
le marteau à plaquer
la massette
les pinces
les pinces coupantes
la presse araignée
la presse arrière
la presse avant
la presse ordinaire

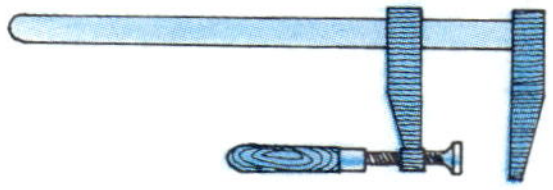

le râtelier
le serre-cadre
le serre-joint
le serre-joint à chariot
la servante
les tenailles

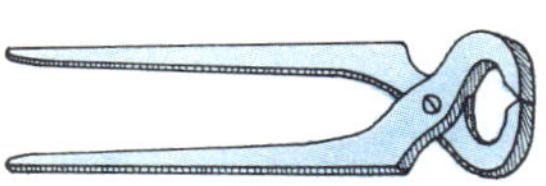

le tournevis
la ventouse
le vilebrequin
le vilebrequin angulaire

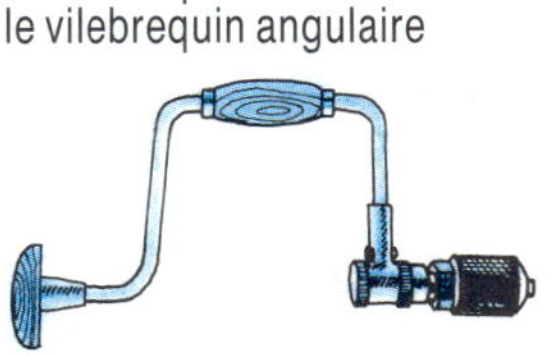

Matériel de tranchage et de sciage

le bédane
le bouvet à rainure
le ciseau
le ciseau à bois

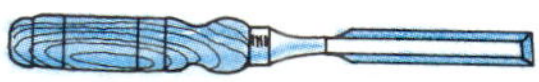

la demi-varlope
la fraise à toupie
la gouge

le grain d'orge
le guillaume
le guillaume à élégir
la guillotine à onglet
la guimbarde
la lime
la mèche
la mèche hélicoïdale
la mèche universelle
le plane
le rabot à dégrossir
le rabot à replanir
le rabot à stratifier
le racloir
la râpe
la scie
la scie à araser
la scie à archet
la scie à chantourner
la scie à refendre
la scie à tenon
la scie égoïne

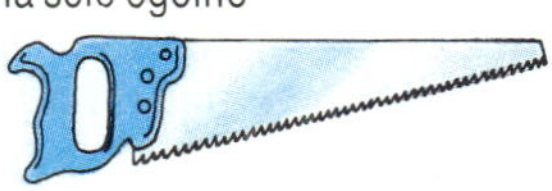

le trusquin à filet
la varlope
la vastringue
la vrille

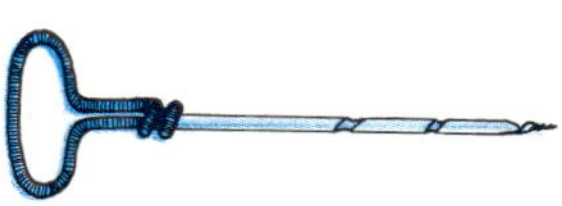

La plomberie

Le plombier installe, répare et entretient les éléments de circulation des fluides dans les bâtiments (arrivées d'eau et de gaz, départ dans les égouts et canalisations publiques des eaux résiduaires).

Le travail du plombier

Assembler les tubes : relier les tuyaux par vissage direct, par soudo-brasage, par compression et déformation d'une bague en élastomère, ou par compression d'un joint plat entre les brides ou les collets solidaires des tubes.
Courber les tuyauteries : former les tubes pour les raccorder aux baignoires et éviers, avec des cintreuses ou des pinces à cintrer.
Fixer la robinetterie : monter les robinets d'arrêt et de puisage (robinetterie de bâtiment), ainsi que les robinets simples, mitigeurs ou mélangeurs (robinetterie sanitaire), destinés à alimenter en eau froide et en eau chaude les divers appareils sanitaires.
Intervenir d'urgence : remédier aux désordres et dysfonctionnements de la plomberie : odeurs, bruits dans les canalisations, condensation, corrosion et fuites.
Monter les appareils : raccorder, régler le fonctionnement des appareils et résoudre le problème des alimentations et des évacuations.
Poser des canalisations : Assembler les divers tubes et tuyaux puis boucher les scellements dans le sol ou dans les parois.
Souder au chalumeau : assembler les tuyaux par apport de métal fondu à l'aide d'un poste à souder à oxygène.

Les canalisations

Canalisation enrobée (fém.). Canalisation noyée dans le béton. La mise en place du béton a lieu après la pose de la canalisation.
Canalisation encastrée (fém.). Canalisation mise en place dans un logement réservé au moment de l'exécution du gros œuvre.
Canalisation engravée (fém.). Canalisation placée dans une saignée pratiquée dans un ouvrage existant.

Le matériel du plombier

Berthelée - Cisailles - Clés (à tubes, anglaises) - Compas d'épaisseur - Coupe-tube - Déboucheur - Équerre - Essette - Fil à plomb - Furet - Griffe à zinc - Lampe à gaz - Lampe à souder - Maillet - Marteau de percement - Mèche - Mètre - Niveau à bulle - Pinces - Pied à coulisse - Queue-de-cochon - Ressort à cintrer - Riflard - Rodoir - Sauterelle - Spatule - Tenailles - Tournevis - Tracette - Truelle - Vrille.

Pour être plus précis

Verbes
Assembler
Brancher
Braser
Calorifuger
Cintrer
Chauffer
Couder
Courber
Comprimer
Dilater
Distribuer
Évacuer
Installer
Mater
Mélanger
Percer
Pomper
Poser
Puiser
Raccorder
Régler
Réguler
Réparer
Sceller
Souder
Tordre
Ventiler
Visser

Adjectifs
Adhérent
Agressif
Antiseptique
Atmosphérique
Canalisé
Émaillé
Étanche
Fileté
Frigorifique
Galvanisé
Hydrostatique
Manchonné
Modulé
Neutralisé
Pollué
Potable
Salubre
Sanitaire
Stérilisé
Thermique
Vidangé

L'EAU DANS LA MAISON

La distribution de l'eau

Antibélier : dispositif qui atténue les chocs produits par les brusques variations de pression d'eau.

Branchement d'eau général : conduite amenant l'eau au compteur.

Compteur général

Ceinture d'étage, d'appartement : tuyauterie horizontale partant d'une colonne montante. *Ceinture principale* : tuyauterie horizontale sur laquelle se raccordent les prises partielles d'alimentation des divers services.

Colonne montante

Conduite d'alimentation : tuyau qui transporte l'eau jusqu'à un appareil d'utilisation.

Robinet d'arrêt général

Robinet de vidange (purge).

Évacuation des eaux usées

Branchement d'égout : galerie souterraine reliant l'égout public à la propriété.

Collecteur d'appareils

Garde d'eau : hauteur d'eau tenue en réserve dans les siphons.

Siphon

Tuyau de chute : canalisation verticale d'évacuation des WC.

Tuyau de chute unique : canalisation verticale servant à l'évacuation des WC et des eaux ménagères.

Tuyau de descente d'eaux ménagères : évacuation des urinoirs, lavabos, bidets, éviers...

Descente d'eaux pluviales : canalisation d'évacuation des eaux de pluie.

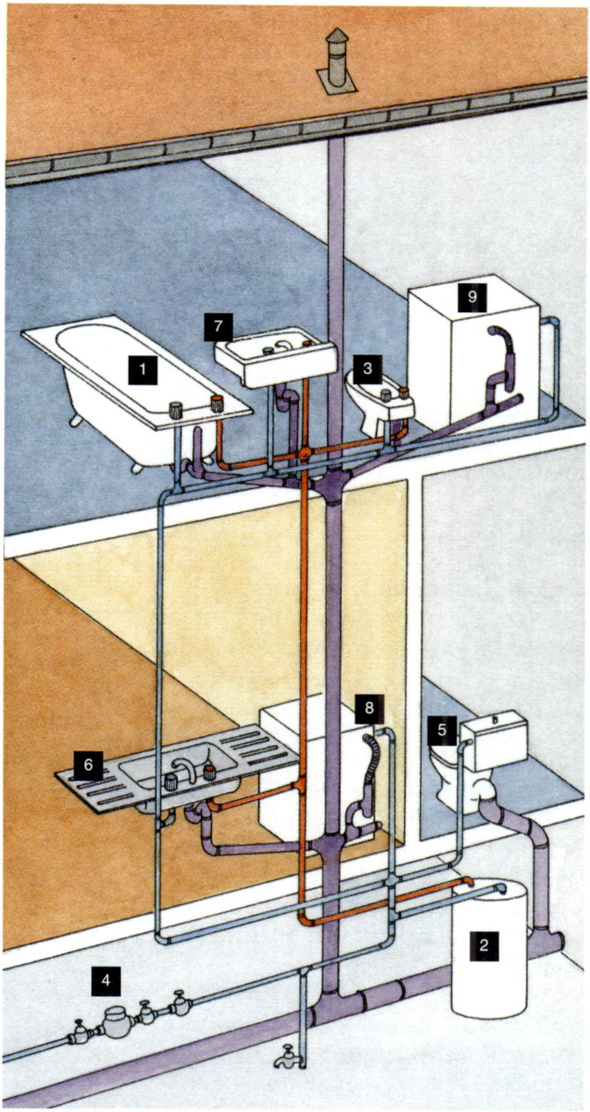

1. Baignoire
2. Ballon d'eau chaude
3. Bidet
4. Compteur d'eau
5. Cuvette des WC
6. Évier
7. Lavabo
8. Machine à laver la vaisselle
9. Machine à laver le linge

La plâtrerie

Le plâtrier est un technicien de la finition : il intervient sur le bâtiment lorsque le gros œuvre et les équipements sont réalisés. Son travail consiste à préparer les cloisons et les supports du bâtiment.

Le travail du plâtrier

Gâcher le plâtre : délayer le plâtre dans l'eau à l'aide d'un tenillon pour en faire une pâte.
Monter les cloisons : réaliser des cloisons de briques, des carreaux de plâtre ou de plaques préfabriquées.
Enduire : préparer les murs bruts de maçonnerie ainsi que les cloisons intérieures et les plafonds pour recevoir la décoration.

Les matériaux de base

Plâtre (masc.). Produit obtenu par déshydratation et pulvérisation du gypse.
Staff (masc.). Mélange de plâtre et de filasse utilisé à la confection d'éléments décoratifs.
Stuc (masc.). Mélange de plâtre et de poudre de marbre avec lequel le stucateur réalise des moulures dont l'aspect imite le marbre.

Les matériaux préfabriqués

Béton cellulaire - Briques plâtrières - Carreau de plâtre - Cloison alvéolée - Enduit à joints - Gaze pré-enduite de plâtre - Mortier adhésif - Panneau composite - Panneau de laine de verre avec pare-vapeur - Panneau de polystyrène expansé ou extrudé - Plaque de plâtre.

Les variétés de plâtres

Plâtre à briqueter - Plâtre allégé - Plâtre à projeter - Plâtre de surfaçage - Plâtre ignifuge - Plâtre pour enduits spéciaux - Plâtre pour enduits manuels.

Le matériel du plâtrier

Auge - Berthelée - Bouclier de mousse - Brosse à mouiller - Cisaille - Compresseur - Cordeau - Couteau à enduire - Couteau plaquiste - Demi-truelle - Équerre - Fausse équerre - Fer à joints - Fer d'angle - Fil à plomb - Frottoir - Gâchoir - Grattoir - Grignoteuse - Hachette de plâtrier - Machine à crépir - Marteau à latter - Moulinette - Niveau à bulle - Patte à coulisse - Pistolet à visser - Pistolet pour apprêts - Platoir - Platoir métallique - Ponceuse - Poudre à tracer - Règle biseautée - Règle carrée - Règle à dresser - Scie égoïne - Spatule - Taloche - Taloche à queue - Tamis - Té - Touillon - Tranchoir - Truelle à briqueter - Truelle à ferrer - Truelle à repasser - Tyrolienne.

Pour être plus précis

Verbes
Brosser
Décaper
Dégraisser
Dégrossir
Délayer
Détapisser
Égrener
Enduire
Épousseter
Gâcher
Gratter
Imprégner
Laver
Lisser
Lustrer
Mouler
Pénétrer
Préparer
Poncer
Reboucher
Reprendre
Tapisser
Vernir

Adjectifs
Allégé
Bistre
Cartonné
Cloqué
Coupé
Cuit
Durcissant
Efflorescent
Ferré
Fissuré
Humide
Hydrofuge
Ignifuge
Isolant
Jeté
Lissé
Mat
Neutralisant
Plan
Primaire
Projeté
Pulvérulent
Repassé
Satiné
Soluble

LA RÉALISATION DE CLOISONS DE PLÂTRE

Techniques	*Étapes*	*Opérations*	*Matériel nécessaire*
Pose de plaques	**Préparation traçage**	– traçage sur le sol de l'emplacement de la cloison, – report du tracé sur les murs et le plafond, – positionnement et blocage de l'huisserie	– cordeau à poudre, mètre, règle, crayon gras, – mètre, règle, fil à plomb, crayon, – montant, traverse, clous, marteau, élastique, vis autoperçante, visseuse, scie, cisaille, grignoteuse
	Préparation ossature	– découpe, fixation au sol et au plafond de l'ossature en rails métalliques ou en tasseaux de bois, – positionnement des montants verticaux, clipsage ou vissage	– mètre, clips, tournevis, scie égoïne, scie sauteuse
	Montage	– montage des plaques après leur découpage aux dimensions voulues, – exécution des joints à l'enduit avec une bande de joint, – ponçage des joints	– vis autoforeuses, visseuse, – auge, spatule, couteau à enduire, – ponceuse
Carreaux de plâtre	**Préparation traçage**	– traçage sur le sol et les murs de l'emplacement des cloisons, – fixation verticale entre le sol et le plafond des règles, d'un seul côté du tracé, – préparation de la colle à carreaux	– cordeau à poudre, règle, crayon, mètre, – cales, règles d'aluminium, – auge, truelle, plâtre à enduit spécial
	Montage	– fixation au sol d'une semelle de liège ou de feutre, – dépose de la colle dans les montants verticaux et horizontaux des carreaux de plâtre, – pose et emboîtement des carreaux de la première rangée, – montage de la rangée suivante et vérification de l'alignement	– colle, poche à plâtre, truelle, spatule, – maillet, cale, – règle, niveau à bulle, – crayon, équerre, scie égoïne à grosse denture
	Huisserie	– positionnement et blocage de l'huisserie avant le montage de la cloison, – vissage des pattes de scellement dans le dormant de la porte	– burin, truelle langue de chat, chevillette, – marteau, clous à tête carrée

L'ébénisterie

L'ébéniste fabrique à l'unité ou en petite série des meubles de style, rustiques ou contemporains (sièges, armoires, buffets, bahuts, bois de lits...). À cet effet, il utilise des bois nobles qu'il décore de placages, de sculptures ou de motifs incrustés.

Le travail de l'ébéniste

Étude technique et financière de la commande : réalisation des schémas de présentation, de la cotation, du dessin d'ensemble, de la maquette ; proposition d'un devis.
Préparation des éléments techniques d'exécution : plans sur règle, gabarits, fiches techniques permettant de contrôler le travail.
Exécution des éléments de l'ossature du meuble : débit et corroyage du bois, établissement de l'identité de chaque pièce, façonnage mécanique à la mortaiseuse, tennoneuse, toupie, scie circulaire, au tour...
Montage du meuble en deux temps : montage d'essai et montage définitif.
Finition : élimination des imperfections résiduelles, teinture si nécessaire, pose des ferrures et garnitures.

Décors d'ébénisterie

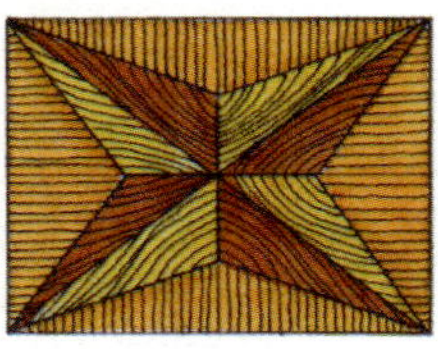

Frisage en étoile

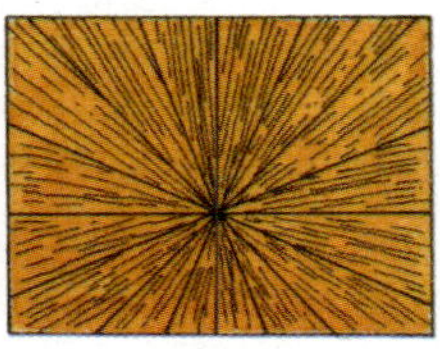

Frisage en soleil

Frise

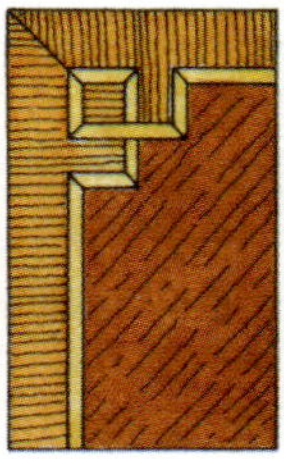

Filet à la grecque

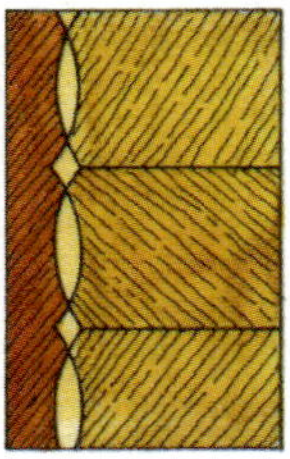

Entrelacs

Le matériel de l'ébéniste

Acide - Burin - Boîte à coupe d'onglet - Cale à poncer - Calibre - Chignole - Compas à filet - Chevalet - Feuilleret - Gouge - Guillaume - Lime - Marteau à plaquer - Mèche - Outil à plate-bande - Outil à rainurer - Pistolet à colle - Pistolet à vernir - Presse à cadre - Queue-de-rat - Rabot à contre-fer - Rabot à moulure - Rabot à replanir - Rabot à semelle flexible - Racloir - Riflard - Scie à archet - Scie circulaire - Scie à dos - Scie égoïne - Scie à guichet - Scie à onglet - Scie de placage - Scie Sterling - Râpe - Tennoneuse - Tiers-point - Toupie - Tour - Trusquin à filet - Varlope.

Pour être plus précis

Verbes
Ajuster
Blanchir
Brûler
Capitonner
Cintrer
Cirer
Découper
Encastrer
Encaustiquer
Friser
Graver
Lister
Marqueter
Mastiquer
Plaquer
Poncer
Raboter
Raccorder
Racler
Refendre
Réhausser
Sabler
Sculpter
Souligner
Tailler
Tourner

Adjectifs
Acajou
Argenté
Caillouteux
Courbé
Craquelé
Décoratif
Décoré
Doré
Ébène
Entrelacé
Exotique
Ferré
Garni
Incrusté
Laqué
Loupeux
Lustré
Meublant
Moucheté
Orné
Patiné
Peint
Précieux
Ramageux
Rare
Ronceux
Tacheté
Verni

LES MÉTIERS LIÉS À L'ÉBÉNISTERIE

Le sculpteur

Activités : il étudie la composition qu'il doit réaliser, exécute un modelage si nécessaire, calque ou reporte sur papier la décoration des boiseries.
Il choisit ses outils et le bois en fonction du travail à réaliser, il débite et corroie la pièce de bois, puis il reporte le dessin sur le bois.
Il exécute alors la mise sur plans, recherche les points les plus hauts et coupe le bois pour arriver aux plans plus profonds. Il ébauche ensuite la sculpture, coupe le bois copeau par copeau, reprend plus finement chaque coupe et enlève les traces d'outil.

Outils : gouges, burins, meule, pierre, vis anglaise, presse à la française, valet à excentrique, tarabiscot, guimbarde, rifloir, racloir de sculpteur, sabloirs, outils à estamper, néron.

Réalisations : crosse simple, coquille, volute, cavet, congé, tore, boudin, baguette, astragale, bec-de-corbin, bouvement, gorge, scotie, doucine, talon, listel, filet, grain d'orge, godrons, entrelacs, piastres, perles, olives, statues, bustes, bas reliefs.

Le marqueteur

Activités : il applique des motifs ornementaux découpés dans divers matériaux de placage sur des meubles, des bijoux, des instruments de musique, des panneaux décoratifs. Il pique les contours du motif à dessiner sur du papier posé sur les feuilles de placage.
Il découpe à la scie sauteuse, sur le chevalet, les paquets d'éléments décoratifs en suivant le tracé du dessin puis il met en place les morceaux dans les tablettes.
Il réalise alors le fond du panneau en suivant le tracé, puis il incruste les motifs à la colle chaude.

Outils : âne de marqueteur, scie bocfil, trusquin à découper, à incruster, compas, moule à grecques, marteau à plaquer, fer bretté, rabot à dents, brucelles, châssis à plaquer.

Bois de placage : bois de rose, de violette, palissandre, amarante, platane, buis, houx, corail, œil de vermeil, citronnier, acajou, sycomore et platane teintés.

Le bronzier

Activités : il fabrique des objets d'art, des accessoires de meubles, en bronze, en cuivre ou en laiton.
Il fabrique le modèle en plâtre, métal, matière plastique ou plus généralement en bois, en tenant compte de la dépouille, des surépaisseurs d'usinage, du retrait du bronze.
Il construit le moule en sable au fouloir manuel ou pneumatique et met en place le mandrin de coulée.
Il coule le bronze en fusion dans le moule, puis après un léger refroidissement il procède au débourrage.
Les pièces rondes ou les parties cylindriques sont affinées par un tourneur, les motifs décoratifs sont remodelés et recreusés par un ciseleur.

Réalisations : poignées pendantes, poignée de tiroir, bouton de tiroir, sabot de pied carré, chapiteau de colonne, entrée Directoire, Regency...

Le restaurateur

Activités : il répare les meubles anciens abîmés.
Il porte un diagnostic sur l'état du meuble qui lui est confié et recherche des remèdes pour le remettre en état. Il entretient, répare le mobilier, sans le remettre à neuf.
Il recherche dans la documentation les éléments décoratifs disparus, reconstitue un meuble dont les morceaux sont brisés, reproduit un assemblage dans un bois fin.
Il stabilise, consolide les meubles utilisés comme éléments décoratifs.

Réalisations : redressage d'abattant, pieds de meubles, recollage de marqueterie, nettoyage, encausticage des meubles, patine, remplacement d'accotoir, de barreau, de ceinture, de barre d'entrejambe, de panneau.

La peinture en bâtiment

Le peintre en bâtiment est l'ouvrier qui recouvre les murs, les cloisons et les plafonds dans un but de décoration, d'hygiène et de protection contre l'humidité ou l'oxydation. Il travaille dans le neuf et dans l'ancien. Sa tâche consiste également à coller les papiers peints et les revêtements muraux.

Les composants de la peinture

Pigment (masc.). Matière solide, poudre fine qui donne la couleur à la peinture : oxyde de zinc, blanc de craie...
Liant (masc.). Matière visqueuse qui assure l'onctuosité de la peinture : huile de lin, colle de peau, résine...
Solvant (masc.). Matière liquide qui a le pouvoir de dissoudre le liant : white spirit, essence de térébenthine, eau, alcool...

Les peintures à effets

Peinture à l'essuyé : décor en teintes fondues, à empreintes variables, en retirant à l'éponge de la peinture encore fraîche de la couche décorative.
Peinture marbrée : décor à relief. Sur une sous-couche opaque, deux couches donnant l'aspect visuel du marbre sont étalées.
Peinture craquelée : décor à fissures.
Peinture à paillettes : dépôt sur la couche décorative d'une peinture transparente contenant des paillettes argentées, dorées ou colorées.
Peinture nacrée, granitée ou mouchetée.
Peinture au tampon : le procédé consiste à appliquer une ou plusieurs couches décoratives à l'éponge, en tamponnant plus ou moins régulièrement.
Peinture au pochoir : reproduction d'un motif net sur tous les supports pour réaliser des frises, des taches de couleur sur les meubles ou les murs, ainsi que pour appliquer un nom ou un numéro sur une porte.

Le matériel du peintre

Agitateur - Bâche - Brosse à encoller - Brosse plate - Brosse de pose - Brosse à réchampir - Brosse de tapissier - Brûle-peinture - Couteau à enduire - Couteau à maroufler - Couteau de peintre - Décolleuse - Gratteur de papier - Machine à projeter - Pinceau - Pinceau à badigeonner - Pinceau à filet - Pinceau à lettre - Pinceau à pocher - Pistolet - Pistolet à crépi - Pistolet à paillettes - Queue-de-morue - Queue spéciale radiateur - Rallonge télescopique - Règle d'arasement - Rouleau à crépi - Rouleau laqueur - Rouleau à plafond - Roulette de colleur - Spalter - Table à tapisser - Tyrolienne.

L'apprêt de la surface

Appliquer les couches primaires, les couches d'impression (isolante, hydrofuge, neutralisante, d'accrochage, durcissante-pénétrante) ; pratiquer le rebouchage, le dégrossissage, l'imprégnation, l'enduisage.

Pour être plus précis

Verbes
Brosser
Décaper
Dégraisser
Dégrossir
Détapisser
Égrener
Enduire
Épousseter
Gâcher
Gratter
Imprégner
Laver
Lisser
Lustrer
Pénétrer
Poncer
Reboucher
Reprendre
Tapisser
Vernir

Adjectifs
Cartonné
Cloqué
Coupé
Cuit
Durcissant
Efflorescent
Épais
Ferré
Fissuré
Hydrofuge
Isolant
Lisse
Neutralisant
Plan
Projeté
Pulvérulent
Repassé
Satiné
Soluble

LE TRAVAIL DU PEINTRE EN BÂTIMENT

	Étapes	*Opérations*	*Matériel nécessaire*
Application de peinture	**Préparation du support**	- brossage, dépoussiérage, époussetage, rejointoiement des briques, rebouchage des fissures - lessivage, lavage à l'eau claire des peintures, nettoyage à haute pression des murs extérieurs - bourrage au mastic des fissures importantes, application d'une couche d'antipoussière, de fongicide - ponçage des enduits et des anciennes peintures - application d'une peinture d'impression ou d'accroche	laine d'acier, décapant, pâte à bois, brosse métallique, cale à poncer, ponceuse vibrante, ponceuse à bande, papier de verre, grattoir triangulaire, badigeon, lessive, éponge, truelle, fer à joint, nettoyeur haute pression, couteau à enduire, spatule, brosse souple, lampe à souder à bec plat
	Peinture	- passage de la première couche avec peinture diluée pour favoriser la pénétration - passage de la couche de finition	écran à peindre, bâche, fixe-bâche, diluant, peinture, seau à peinture, bac à peinture, rouleau, pinceau plat, rond, rond à réchampir, pinceau cranté, brosse
Pose de papier peint	**Préparation des murs**	- décollage des papiers anciens après détrempage, ou décollage à la vapeur, ponçage des peintures - rayage pour faciliter l'accrochage de la colle, grattage, élargissement, rebouchage, ponçage des trous et fissures - lessivage, préencollage sur les murs de plâtre	décolleuse, produit de décollage, spatule, brosse de fer, grattoir triangulaire, enduit, cale à poncer, enduit de lissage, colle de préencollage, brosse
	Préparation du papier	- traçage de la hauteur, découpe des lés de papier et numérotage en faisant attention aux raccords - préparation de la colle	règle, équerre, mètre à ruban, crayon de menuisier, seau, colle, ciseaux, sabre, cutter, spatule, agitateur
	Pose du papier	- traçage d'une verticale à partir d'un bord de porte ou de fenêtre - encollage du lé, détrempage, affichage du lé sur le mur - marouflage pour chasser les bulles d'air - arasage du haut et du bas, taille des découpes - marouflage des joints	fil à plomb, brosse d'encollage, balai d'encollage, table à encoller, escabeau, échafaudage, spatule crantée, brosse à maroufler, roulette de collage, ciseaux, cutter, sabre, éponge, chiffons

La tapisserie

La tapisserie recouvre plusieurs activités qui concourent toutes à la décoration intérieure des logements. À l'aide de revêtements textiles ou synthétiques, le tapissier fabrique et pose les éléments de décoration (tentures, rideaux, sièges...).

Le tapissier garnisseur

En fonction du choix du client, le tapissier garnisseur sélectionne les matériaux dont il aura besoin pour rénover le fauteuil ou le lit que son client lui a confié.

Il retire le tissu et l'assise usagés du siège qu'il doit regarnir. Selon leur état, il enlève les ressorts.

Il exécute alors le garnissage : il effectue le sanglage puis procède au guindage (mise en place et maintien des ressorts sur les sangles) et recouvre les ressorts d'une toile forte. Il dispose alors le crin sur la toile forte et le recouvre d'une toile d'embourre qu'il cloue au siège. Il fixe le crin à la toile à l'aide de points de fond. Il recouvre ensuite son travail de ouate et d'une toile blanche.

Il procède enfin au recouvrage : il coupe le tissu retenu, assemble les morceaux, fixe le tissu définitif et les finitions (galons, franges, clous...) : l'ouvrage est alors terminé.

Les outils du tapissier garnisseur

Aiguille - Carrelet - Chasse-clou - Ciseaux à bouts camards - Ciseaux à dégarnir - Ciseaux de tailleur - Compas à pointe sèche - Coupe-étoffe - Double mètre à ruban - Épingle - Housseau à œil large - Lisette - Maillet - Marteau aimanté - Marteau fin - Marteau fort - Pied-de-biche - Pige - Pince à tendre - Poinçon à crêter - Râpe - Semences - Tendeur à sangle - Tire-crin - Tournevis cruciforme - Tournevis droit.

Les toiles de tapisserie

Coutil cable : toile en coton ou métis, utilisée pour la confection des enveloppes intérieures des coussins.

Jaconas : toile de coton gris, bleu ou marron, très légère, apprêtée, qui sert à cacher le sanglage sous le siège.

Nansouk : toile de coton au tissage très serré, employée pour la confection des enveloppes de coussins.

Sangle : bande de toile d'un tissage très serré en jute, chanvre ou en mélange.

Toile bisonne : toile en lin ou en coton, très solide pour la confection des dessus de plate-forme des sièges.

Toile blanche : toile de coton blanc ou écru, utilisée pour les garnitures.

Toile d'embourre : toile à mailles et à tissage simple, employée pour emballer les garnitures.

Pour être plus précis

Verbes
Bourrer
Broder
Carder
Décorer
Denteler
Doubler
Emballer
Entoiler
Équiper
Fixer
Gaîner
Galonner
Garnir
Guinder
Habiller
Mesurer
Métrer
Passementer
Piquer
Rabattre
Remplier
Sangler
Tapisser

Adjectifs
Anglesé
Appointé
Bagué
Capitonné
Cloué
Cranté
Damassé
Embourré
Étoffé
Festonné
Finetté
Frangé
Historié
Matelassé
Molletonné
Orné
Ouaté
Parementé
Rabouté
Solide
Tendu
Torsadé

LES MÉTIERS DE LA TAPISSERIE

Le tapissier-décorateur
Il compose et établit des projets d'agencement et de décoration de stands d'exposition, de magasins, d'appartements... Il établit les plans et descriptifs des travaux, prépare des projets de marchés, sélectionne les entreprises. Le décorateur coordonne et suit l'avancement des travaux ; il assiste le client lors de la réception des travaux.

Réalisations : esquisses et études préliminaires, avant-projet, croquis, plans cotés, plan au sol, vue, coupe, plan en perspective, projet technique, devis, planning de réalisation.

La structure d'un siège

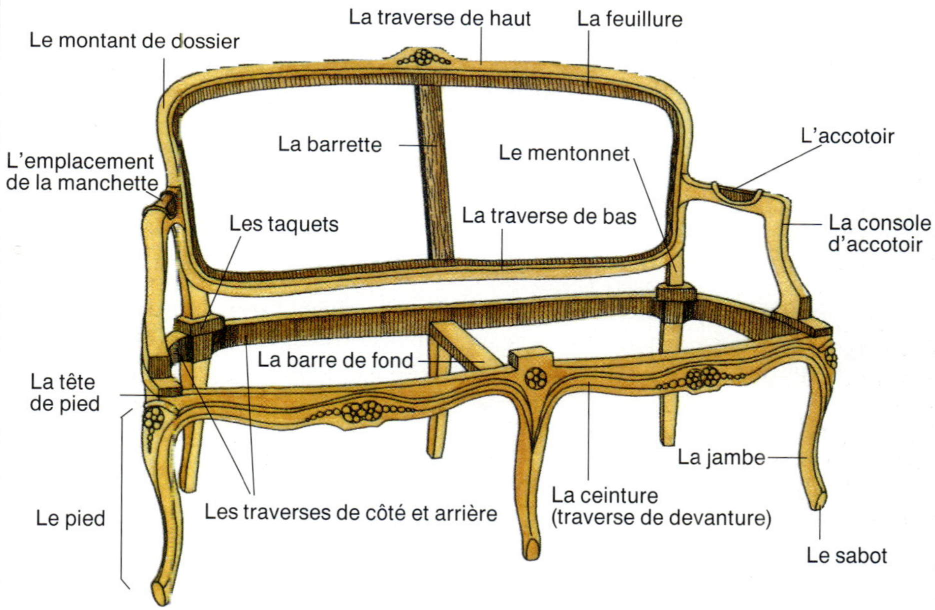

Le tapissier d'ameublement
Il réalise à la main ou à la machine les travaux de couture et de confection, les voilages et tentures. Il applique à l'aiguille courbe ou à la machine les éléments de passementerie sur les tissus. Il confectionne les dessus de lit, oreillers, traversins, coussins décoratifs, coussins de sièges, housses et tapis de table.

Réalisations : boîte à rideaux, cantonnière, ruflette, galon, franges, embrasses, voilage, tenture.

Le tapissier villier
Il prend les mesures puis installe chez le client les éléments de décoration fixes ou mobiles. Il pose les décors des fenêtres, baies et portières. Il pose le tissu mural à agrafer, la moquette et les revêtements de sol. Il installe les stands d'exposition, ou encore les rideaux des salles de spectacle.

Réalisations : baguette, molleton, agraphe, lais de tissus muraux, carton à angléser.

La métallurgie

La métallurgie concerne l'ensemble des techniques et des industries de fabrication des métaux. On extrait les métaux de leur minerai (fonderie), on élabore les métaux et les alliages en produits finis (sidérurgie), et on les traite par électrochimie (affinage).

Le haut fourneau

Agglomérés - Bâche à eau - Bocage - Cafût - Castine - Ceinture d'arrosage - Ceinture de vent - Chenal de coulée - Chute - Cigare - Coke - Creuset - Cuve - Dolomie - Entonnoir rotatif - Étalages - Ferraille - Fondant - Gueulard - Marâtre - Minerai de fer - Mitraille - Ouvrage - Poche - Regard - Riblons - Rognure - Tournure - Trémie - Trou de coulée de fonte - Trou de coulée du laitier - Trou de crasse - Tuyères - Ventre.

Les différents métaux et alliages

Métaux : Aluminium - Argent - Chrome - Cuivre - Étain - Fer - Nickel - Or - Platine - Plomb - Zinc.

Alliages : Airain - Alpax - Alumag - Amalgame - Bronze - Cupro-nickel - Cupraplomb - Duralumin - Laiton - Maillechort - Tombac.

Les activités de la métallurgie

Calciner : décomposer le minerai par la chaleur pour l'amener sous la forme d'un composé facile à traiter.
Couler : mouler le métal en fusion en le versant dans une lingotière.
Fondre : faire passer le minerai à l'état liquide par chauffage avec réaction chimique pour obtenir le métal.
Griller : chauffer le minerai et le transformer, sous l'action de l'oxygène par exemple.
Laminer : étirer et écraser le métal pour lui donner les dimensions et formes souhaitées.
Laver le minerai : séparer le minerai de sa gangue de roche par filtrage avec un solvant, par percolation.
Traiter : modifier les caractéristiques du métal de fusion par les opérations de trempe, de recuit, de cémentation…
Volatiliser le minerai : purifier le métal par chauffage et condensation des vapeurs métalliques.

Les produits de la métallurgie

Bande de tôle - Barre ronde - Barre carrée - Barre hexagonale - Barre plate - Cornière - Feuillard - Fil machine - Laminé marchand - Palplanche - Plaque - Poutrelle - Profilé en T - Profilé en U - Profilé plein - Profilé creux - Rail - Rond à béton - Ruban de tôle - Tôle en bobine - Tôle en plaque - Tube rond - Tube carré - Tuyau.

Pour être plus précis

Verbes
Affiner
Allier
Battre
Bleuir
Bronzer
Broyer
Brunir
Calibrer
Cémenter
Concasser
Cribler
Dégazer
Écrouir
Estamper
Étirer
Extraire
Fondre
Forger
Homogénéiser
Laminer
Métalliser
Oxyder
Plaquer
Réchauffer
Tamiser
Traiter
Tréfiler
Trier

Adjectifs
Aggloméré
Brut
Chimique
Chromé
Composé
Cuivré
Ductile
Électrique
Étamé
Ferreux
Ferrique
Liquide
Malléable
Mécanique
Métallique
Nickelé
Oxydant
Phosphoreux
Pur
Recuit
Réducteur
Réfractaire
Solide
Thermique
Trempé
Zingué

LES MÉTIERS DE LA MÉTALLURGIE

Métier	*Activités*	*Matériel nécessaire*
Affineur	– élimination par oxydo-réduction ou électrolyse des impuretés contenues dans un minerai ou un alliage à l'état liquide, – affinage du grain d'un métal	four électrique
Emboutisseur	– découpage des flans à emboutir, – formage à froid de la plaque de métal fin (le flan) par serrage dans une forme en acier ou en fonte	emboutisseuse à main, serre-flan, poinçon, balancier à friction, presse à vilebrequin, presse à excentrique
Estampeur	– impression des reliefs en plein ou en creux sur une pièce métallique par l'action d'une pression ou de chocs	mouton à planche, mouton à courroies, presse verticale, machine à forger horizontale, matrice d'ébauche, matrice de finition
Étameur	– trempe des pièces métalliques dans un bain d'étain fondu	bac
Étireur	– mise d'une barre ou d'un tube à des dimensions précises, à froid, en l'obligeant à diminuer de section	filière fixe sur bâti, mâchoire, pousse-barre, chariot d'étirage
Fondeur	– extraction de la fonte ou d'un métal en fusion pour le couler en gueuse, en saumon ou en pièce de fonderie	modèle en bois, boîte à noyau, raclette, châssis, moule en sable, pillette, fouloir, mandrin de coulée, spatule, truelle, aiguille, poche, convoyeur, plaque modèle
Forgeron	– chauffage, soudage, façonnage, pour mettre en forme un métal par déformation avant de lui faire subir un traitement thermique	enclume, marteau, dégorgeoirs, étampes, chasse, tranche, tenailles, poinçon, presse hydraulique pour étirage, roulage, bigornage, mandrinage, manipulateur, marteau-pilon, masse frappante, chabotte, pot de presse
Lamineur	– conduite des opérations de réduction, de diminution de section des produits de l'aciérie par passes successives	cage de laminoir, cylindres, empoises, laminoir d'ébauche, d'estampage, de forge, laminoirs transversaux, cisaille, planneuse
Métalliseur	– traitement de la surface des pièces de métal, verre ou céramique par évaporation sous vide de métaux purs ou d'alliages	enceinte de métallisation sous vide
Tréfileur	– diminution du diamètre d'un fil d'acier par passage à travers une filière	tréfileuse, dévidoir, cabestan de traction, porte filière, trancanneuse, tréfiloir

Le pétrole

Le pétrole est une source d'énergie ; il intervient aussi dans la fabrication de plus de 80 000 produits (bitume, cosmétiques, *chewing-gum*, médicaments). Les activités pétrolières sont la recherche, la production et le raffinage. Les installations d'extraction peuvent être terrestres ou maritimes *(off shore)*.

Les métiers de la production pétrolière

Accrocheur - Commandant de plate-forme - Débardeur - Échafaudeur - Foreur - Géologue - Géophysicien - Grutier - Ingénieur de barge, d'installation, de plate-forme, de production - Maître sondeur - Manœuvre de sonde - Mécanicien d'entretien - Météorologue - Officier de sécurité - Pilote d'hélicoptère - Plaqueur - Plongeur - Pompier - Radio navigant - Sondeur - Soudeur - Tuyauteur.

Le puits de forage

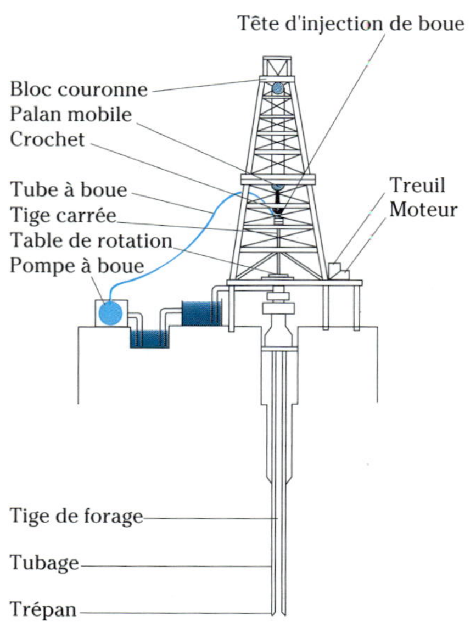

L'industrie du pétrole

Raffinage (masc.). Ensemble des opérations et procédés mis en œuvre pour l'obtention, à partir du pétrole et du gaz, d'un grand nombre de produits qui peuvent être utilisés directement.

Distillation fractionnée continue (fém.). Le pétrole est porté à des températures de plus en plus élevées dans une tour à plateaux où sont recueillis les produits en fonction de leur poids. On obtient successivement du gaz, de l'essence, du kérosène, du gazole, et des résidus : bitume, mazout, cire, lubrifiants, brai.

Craquage (masc.). Opération consistant à casser les molécules des hydrocarbures lourds pour obtenir les molécules d'essence par le craquage catalytique, le craquage thermique ou l'hydrocraquage.

Pour être plus précis

Verbes
Activer
Asphalter
Battre
Bitumer
Carotter
Concéder
Craquer
Creuser
Distiller
Exploiter
Forer
Injecter
Perforer
Produire
Prospecter
Raffiner
Refouler
Sonder
Torpiller
Tuber
Turboforer

Adjectifs
Asphaltique
Bitumifère
Bitumineux
Brut
Dégazé
Énergétique
Éruptif
Fractionné
Gazeux
Géologique
Gravimétrique
Lourd
Liquéfié
Liquide
Lubrifiant
Magnétique
Maritime
Pétrochimique
Pétrolier
Pétrolifère
Semi-submersible
Sismique
Solide
Tubulaire

L'EXPLOITATION « OFF SHORE »

1. Atelier
2. Bacs de lavage
3. Bouée de chargement
4. Cabine de contrôle
5. Citerne
6. Colonne de forage
7. Derrick
8. Escalier métallique
9. Filet de cordage
10. Grue
11. Habitacle de la grue
12. Hélipont
13. Masses-tiges
14. Moufle fixe
15. Parapet
16. Piles de béton
17. Plancher de forage
18. Plate-forme
19. Poste de sauvetage
20. Poutres
21. Réfectoire
22. Salle de radio
23. Salle des machines
24. Tiges

La fabrication mécanique

La fabrication de pièces mécaniques utilise quatre procédés : le moulage, par coulée de métal liquide (fonderie) ; le formage, par déformation plastique du métal (forge) ; le soudage, par assemblage des pièces ; et l'usinage, par enlèvement de copeaux (ateliers).

Le moulage

Fabrication du modèle : réalisation en plâtre, métal, plastique ou bois, d'une pièce extérieurement semblable à la pièce à obtenir, l'empreinte. Les noyaux servent à obtenir les parties creuses intérieures.
Construction du moule : reproduction des formes de l'empreinte dans du sable de moulage. Ce sable est contenu dans un assemblage de deux ou plusieurs châssis, le moule.
Coulage du métal : la poche de métal en fusion est basculée au-dessus des entonnoirs du moule pour remplir celui-ci.
Décochage : destruction du moule sur une grille vibrante qui casse le sable.
Débourrage : élimination du sable adhérant aux surfaces de la pièce et des noyaux restés dans les parties creuses.

Le formage

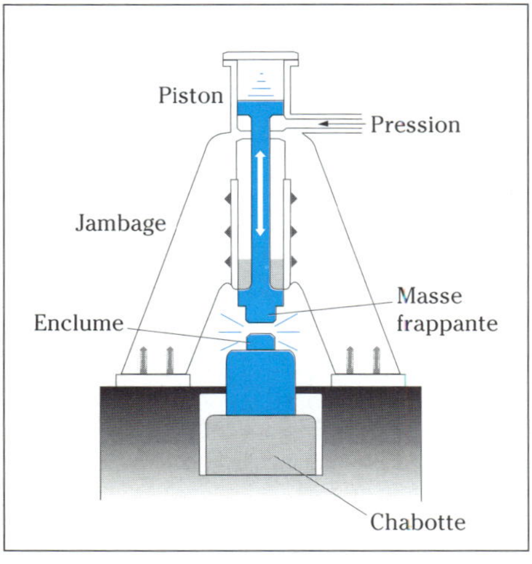

Le soudage

Aluminothermie (fém.). Assemblage par soudage chimique entre de l'aluminium en poudre et de l'oxyde de fer. Ce procédé est employé pour souder les rails.
Soudage autogène (masc.). Assemblage par fusion du métal de deux pièces.
Soudage à l'arc électrique (masc.). Assemblage par fusion du métal grâce à un arc électrique. Une borne est reliée à la pièce à souder, l'autre borne est fixée à l'électrode qui en fondant fournit le métal d'apport.
Soudage hétérogène (masc.). Assemblage de pièces avec un métal liquide entre les éléments à relier (brasage).
Soudage oxyacétylénique (masc.). Soudage autogène ou hétérogène, où la haute température nécessaire est obtenue en faisant brûler de l'oxygène et de l'acétylène à l'aide d'un chalumeau.
Soudage par points (masc.). Assemblage par passage du courant électrique entre deux électrodes, ce qui provoque la fusion du métal.

Pour être plus précis

Verbes
Affûter
Aléser
Cintrer
Cisailler
Couler
Débourrer
Décocher
Décolleter
Démouler
Ébarber
Ébaucher
Forger
Injecter
Marteler
Meuler
Mouler
Plier
Repousser
Serrer
Sertir
Souder
Tangenter
Usiner

Adjectifs
Brasé
Brut
Cassant
Ductile
Ébavuré
Embouti
Estampé
Étiré
Fluide
Malléable
Manuel
Mécanique
Métallique
Poreux
Réfractaire
Résistant

LES MÉTIERS DE LA FABRICATION MÉCANIQUE

Métier	*Activités*	*Matériel nécessaire*
Affûteur	– affûtage des outils pour améliorer la coupe ; – reconstitution du profil de l'angle de coupe, de la dépouille et de l'angle d'attaque de l'outil	meuleuse, machine à affûter, gabarit, meule au corindon, pierre à affûter
Ajusteur	– traçage sur la pièce des points et des lignes à suivre ; – usinage à la main des éléments de pièces afin de permettre les ajustements demandés	trusquin, équerre de traçage, pied à coulisse, palmer, alésoir, tourne-à-gauche, taraud, filière, grattoir, lime plate, lime ronde, lime demi-ronde, tiers-point, lime feuille de sauge, perceuse d'établi, machine à meuler
Aléseur	– finition de la paroi d'un trou préalablement ébauché ; – régularisation et calibrage par alésage, surfaçage, filetage ou chambrage	aléseuse horizontale, verticale, alésoir à main, alésoir à queue, alésoir creux, tour, fraiseuse
Fraiseur	– enlèvement des copeaux d'une surface plane à l'aide d'un outil de coupe, la fraise, montée dans le nez de la broche d'une fraiseuse ; – défonçage, rainurage, taillage, surfaçage, copiage et fraisage de profil, circulaire ou hélicoïdal	fraiseuse horizontale, universelle, fraise à défoncer, à surfacer dresser, à chambrer, à lamer, à rainure entée, à deux dents, à deux tailles, fraise scie, rouleau, tourteau à surfacer
Perceur	– réalisation de surfaces cylindriques intérieures à l'aide d'un foret monté sur le mandrin d'une perceuse ; – brochage, trépanage, forage, alésage ou chambrage pour réaliser des cylindres intérieurs	perceuse verticale à colonne, à montant, perceuse radiale, horizontale, multibroche, sensitive, foret, foret plat, hélicoïdal, étagé, foret à trou d'huile, à tube d'huile, à centrer
Rectifieur	– parachèvement à la meule d'une surface usinée, pour lui donner sa dimension à tolérance étroite, par rectification cylindrique extérieure, rectification cylindrique sans centre et rectification de surface plane	rectifieuse, table, plateau magnétique, étau, dispositif entre-pointes, mandrin, meule d'entraînement, broche
Tourneur	– réalisation de surfaces de révolution ou hélicoïdales à l'aide d'un outil de coupe monté sur la tourelle doté d'un mouvement d'avance sur une pièce ayant un mouvement de rotation ; – exécution des passes de dressage, tronçonnage, chambrage, rasage, filetage, décolletage et chariotage	tour à copier, à décolleter, en l'air, à pompe, vertical, parallèle, revolver, centre de tournage, broche, nez, plateau, mandrin, contre-poupée, poupée fixe, chariot, traînard, chariot transversal, chariot porte-outil, tourelle

La carrosserie automobile

La carrosserie est la partie visible de la voiture. Elle est régie par des critères esthétiques et de sécurité et se conforme à la réglementation en vigueur dans chaque pays. Elle représente 50 % du poids total d'une automobile.

Les types de carrosseries

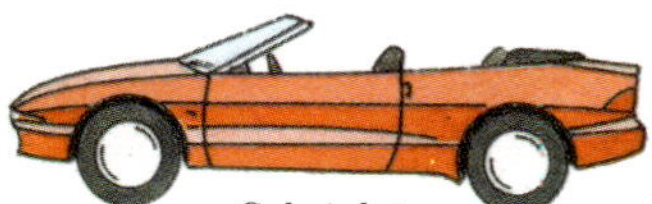
Cabriolet

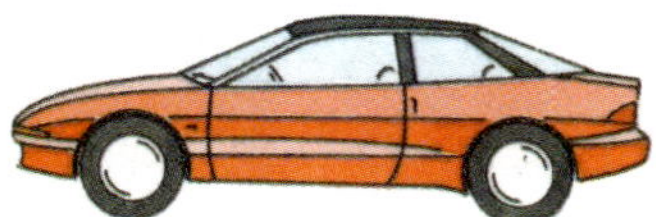
Coupé

Berline

Limousine

Break

Voiture de course

Monospace

Les activités du carrossier

Assembler : constituer la carrosserie par sous-groupes de pièces.
Emboutir les pièces : donner à chaque tôle la forme de l'enveloppe extérieure.
Étamer : remplir de soudure à l'étain les parties défectueuses.
Habiller : équiper la carrosserie des accessoires (pare-chocs, phares...).
Immerger la carrosserie : plonger la carrosserie dans la peinture.
Isoler : appliquer des revêtements qui protègent (température, bruit).
Mastiquer les joints : boucher les interstices entre les tôles avec du mastic.
Peindre : exécuter les raccords de peinture au pistolet.
Poncer : polir à la main afin de supprimer les imperfections.
Souder : lier les pièces par apport de métal.
Traiter par phosphatation : plonger la carrosserie dans un bain de phosphate pour éviter la corrosion.

Pour être plus précis

Verbes
Aspirer
Assembler
Bâcher
Capoter
Déhousser
Emboutir
Équiper
Essayer
Étamer
Façonner
Habiller
Laver
Lustrer
Métalliser
Modeler
Poncer
Protéger
Remorquer
Retoucher
Souder
Tester
Vernir

Adjectifs
Aérodynamique
Commercial
Compact
Confortable
Décapotable
Esthétique
Familial
Fluide
Harmonieux
Homologué
Ignifugé
Plongeant
Résistant
Robuste
Solide
Surbaissé

LES ÉLÉMENTS DE LA CARROSSERIE

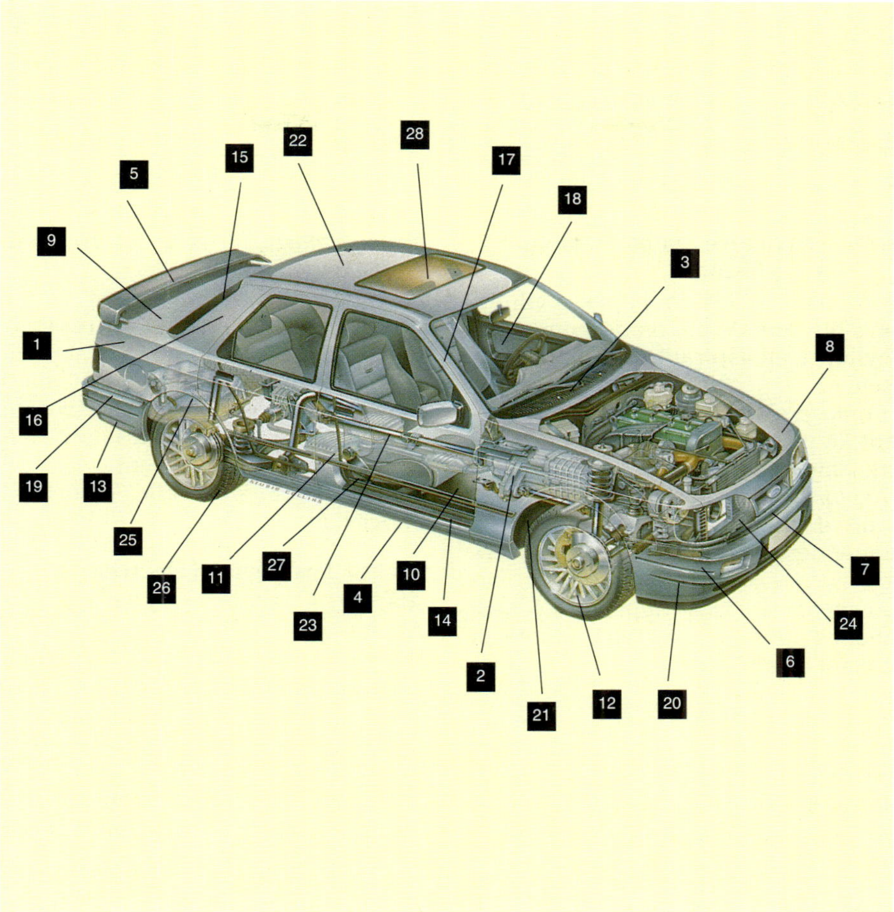

1. Aile arrière
2. Aile avant
3. Auvent
4. Bas de caisse
5. Béquet
6. Bouclier
7. Calandre
8. Capot avant
9. Coffre arrière
10. Cuvette
11. Élément de flanc
12. Jante
13. Jupe
14. Longeron
15. Lunette
16. Montant arrière
17. Montant avant
18. Pare-brise
19. Pare-chocs arrière
20. Pare-chocs avant
21. Passage de roue
22. Pavillon
23. Porte
24. Porte-calandre
25. Réservoir
26. Roue
27. Structure de renfort latérale
28. Toit ouvrant

La mécanique automobile

Le mécanicien intervient à deux niveaux : lors de la construction de l'automobile, il réalise le bloc-moteur ; lors de l'entretien, il répare les dysfonctionnements de la voiture. Les progrès technologiques provoquent la spécialisation des différents professionnels de la mécanique automobile.

Les quatre temps du moteur à explosion

1 - *Admission* : les soupapes d'admission s'ouvrent, le piston descend dans le cylindre en aspirant un mélange air-essence.
2 - *Compression* : les soupapes se referment, le piston remonte et compresse le mélange gazeux.
3 - *Explosion-détente* : une étincelle électrique déclenche la combustion. La détente des gaz repousse le piston vers le bas.
4 - *Échappement* : les soupapes d'échappement s'ouvrent, le piston remonte en chassant les gaz brûlés.

Les métiers

Ajusteur - Aléseur - Assembleur - Contrôleur de fabrication - Dépanneur - Électricien - Essayeur - Fondeur - Garagiste - Laveur - Mécanicien - Monteur - Rectifieur - Usineur.

Les organes mécaniques

Amortisseur (masc.). Il permet de freiner les mouvements venant de la caisse. Il évite la déstabilisation du véhicule.
Boîte de vitesses (fém.). Elle renferme les engrenages de changement de vitesse. Elle peut être automatique ou semi-automatique.
Direction (fém.). Elle est constituée du volant, de la colonne et de la crémaillère de direction incorporée dans la traverse de l'essieu. Elle permet l'orientation des roues avant.
Embrayage (masc.). Il assure le mouvement après le lancement du moteur et permet les changements de vitesse.
Essieu (masc.). Il relie les roues à la coque du véhicule.
Frein de parking (frein à main) (masc.). Il maintient le véhicule à l'arrêt en bloquant un essieu.
Frein principal (masc.). Il agit sur les roues pour ralentir ou arrêter le véhicule.
Moteur (masc.). Il fournit la puissance nécessaire au déplacement.
Suspension (fém.). Elle amortit les chocs dus aux inégalités du chemin.

Les organes électriques

Alarme - Allumage électronique - Allume-cigares - Alternateur - Batterie - Bougie - Climatiseur - Commodo - Compte-tours - Démarreur - Direction assistée - Distributeur d'allumage - Dynamo - Essuie-glace - Feu clignotant - Feu de recul - Indicateur de direction - Indicateur de feu - Indicateur de niveau d'huile - Lave-glace - Lève-vitre - Phare - Phare antibrouillard - Plafonnier - Tête de Delco - Ventilateur.

Pour être plus précis

Verbes
Accélérer
Braquer
Chasser
Claboter
Craboter
Contre-braquer
Débrayer
Démarrer
Dépasser
Déraper
Embrayer
Exploser
Freiner
Graisser
Négocier
Propulser
Ralentir
Reculer
Rétrograder
Roder
Se garer
Stationner
Tourner
Tracter
Vidanger
Virer

Adjectifs
Amorti
Automatique
Climatisé
Fiable
Intérieur
Maniable
Nerveux
Poussif
Puissant
Silencieux
Souple
Stable
Ventilé

LE MOTEUR À EXPLOSION

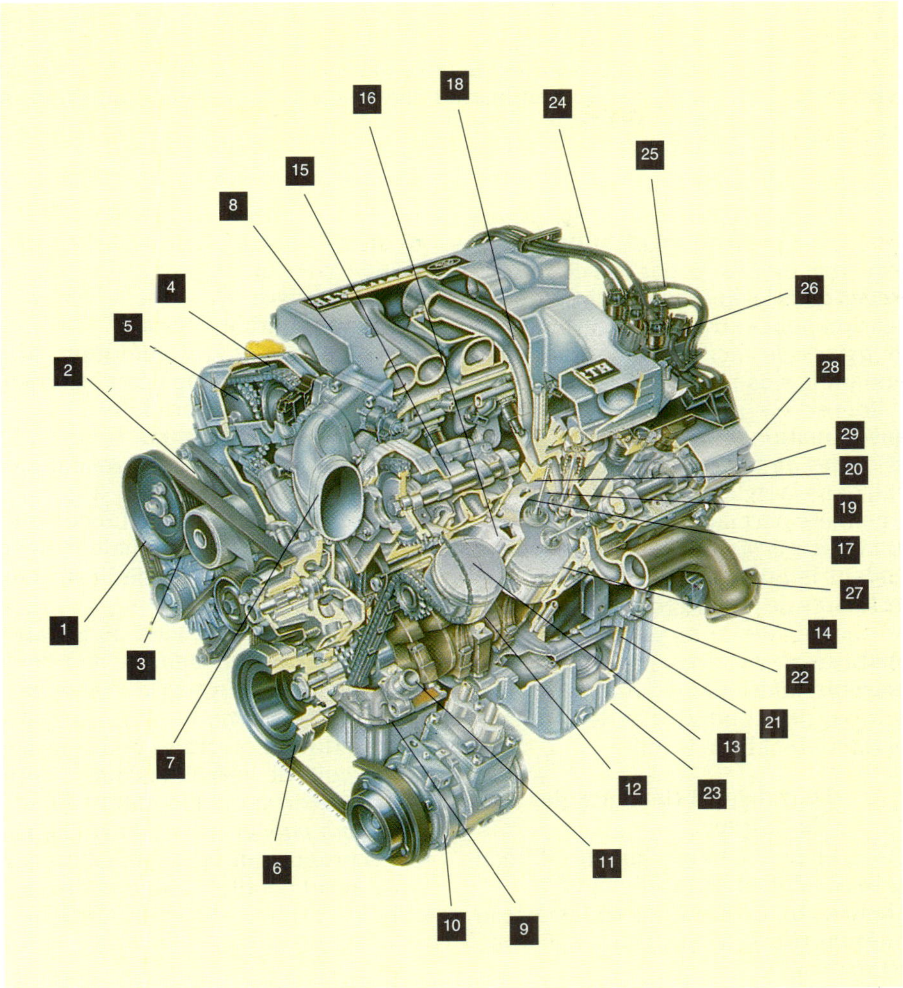

1. La courroie du ventilateur
2. La courroie de l'alternateur
3. L'alternateur
4. La chaîne de distribution
5. Le pignon de distribution
6. La poulie
7. La prise d'air
8. Le couvre-culasse
9. Le joint d'étanchéité
10. La pompe de direction assistée
11. Le vilebrequin
12. La bielle
13. Les pistons font tourner le vilebrequin
14. Les segments
15. L'arbre à cames
16. La chemise
17. Les soupapes d'admission
18. Le ressort pousse les soupapes
19. La soupape d'échappement
20. Le culbuteur
21. Le tube d'aspiration de la pompe à huile
22. Le carter d'huile
23. Le bouchon de vidange
24. Les fils de bougie
25. Le chapeau d'allumeur
26. Le distributeur organise la circulation d'un courant haute tension vers les bougies
27. Le collecteur d'échappement
28. La culasse
29. Le joint de culasse

L'énergie électrique

L'énergie électrique est fabriquée à partir d'autres énergies. Les trois étapes de son circuit sont : la production (centrales hydrauliques, thermiques ou nucléaires) ; la transformation (de la haute tension en basse tension – 220 volts) ; et la distribution jusqu'au consommateur.

Les centrales hydrauliques

L'eau arrive à l'usine par des conduites forcées dans lesquelles elle circule sous pression pour entraîner les turbines.

Les usines de lac. Le lac stocke l'eau pendant la saison de hautes eaux pour la libérer en période de pointe de consommation.

Les usines au fil de l'eau. Elles utilisent l'eau dans la rivière. Elles sont utilisées de manière permanente.

Les usines d'éclusée. Elles stockent l'eau pendant la nuit et la déversent le jour aux heures de grande consommation.

Les usines de pompage. Elles sont constituées de deux réservoirs. Le réservoir inférieur est relié au supérieur par des conduites et des pompes qui remontent l'eau la nuit.

Le transport de l'énergie électrique

Poteau en bois - Poteau jumelé - Poteau haubané - Poteau contrefiché.

Poteau en béton armé- Poteau en béton armé centrifugé - Poteau en béton armé précontraint.

Pylône métallique - Pylône d'alignement normal, de traversée, d'arrêt, d'ancrage - Pylône en treillis - Pylône bipode, tétrapode - Pylône en V - Pylône de type Trianon - Appolone - Chat.

La centrale thermique à flammes

Alternateur (masc.). Générateur alternatif qui transforme l'énergie mécanique en électricité. Son principe de fonctionnement est le suivant : un aimant, le rotor, entraîné par la turbine, tourne à grande vitesse à l'intérieur d'un bobinage de cuivre, le stator. C'est ce qui produit le courant alternatif.

Chaudière (fém.). Générateur thermique qui transforme l'eau en vapeur, dans une centrale thermique.

Circuit de refroidissement (masc.). Eau qui circule dans le condenseur pour refroidir la vapeur.

Combustible (masc.). Substance dont la combustion dégage la chaleur nécessaire à la vaporisation de l'eau (charbon, lignite, fuel, gaz).

Condenseur (masc.). Lieu où la vapeur se transforme en eau, se condense, avant d'être renvoyée à la chaudière.

Tour de réfrigération (fém.). Utilisée dans certaines centrales pour que l'eau du circuit de refroidissement perde une partie de sa chaleur dans l'air.

Turbine à vapeur (fém.). Sorte de roue que la pression de la vapeur fait tourner. Elle fournit l'énergie mécanique nécessaire à la production de l'électricité.

Pour être plus précis

Verbes
Accumuler
Charger
Condenser
Conduire
Connecter
Coupler
Délester
Dériver
Disjoncter
Distribuer
Électrifier
Exciter
Régénérer
Sectionner
Shunter
Surrégénérer
Transformer

Adjectifs
Atomique
Biphasé
Calorifique
Conducteur
Électrique
Fermé
Géothermique
Hydraulique
Hydro-électrique
Isolant
Magnétique
Monophasé
Nucléaire
Ouvert
Polyphasé
Répulsif
Thermique
Triphasé

LA CENTRALE NUCLÉAIRE

1. Cuve en acier
2. Cœur du réacteur
3. Bornes de commande
4. Générateur vapeur
5. Turbine
6. Alternateur
7. Condenseur
8. Transformateur
9. Pressuriseur
10. Pompe primaire
11. Piscine combustible usé
12. Stockage combustible neuf
13. Tour de refroidissement
14. Circuit de la vapeur
15. Circuit d'eau de refroidissement

La robotique

Le terme robotique désigne les activités réalisées par des mécanismes automatiques. La robotique comprend l'assistance par ordinateur, les machines à commandes numériques, les bras manipulateurs, les chariots mobiles ainsi que les automates adaptables et programmables.

Les matériels robotisés

Bras industriel (masc.). Bras manipulateur destiné (asservi) à l'exécution d'une tâche particulière (soudage, peinture, montage) contrôlé et commandé par un mécanisme informatisé, l'actionneur.

Machine à commandes numériques (fém.). Machine-outil (tour, fraiseuse, centre d'usinage, rectifieuse) dont les différents mouvements sont dirigés par un programme informatique adapté à la pièce à réaliser.

Transporteur filoguidé (masc.). Chariot porteur doté de capteurs qui lisent les informations transmises par des câbles intégrés au sol de l'atelier. Il se déplace selon les indications que lui transmet l'ordinateur.

Le vocabulaire de l'automatisme

Automatisation (fém.). Ensemble de systèmes permettant le fonctionnement et le contrôle des machines et des processus de fabrication sans intervention humaine directe.

Conception assistée par ordinateur (CAO) (fém.). Utilisation de programmes préenregistrés dans les gros ordinateurs pour raccourcir le cycle de conception des produits par les bureaux d'études.

Conception et fabrication assistées par ordinateur (CFAO) (fém.). Dessin de la pièce sur l'écran de l'ordinateur. Le programme de fabrication est transmis aux machines concernées par l'ordinateur.

Dessin assisté par ordinateur (DAO) (masc.). Utilisation des possibilités graphiques de l'écran. L'épure a lieu directement sur l'écran. La mise au net se fait par la table traçante.

Productique (fém.). Utilisation des ordinateurs pour contrôler la circulation d'informations et de matériaux dans une usine.

Robotique (fém.). Science de la conception, de la fabrication et de l'utilisation des robots.

Robot (masc.). Dispositif programmable capable de manipuler, de se déplacer et d'exécuter des tâches contrôlées par ordinateur.

Les robots spécialisés

Missile - Robot androïde - Robot assistant d'ordinateur - Robot cobaye médical - Robot métro - Robot nettoyeur - Robot plongeur - Robot à réacteur nucléaire - Robot tondeur de moutons - Sonde spatiale.

Pour être plus précis

Verbes
Actionner
Asservir
Automatiser
Comparer
Contrôler
Convertir
Détecter
Exécuter
Guider
Manipuler
Modéliser
Numériser
Palper
Percevoir
Programmer
Reconnaître
Télécommander
Télémanipuler

Adjectifs
Analogique
Articulé
Artificiel
Assisté
Auto-adapté
Automatique
Autonome
Binaire
Bionique
Cibernétique
Coaxial
Électrique
Électronique
Filoguidé
Hydraulique
Industriel
Informatique
Logique
Magnétique
Mobile
Numérique
Pneumatique
Programmable
Robotique
Télescopique

LES CHARIOTS AUTOMATIQUES

Technique de guidage	*Principe*	*Caractéristiques*
Chariot à bras tractés	Les chariots non motorisés sont tractés par une chaîne de convoyeur. Cette chaîne peut être aérienne ou enterrée (roulante ou glissante). Les chariots sont désolidarisables à tout moment, ou à des endroits précis du circuit.	– asservissement et sécurité électromécaniques – circuits curvilignes possibles, à pente ascendante ou descendante – aiguillages sélectifs – circuit entièrement protégé, surveillé, voire interdit d'approche
Filoguidage à induction	Un fil enterré matérialisant le circuit à suivre est parcouru par un courant électrique de faible intensité et de fréquence déterminée. Le courant induit un champ magnétique. Il est perçu par les bobines détectrices de commande d'orientation de la roue directrice du chariot.	– concentrateurs de signaux – générateur de fréquence – dispositifs d'identification et de positionnement des chariots – servo-amplificateur de traction et de direction – unité de commande et de communication
Ferroguidage	Une bande métallique collée sur le sol est suivie par les chariots.	– *idem* filoguidage
Optoguidage	Une bande de peinture contrastant avec la couleur du sol est suivie par le chariot. Un dispositif optique de détection, placé sur le véhicule, contrôle l'orientation de la roue directrice pour assurer le maintien sur la trajectoire matérialisée par la bande.	– traçage aisé du circuit – modification aisée du circuit – réseau de balises à infrarouges ou système de communication radio HF
Guidage immatériel radio/laser (sans fil)	Un ordinateur central communique aux chariots par radio UHF/FM les coordonnées exactes du chemin à parcourir, les points de chargement, déchargement, les changements de direction… Les chariots sont dotés d'un ordinateur embarqué qui leur permet de se repérer par un capteur sur la roue directrice. Il indique la distance parcourue et la position par l'intermédiaire de balises disposées sur le trajet.	– pas de tracé – flexibilité – rigueur dans la transmission des informations – respect de l'organisation de l'atelier

L'électricité

L'électricité est une énergie domestique et industrielle. Les électriciens interviennent sur ses circuits de distribution. Leur domaine d'activité regroupe la production de lumière, la fourniture de chaleur, le mouvement des moteurs et l'accélération des réactions chimiques.

L'installation électrique

Alimentation : l'installation électrique domestique est alimentée directement par le réseau de distribution électrique. Elle est souvent constituée de plusieurs circuits électriques.

Commande : le circuit électrique alimente des appareils électriques réglés par des dispositifs de commande et de régulation (interrupteurs, délesteurs, variateurs, programmateurs ou thermostats).

Liaison électrique : le circuit est réalisé au moyen de fils conducteurs, qui passent dans des câbles, des gaines et des conduits.

Protection : une installation électrique est protégée par le disjoncteur et les fusibles. Ils évitent les détériorations dues aux surtensions.

Les sources lumineuses

Ampoule à calotte argentée - Ampoule flamme - Ampoule fluorescente - Ampoule à halogène - Ampoule infrarouge - Ampoule réflecteur - Ampoule sphérique - Ampoule standard - Ampoule submersible - Ampoule torsadée - Tube fluorescent.

Le matériel de l'électricien

Ampèremètre - Capacimètre - Cintreuse - Contrôleur de tension - Coupe-fil - Dénudeur - Fer à souder - Fluxmètre - Galet à cintrer - Galvanomètre - Générateur - Jonc - Nacelle - Ohmmètre - Oscilloscope - Perceuse - Pince coupante - Pistolet à colle - Rainureuse - Ressort à cintrer - Scie cloche - Sertisseuse - Sonde - Testeur - Tire-fil - Tournevis - Voltmètre - Wattmètre.

Les métiers de l'électricité

Électricien (ne). Il est spécialiste des installations électriques domestiques et industrielles.

Électrochimiste. Il est spécialiste des réactions chimiques provoquées par l'électricité et de leur utilisation industrielle.

Électromécanicien (ne). Il est spécialiste des applications techniques et mécaniques de l'électricité.

Électrométallurgiste. Il est spécialiste de l'utilisation des propriétés thermiques et électrolytiques de l'électricité dans la production et l'affinage des métaux.

Électroradiologiste. Il utilise les propriétés de l'électricité et des rayons pour le diagnostic et le traitement de certaines maladies.

Électrotechnicien (ne). Il est spécialiste de la production, du transport, de l'utilisation et du contrôle de l'énergie électrique.

Pour être plus précis

Verbes
Accumuler
Alimenter
Allumer
Brancher
Calibrer
Charger
Chauffer
Condenser
Décharger
Délester
Détecter
Disjoncter
Éclairer
Électrifier
Éteindre
Programmer
Rayonner
Réguler
Sceller
Sectionner
Tamponner
Transformer
Varier

Adjectifs
Alterné
Bimétallique
Conducteur
Continu
Dénudé
Électrique
Fermé
Fluorescent
Fusible
Incandescent
Inerte
Lumineux
Magnétique
Monophasé
Thermique
Triphasé

L'ÉLECTRICITÉ DANS LA MAISON

1. Compteur
2. Fusibles
3. Prises
4. Perceuse
5. Congélateur
6. Aspirateur
7. Lave-vaisselle
8. Lave-linge
9. Table de cuisson
10. Four
11. Cafetière
12. Grille-pain
13. Fer à repasser
14. Convecteur
15. Téléviseur
16. Chaîne hi-fi (haute-fidélité)
17. Lampadaire halogène
18. Ordinateur
19. Applique
20. Interrupteur
21. Ballon d'eau chaude
22. Sèche-cheveux
23. Lampe de chevet
24. Radio-réveil

L'électronique

L'électronique est présente dans tous les domaines de la vie quotidienne. L'électronique exploite les phénomènes de conduction des électrons libres dans le vide, dans les gaz ou dans les semi-conducteurs. Elle utilise des courants faibles pour détecter, stocker et traiter une information.

Les activités de l'électronique

Commander : agir directement sur les actionneurs (disjoncteur, télécommande, contacteur, sirène…).
Contrôler : vérifier la conformité d'une information donnée avec un modèle stocké en mémoire avant l'exécution d'une opération.
Détecter : surveiller un système pour percevoir toute anomalie.
Transmettre : communiquer une information prélevée par un détecteur, un capteur, un transmetteur téléphonique, etc., à une centrale de pilotage.

L'outillage électronique

Banc à insoler – Bras articulé - Circuitgraph - Clés Allen - Cutter de précision - Déwrappeur à main - Fer à souder - Graveuse - Grip fil HCK - Insoleuse - Loupe lumineuse - Microsoudeur à gaz - Miniétau à ventouse - Mylar transparent - Oscilloscope - Outil à wrapper - Perceuse aléseuse à main - Pistolet à colle - Pistolet électrique à wrapper - Pince brucelle droite, courbe - Pince Colson - Pince coupante « 3 en 1 » - Pince coupante à ressort de rappel - Pince plate - Pince plieuse pour composant passif - Pince à riveter - Pince à sertir les cosses - Pince téléphone - Pincette de préhension, de soudage - Plieur de composant - Ponts de connexion - Tournevis à rétention de vis - Tournevis pour électronicien - Tube laser.

Les composants électroniques

Amplificateur (masc.). Appareil qui augmente les caractéristiques d'un signal sans le déformer.
Circuit imprimé (masc.). Carte électronique sur laquelle les composants sont montés et soudés.
Circuit intégré (puce électronique) (masc.). Carré de silicium sur lequel sont gravés les minuscules circuits et transistors des semi-conducteurs.
Condensateur (masc.). Système qui emmagasine les charges électriques.
Diode (fém.). Dispositif qui ne laisse passer le courant que dans un sens.
Relais (masc.). Système qui contient des interrupteurs électroniques commandés par un électro-aimant.
Transistor (masc.). Appareil qui établit ou arrête le courant.

Pour être plus précis

Verbes
Actionner
Alimenter
Amplifier
Bloquer
Brancher
Câbler
Charger
Chauffer
Connecter
Dénuder
Déphaser
Dessouder
Enficher
Étamer
Filtrer
Graver
Implanter
Lisser
Mesurer
Monter
Osciller
Positionner
Révéler
Redresser
Saturer
Schématiser
Souder
Tester

Adjectifs
Anodique
Cathodique
Décapé
Dopé
Dynamique
Encapsulé
Électronique
Électrostatique
Froid
Incrusté
Ionique
Isolant
Latent
Linéaire
Luminescent
Magnétique
Modulé
Parabolique
Photoélectronique
Primaire
Protégé
Quantique
Résiduel
Secondaire
Spectral
Statique
Stroboscopique
Thermoélectronique

LES MÉTIERS DE L'ÉLECTRONIQUE

Métier	*Activités*	*Réalisations*
Ingénieur recherche	– étude de la possibilité d'appliquer les nouvelles connaissances en électronique à la conception de techniques et de produits nouveaux ; – réalisation de prototypes expérimentaux avant industrialisation de la production ; – organisation des expérimentations	compte rendu, rapport, note d'information, schéma de principe, plan d'ensemble, programme de calcul et de traitement des données, maquette, prototype
Technicien d'études	– participation à la définition des matériels électroniques ; – réalisation de la maquette, du bâti et de l'assemblage des différentes pièces, mise au point des prototypes ; – réalisation d'essais partiels, successifs, sur chacun des sous-ensembles de la maquette ; – réalisation du schéma définitif et rédaction de la liste des composants	dossier de fabrication, schéma, nomenclature des composants
Agent technique électronicien	– répartition du travail selon la demande du bureau d'études ; – gestion des pièces détachées ; – gestion du personnel de fabrication et vérification des compétences techniques	fiche de contrôle, note d'essai, fiche de présence, planning de vacances
Câbleur de carte de circuit imprimé	– implantation et soudage des composants électroniques sur des circuits imprimés ; – définition du cheminement des conducteurs ; – implantation des composants, soudage sur la plaque et câblage des composants entre eux sur les pièces expérimentales	carte de circuit imprimé, feuille de travail
Technicien d'équipement, de contrôle et de régulation	– réalisation de l'étude détaillée, de la mise au point, de l'adaptation des dispositifs électroniques d'automatisation ; – modification du matériel existant en fonction des nouveaux besoins ; – réglage et mise en route des systèmes de contrôle et de régulation	notices explicatives, schémas, plan de câblage des composants, plan de câblage des armoires
Technicien de maintenance électronique	– dépannage des systèmes de contrôle et de régulation de l'information, localisation de la panne, remplacement des modules ou cartes défectueux ; – réalisation des vérifications périodiques ; – réparation en atelier des organes défectueux	réparation, rapport de dépannage, compte rendu d'intervention

L'informatique

Les métiers de l'informatique concernent d'une part tout ce qui touche aux éléments physiques de l'ordinateur (clavier, moniteur, unité centrale...), et d'autre part les logiciels, c'est-à-dire la conception et l'utilisation des programmes d'application et de travail.

L'ordinateur

Méga-ordinateur (masc.). Ordinateur très puissant. Il est alimenté et géré par un analyste et un programmeur. Il est réservé à l'usage professionnel de grosses sociétés.
Micro-ordinateur (masc.). Ordinateur de plus faible puissance. Il est utilisé dans le commerce ou par les particuliers.
Mini-ordinateur (masc.). Ordinateur moins puissant, utilisé dans les domaines commerciaux et scientifiques.
Note-book (masc.). Aide mémoire électronique. Il enregistre et restitue de petits fichiers.
Ordinateur (masc.). Machine de traitement de l'information.
Portable (masc.). Micro-ordinateur autonome à écran plat. Son faible poids facilite son déplacement.
Réseau (masc.). Connexion de deux ou plusieurs ordinateurs qui peuvent travailler simultanément.

Les logiciels

Didacticiel - Logiciel - Logiciel d'application - Logiciel intégré - Logiciel système - Progiciel - Tableur - Traitement de texte.

Les métiers de l'informatique

Analyste programmeur. Il réalise l'organigramme représentant la solution du problème à traiter.
Bandothécaire. Il classe et archive les bandes magnétiques dans les très grands centres.
Chef de projet. Il est responsable général de la conduite du projet et de sa réussite.
Ingénieur système. Il connaît la machine et sait l'utiliser pour mieux l'adapter à l'exploitation.
Opérateur (trice). Il s'occupe de la machine, du montage des bandes magnétiques, de celui du papier des imprimantes.
Opérateur (trice) de saisie. Il dactylographie les données (il les saisit) sur le clavier des consoles.
Préparateur (trice). Il s'occupe des travaux à transmettre à la machine et des données qui leur sont associées en fonction du planning de travail.
Programmeur (euse). Il écrit le programme correspondant au dossier d'analyse réalisé par l'analyste.
Pupitreur (euse). Il dialogue avec la machine par l'intermédiaire du pupitre de commande.

Pour être plus précis

Verbes
Adresser
Afficher
Appeler
Automatiser
Basculer
Boucler
Charger
Cliquer
Compiler
Connecter
Copier
Déprogrammer
Éditer
Enregistrer
Formater
Implémenter
Imprimer
Initialiser
Interconnecter
Lancer
Lire
Lister
Mémoriser
Pointer
Programmer
Saisir
Sauvegarder
Traiter
Trier

Adjectifs
Aléatoire
Alphanumérique
Analogique
Binaire
Bureautique
Digital
Direct
Duodécimal
Électronique
Flottant
Hexadécimal
Intégré
Logique
Magnétique
Matériel
Numérique
Octal
Partagé
Perforé
Périphérique
Redondant
Séquentiel
Symbolique
Télématique
Visuel

LE MICRO-ORDINATEUR

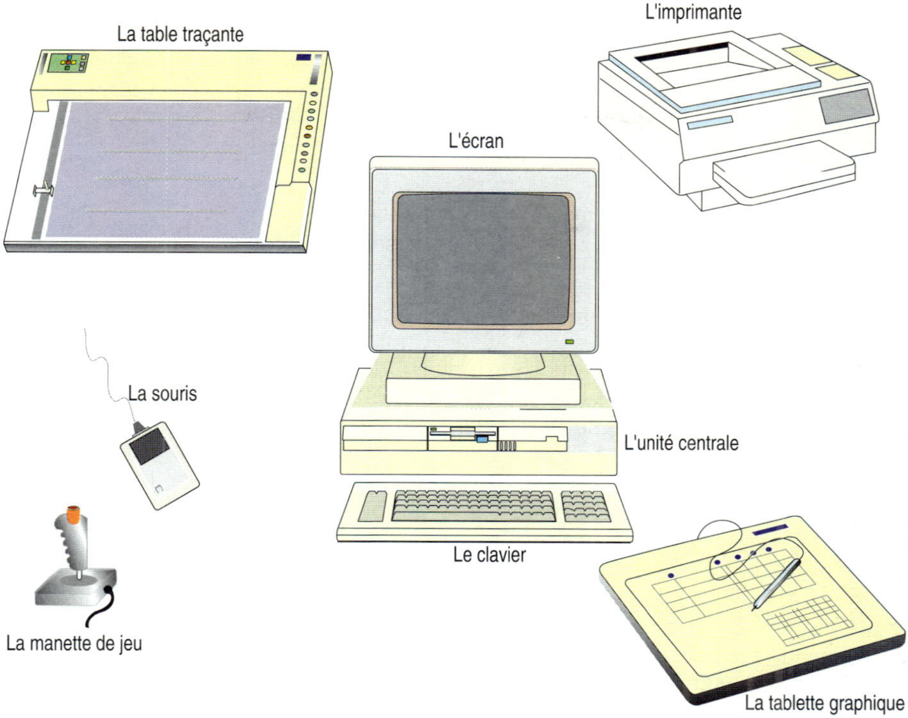

Le clavier
Avec ses touches, on saisit des textes, des nombres, on donne des consignes à l'ordinateur.
La rangée supérieure est constituée de touches-fonction.

La souris
On la déplace, on enfonce le bouton, on dit que l'on clique. On suit une flèche sur l'écran qui reproduit exactement les déplacements de la souris.

La manette de jeu
On la tient dans la main pour diriger un vaisseau de guerre. On enfonce le bouton pour tirer sur un ennemi.

La tablette graphique
Réservée aux graphistes. Avec le crayon électronique, ils dessinent et choisissent les couleurs, mais le dessin s'exécute sur l'écran grâce à des logiciels spécialisés.

L'unité centrale
C'est le cœur de l'ordinateur, là où tous les calculs sont exécutés. C'est là également que les échanges avec les périphériques sont traités.
L'unité centrale est souvent équipée de deux lecteurs de disquettes ou d'un disque dur qui permettent d'enregistrer les informations sous forme de fichiers.

La table traçante
Une barre mobile équipée d'un crayon reproduit un dessin sur une feuille et donne des résultats d'une très grande qualité. Elle est très utilisée par les architectes.

L'écran
Tous les ordinateurs en ont un. Il affiche des textes et des dessins en couleurs ou en noir et blanc. Il doit être de bonne qualité pour ne pas fatiguer les yeux.

L'imprimante
Elle imprime des textes et des dessins sur le papier. Les imprimantes matricielles sont les plus simples. Les imprimantes laser sont les plus perfectionnées.

Le haut-parleur
Il fait parler l'ordinateur grâce à un système de synthèse vocale. Il est responsable des bruitages dans les jeux.

Le transport routier

Les entreprises de transport routier exploitent une flotte de camions, fourgons et fourgonnettes sur des parcours réguliers qui relient les entrepôts ou les agences d'une même compagnie. Les marchandises sont distribuées également par camion à partir de ces centres.

Les activités du transporteur

Acheminer : déterminer l'itinéraire et les horaires, vérifier l'état de la marchandise en cours de route, présenter les papiers nécessaires en douane.
Charger : localiser et identifier les marchandises de l'aire de stockage et les transporter jusqu'au véhicule. Ranger le fret dans la remorque, le caler et l'arrimer le cas échéant.
Dédouaner : accomplir les formalités administratives réglementaires pour l'importation d'une marchandise.
Expédier : trier les colis selon leurs caractéristiques, regrouper plusieurs envois (groupage) et étiqueter.
Stocker : entreposer les marchandises en transit et les ranger en fonction de la destination de livraison.

Les engins de manutention

Chariot automatique - Chariot métallique - Chariot plat - Chenilles - Élévateur à fourche hydraulique - Gerbeuse - Hayon élévateur - Monte-matériel - Monte-meuble - Patins - Pont-roulant - Portique - Potence - Sauterelle - Table élévatrice - Transpalette électrique - Transpalette manuelle - Transporteur à bande - Transporteur à rouleaux - Treuil de terrasse.

Les métiers du transport routier

Affréteur routier - Agent en douane - Agent litigeur - Agent de manœuvre - Agent de transit - Auxiliaire de transport - Assureur - Camionneur - Cariste - Chauffeur - Chef de quai - Chef d'expédition - Commis en douane - Commissionnaire - Conducteur-livreur - Conducteur routier - Conducteur de car - Conducteur d'engins automoteurs - Conseiller en logistique - Contrôleur d'exploitation - Coursier en douane - Courtier de fret - Débardeur - Déclarant en douane - Dédouaneur - Déménageur - Employé de transit - Groupeur - Grutier - Livreur - Magasinier - Manutentionnaire - Mécanicien - Messager - Pontier - Pontonnier - Répartiteur de dépôt - Tarifeur - Transporteur de fonds - Transitaire.

La logistique

Les entreprises de transport sont constituées d'une flotte de camions, et d'entrepôts, qu'elles gèrent logistiquement : l'organisation du ramassage, du stockage et de l'acheminement des marchandises est informatisée.

Pour être plus précis

Verbes
s'Affaisser
Arrimer
Atteler
Avancer
Basculer
Caler
Charger
Conduire
Décharger
Dédouaner
Désaccoupler
Dételer
Disposer
Entreposer
Étiqueter
Gerber
Localiser
Manœuvrer
Reculer
Soulager
Stationner
Stocker
Tarifer
Tirer
Tracter
Transborder
Transporter
Trier
Verrouiller

Adjectifs
Accidenté
Accouplé
Adapté
Amovible
Articulé
Basculant
Déséquilibré
Déverrouillé
Emballé
Enlevé
Hydraulique
Interchangeable
Ouvert
Parqué
Plombé
Pneumatique
Remorqué
Routier
Surchargé
Terrestre

LES CAMIONS

Nom	*Caractéristiques*	*Produits transportés*
Camion benne	Un système de vérins hydrauliques permet le basculement de la benne pour le déchargement.	vrac, céréales, sable, minerai
Camion citerne	Divisée en compartiments, la citerne est dotée d'une pompe pour l'aspiration et le refoulement du contenu.	tous les produits liquides, lait, vin, hydrocarbures, eaux usées, goudrons...
Camion malaxeur	La toupie est actionnée par un moteur autonome qui la fait tourner pour malaxer le béton. Une gouttière permet de vider la toupie.	granulats, mortiers et bétons
Camion réfrigéré	La remorque est calorifugée. Un compresseur permet le maintien à une température basse par un système de réfrigération.	viandes, poissons, produits laitiers, fruits, légumes et fleurs et denrées que la chaleur altère
Camion-benne à portique	Un bras de levage actionné par une pompe haute pression vient poser et déposer la benne sur le plateau du camion.	ordures et déchets industriels et ménagers
Semi-remorque	Ensemble articulé constitué d'une remorque, à un ou plusieurs essieux, attelée à un tracteur.	tous produits conditionnés posés sur palettes
Transporteur de voitures	Des remorques à deux ponts permettent de charger deux rangées de véhicules.	voitures et camions
Grumier	La plate-forme, constituée d'un plateau et de ridelles très fortes, permet de maintenir de gros cylindres. Un système de levage permet le chargement et le déchargement.	troncs d'arbres
Camion grue	Poids lourd sur plusieurs essieux, à suspension hydropneumatique, portant une grue à flèche inclinée sur la plate-forme.	grue téléscopique pour levages lourds
Semi-remorque transporteur d'engins	Plate-forme largement dimensionnée comportant une rampe d'accès arrière pour le chargement d'engins de travaux publics.	pelleteuse, bouteur, engins de travaux publics
Camion calorifique	Citerne isotherme avec isolation et système de chauffage pour le maintien d'une température constante.	mazout, goudrons

Le transport ferroviaire

Le transport ferroviaire achemine les passagers et les marchandises (fret) suivant des trajets et des horaires fixes. Certaines lignes ferroviaires sont électrifiées. La plus grande partie du personnel ferroviaire travaille dans les gares de marchandises, de voyageurs ou de triage.

Les locomotives

Automotrice (fém.). Élément indissociable composé d'une ou plusieurs voitures à voyageurs propulsées par un moteur électrique.
Locomotive diesel (fém.). Machine de traction entraînée par un moteur à combustion interne (moteur diesel).

Les wagons

Voiture couchette - Voiture de première classe - Voiture restaurant - Voiture de seconde classe - Wagon à capot télescopique - Wagon à céréales - Wagon-citerne - Wagon-grumier - Wagon-lits - Wagon de messagerie - Wagon plat à bâchage mécanique - Wagon plat porte-conteneurs - Wagon à poche (dit kangourou) - Wagon porte-autos - Wagon à pulvérulents - Wagon réfrigérant - Wagon à toit ouvrant - Wagon-tombereau - Wagon-trémie.

Les trains

Autorail - Train de banlieue - Train désherbeur - Train direct - Train express - Train à Grande Vitesse - Train de marchandises - Train de messageries - Train militaire - Train de neige - Train de nuit - Train omnibus - Train postal - Train rapide - Train de secours - Train spécial - Train de voyageurs - Turbotrain.

Pour être plus précis

Verbes
Aiguiller
Alimenter
Bifurquer
Changer
Contrôler
Cribler
Dégarnir
Dérailler
Dériver
Desservir
Dévier
Enregistrer
Expédier
Former
Guider
Interconnecter
Ralentir
Réguler
Réserver
Réviser
Tracter
Trier

Adjectifs
Ambulant
Articulé
Assis
Automatique
Balisé
Bétailler
Céréalier
Climatisé
Électrifié
Électrique
Ferré
Ferroviaire
Insonorisé
Jumelé
Rapide
Réfrigérant
Roulant
Sûr
Ventilé

La locomotive électrique

1. Pantographe
2. Cabine de conduite
3. Moteur de traction
4. Bloc batterie
5. Transformateur
6. Compresseur de freinage
7. Tampons
8. Pupitre de commande
9. Bloc électrique

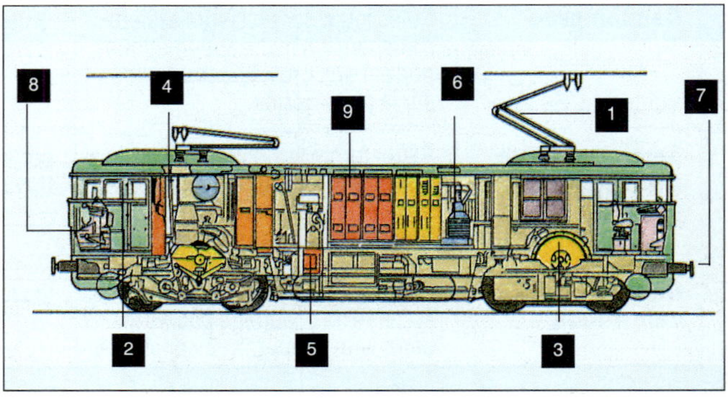

LA GARE DE CHEMIN DE FER

1. La gare de marchandises
2. La gare de voyageurs
3. Les quais
4. Les voitures
5. Les voyageurs
6. Le passage souterrain
7. Les voies
8. Les tableaux d'affichage
9. La salle d'attente
10. La salle des pas perdus
11. Le guichet billets
12. Le panneau d'affichage automatique
13. La consigne
14. Le guichet bagages
15. La salle de contrôle et de sécurité
16. Le composteur
17. Le ballast
18. La bretelle
19. La marquise
20. Le butoir ou heurtoir
21. L'aiguillage
22. Les lampadaires
23. Les bancs
24. Le nom de la gare
25. Les panneaux d'informations
26. Le point livres
27. Le téléphone public
28. La consigne automatique
29. La bascule
30. Le diable
31. Les chariots

Les transports en commun

Les citadins ont souvent recours aux transports en commun, urbains ou interurbains. Les matériels roulants desservent les multiples arrêts d'une même ligne à des horaires fixes. Leur fréquence varie suivant les périodes (heures de pointe ou heures creuses).

Les métiers des transports en commun

Agent d'entretien : ouvrier qui surveille et répare les installations des stations et voies.
Agent de sécurité : garde qui patrouille dans les stations, les trains, les couloirs pour rassurer les voyageurs et prévenir les désordres.
Chauffeur : conducteur d'un car de transport interurbain. Il vend également les titres de transport et range les bagages dans les soutes.
Conducteur : employé qui dirige un bus dans la circulation. Il vend aussi les tickets de bus et veille au compostage et à la sécurité des passagers.
Contrôleur : employé qui vérifie que les voyageurs sont possesseurs de titres de transport réguliers. Il assure un service de sécurité dans les véhicules et peut verbaliser lorsqu'il y a infraction.
Guichetier : employé au contact du public, derrière un guichet, dans une station qui délivre des titres de transport, reçoit les réclamations et donne des renseignements aux usagers.
Machiniste : conducteur d'autobus ou de tramway.
Mécanicien : agent chargé de la conduite, de la vérification et de l'entretien du matériel roulant dans une compagnie de transport.
Pilote : agent chargé de la navigation d'un bateaubus.
Wattman : mécanicien chargé de la conduite d'un tramway électrique.

Les transports interurbains

Le transport des passagers entre les villes se réalise par la route au moyen de cars et d'autocars, et par la voie ferrée dans les trains de banlieue ou de desserte régionale. Les cars relient les gares routières des villes terminus selon un parcours déterminé : ils desservent les différents arrêts de la ligne. Les circuits de ramassage scolaire et ouvrier sont assurés par les autocars.

La ligne de transport en commun

Abribus - Arrêt de bus - Arrivée - Bureau de renseignements - Composteur - Correspondance - Dépôt - Direction - Distributeur de billets - Gare ferroviaire - Gare routière - Guichet - Indicateur horaire - Ligne - Numéro de ligne - Plan de réseau - Quai - Queue de station - Réseau - Salle d'attente - Sortie - Station de métro - Tête de ligne - Tête de station - Terminus.

Pour être plus précis

Verbes
Accélérer
s'Arrêter
Changer
Chercher
Circuler
Composter
Conduire
Contrôler
Démarrer
Desservir
Désengorger
Doubler
Klaxonner
Partir
Patienter
Prolonger
Ralentir
Renseigner
Signaler
Signaliser
Transporter
Voyager

Adjectifs
Alterné
Aménagé
Bondé
Collectif
Complet
Économique
Électrique
Express
Ferroviaire
Fluide
Immobilisé
Individuel
Motorisé
Périurbain
Polyvalent
Rapide
Régulier
Surchargé
Urbain
Vide

MODES DE TRANSPORTS URBAINS

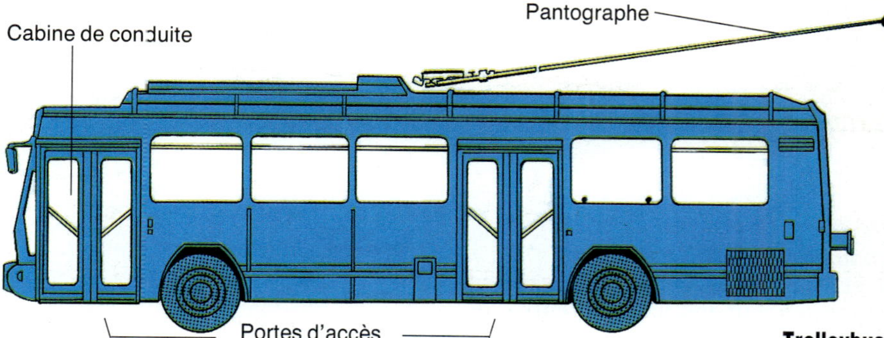

Véhicule	*Caractéristiques*	*Mode de propulsion*	*Dérivés*
Autobus	grand véhicule de transport collectif circulant sur la chaussée parmi la circulation ; des couloirs lui sont parfois réservés. Les itinéraires sont fixés (arrêt de bus).	moteur thermique (fonctionnant à l'essence, au gazole ou au gaz) ou à l'électricité.	minibus, car (pour les liaisons inter-urbaines), bateaubus, bus articulé, bus à impériale
Métro	chemin de fer souterrain ou aérien circulant en site propre sur rails ou bande de roulement. Des stations assurent parfois la correspondance avec une autre ligne.	moteur de traction électrique. L'électricité est captée sur un rail d'énergie.	métro aérien, VAL (sans machiniste)
Tramway	véhicule articulé qui circule sur des rails intégrés à la chaussée ou une plate-forme qui n'interfère avec la chaussée qu'aux carrefours.	moteur électrique installé dans les bogies. L'électricité est captée sur une caténaire par un pantographe.	
Trolleybus	véhicule articulé sur pneus, circulant sur la chaussée. Il ne peut s'écarter de son couloir de circulation.	moteur de traction électrique. L'électricité est captée sur une ligne par deux perches.	
Train	ensemble de voitures traînées par une locomotive sur une voie reliant les gares ou stations.	moteur électrique ou Diesel. L'électricité est captée sur une caténaire par un pantographe.	funiculaire

Le transport aérien

Les flottes aériennes relient les aéroports par des vols réguliers ou non (*charters* et avions taxis). Les compagnies aériennes sont classées selon la nature des prestations qu'elles proposent.

Les compagnies aériennes

Compagnie de vols réguliers (fém.). Entreprise dont les avions assurent périodiquement les liaisons entre les mêmes aéroports.
Compagnie de charters *(fém.).* Entreprise dont les avions, loués (affrétés) par des agences de voyages, relient occasionnellement un aéroport à un autre.
Compagnie aérienne de transport à la demande (fém.). Entreprise qui loue ses appareils avec ou sans pilotes à une clientèle pour qui les vols réguliers ne sont pas adaptés (destinations, horaires, confort...).

L'avion

Accès arrière - Accès avant - Aérofreins - Aile - Aileron - Aileron basse vitesse - Compartiment classe touriste - Compartiment classe affaires - Dérive - Empennage horizontal - Fente mobile de bord d'attaque - Feu anticollision - Gouvernail de direction - Gouverne de profondeur - Office - Poste de pilotage - Réacteur arrière - Réservoir de carburant - Soute à bagages - Sortie de secours - Toilettes - Train d'atterrissage avant - Train d'atterrissage principal - Volet de profondeur - Volet hypersustentateur.

Les métiers de l'aviation

Agent d'aérogare - Agent de préparation des vols - Agent de sécurité - Agent de transit - Avionneur - Constructeur - Contrôleur aérien - Hôtesse d'accueil - Hôtesse de l'air - Ingénieur de l'aviation civile - Mécanicien - Permanent d'escale - Pilote d'essais - Pilote de ligne - Steward - Surveillant de station.

Les terrains d'aviation

Aérodrome (masc.). Terrain aménagé pour le décollage et l'atterrissage.
Aérogare (fém.). Ensemble des installations mises à la disposition du public.
Aéroport (masc.). Ensemble des installations aménagées pour le trafic des lignes aériennes.
Altiport (masc.). Aire d'atterrissage aménagée en montagne.
Héliport (masc.). Terrain aménagé pour l'envol et l'atterrissage des hélicoptères.
Hydraéroport (masc.). Plan d'eau aménagé pour les hydravions.

Pour être plus précis

Verbes
Amerrir
Approcher
Attacher
Atterrir
Cabrer
Décoller
Décrocher
Dédouaner
Descendre
s'Écraser
Embarquer
Enregistrer
Éteindre
Informer
Mettre les gaz
Monter
Piloter
Piquer
Plafonner
Planner
se Poser
Réduire les gaz
Réserver
Sangler
Survoler
Virer
Voler

Adjectifs
Aérien
Aéronautique
Aéronaval
Aéroportuaire
Aéropostal
Annulé
Bimoteur
Biréacteur
Climatisé
Éjectable
International
Météorologique
Monomoteur
Navigable
Pressurisé
Quadriréacteur

L'AÉROPORT

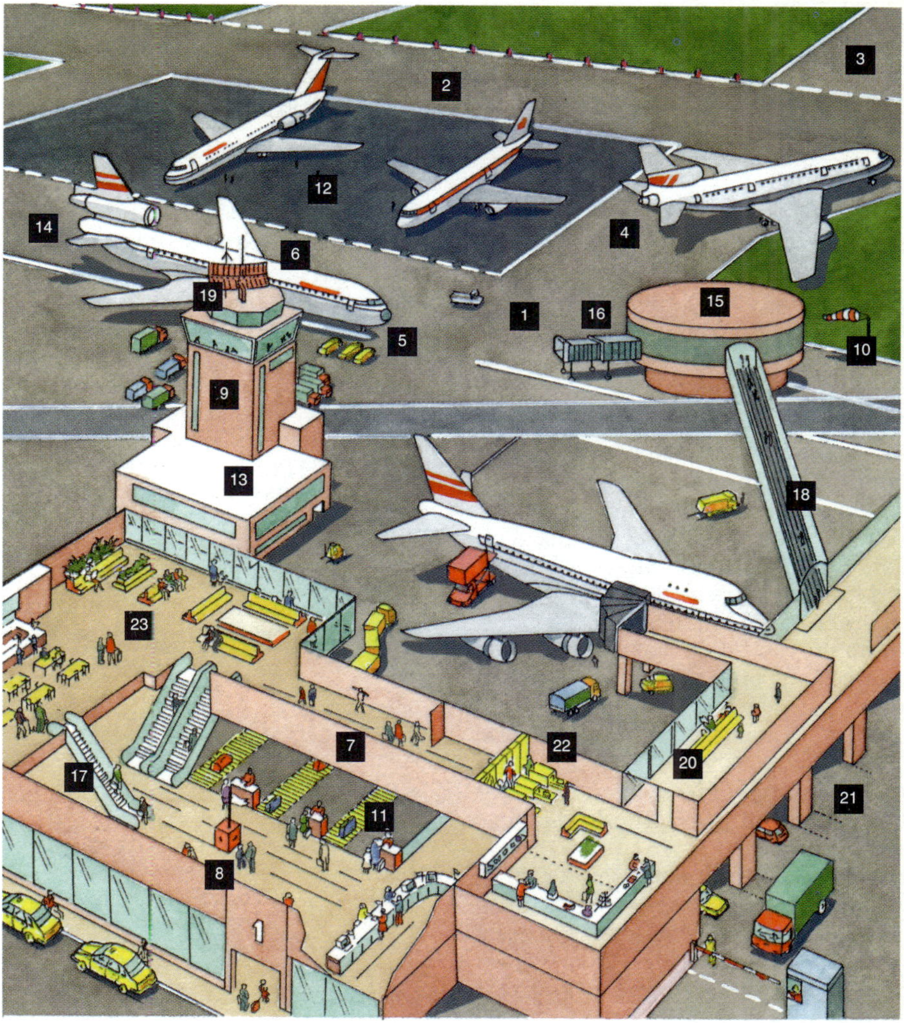

1. La bande est l'espace contenant la piste elle-même, sur lequel évoluent les appareils.
2. La piste, en béton ou en macadam, sur laquelle atterrissent ou décollent les avions
3. L'aire d'envol
4. Le chemin de roulement
5. Le point de manœuvre
6. Avions en attente de départ, en partance
7. L'aérogare
8. Le point de rencontre
9. La tour de contrôle
10. La manche à air indique la direction du vent
11. La bande de manutention des bagages
12. Le tarmac
13. Le hangar des douanes
14. Le *taxiway* ou voie de roulement.
15. Le satellite d'embarquement et de débarquement
16. La passerelle télescopique
17. L'escalator
18. Le couloir mécanique
19. Le radar
20. La salle d'embarquement
21. Le parking
22. La sûreté
23. La salle d'attente

Le transport maritime

Les navires de passagers, les navires de charge (marchandises) ou les navires mixtes sont dits « de ligne » s'ils effectuent des traversées régulières entre des ports désignés. On les appelle *tramps* lorsqu'ils naviguent sans horaires ni itinéraire fixes, au hasard des affrètements.

Les métiers du commerce maritime

Agent général - Armateur - Capitaine - Consignataire - Gardien de phare - Marin - Météorologue - Second - Soutier - Transitaire.

Les manœuvres des navires

Abattre : changer de direction (de cap) en s'éloignant du lit du vent.
Accoster : venir se placer le long d'un quai, d'un appontement, ou bord à bord avec un autre navire.
Amarrer : maintenir un navire à point fixe au moyen de cordages, de câbles (amarres de bout, de pointe, traversières).
Appareiller : manœuvrer pour quitter le port.
Armer : équiper un navire de tout ce dont il a besoin pour prendre la mer : vivres, équipages…
Arrimer : répartir et disposer la cargaison dans les cales en tenant compte de la stabilité du navire et de la conservation des marchandises.
Caréner : nettoyer, réparer, peindre les œuvres vives d'un navire, dans un bassin de radoub ou même à flot.
Déhaler : déplacer un navire au moyen de ses amarres.
Désarmer : débarquer l'équipage et le matériel d'un bâtiment de commerce.
Embosser : fixer un navire au moyen de câbles et d'ancres mouillées à l'avant et à l'arrière.
Mouiller : laisser descendre une ou plusieurs ancres pour immobiliser le navire dans un port, une rade.

Les navires de charge

Asphaltier - Bananier - Caboteur - Cargo - Cargo polytherme - Charbonnier - Grumier - Méthanier - Minéralier - Pétrolier - Pinardier - Porte-barge - Porte-conteneurs - Pousseur - Roulier - Transporteur de gaz - Vraquier.

Les parties d'un navire de charge

Ancre - Bâbord - Bastingage - Cale - Carène - Château-Gaillard - Coque - Dunette - Écoutilles - Entre-pont - Gouvernail - Guindeau - Ligne de flottaison - Panneau - Pont - Poupe - Proue - Tribord.

Pour être plus précis

Verbes
Aborder
Abriter
Accoster
Amarrer
Aménager
Appareiller
Armer
Arrimer
Baliser
Barrer
Caréner
Chavirer
Couler
Croiser
Débarquer
Décharger
Dériver
Désarmer
Embarquer
Flotter
Gîter
Haler
Immerger
Larguer
Mouiller
Naviguer
Piloter
Propulser
Relâcher
Renflouer
Sombrer
Tanguer
Transporter
Virer
Voguer

Adjectifs
Affrété
Amarré
Ancré
Avitaillé
Côtier
Échoué
Frigorifique
Flottant
Fluvial
Lancé
Marchand
Maritime
Météorologique
Nautique
Naval
Navigable
Polytherme
Portuaire
Profond
Radoubé
Remorqué
Sabordé
Sec
Transbordé

LES NAVIRES MARCHANDS

Nom	*Caractéristiques*	*Produits transportés*
Cargo conventionnel	Les palettes de marchandises sont hissées à l'aide de mâts de charge et d'engins à mâts bipodes, et déposées par les files d'écoutilles à fond de cale avant d'y être arrimées.	produits manufacturés placés sur palettes, matières premières
Porte-conteneurs	Les cales, sans faux ponts et largement ouvertes, ont des dimensions multiples de celles des conteneurs qui y sont gerbés et arrimés les uns aux autres. De plus le pont a une structure renforcée pour supporter, sur toute sa largeur et sa longueur, jusqu'à quatre rangées superposées de conteneurs.	tous types de conteneurs chargés de fret divers, comme de produits en vrac liquides ou solides, et de produits réfrigérés
Transporteur de voitures	La coque est divisée sur toute sa hauteur, par plans horizontaux, sur toute la longueur du navire, en plusieurs ponts garage, communiquant entre eux par des rampes, l'entrée et la sortie du navire se faisant par une large porte et une rampe arrière qui vient s'appuyer à quai.	tous types de véhicules et de fret sur remorques routières
Roulier	Cargo ayant les capacités d'un cargo conventionnel et des structures permettant d'embarquer du fret roulant (porte/rampe d'accès et ponts garage).	toutes marchandises...
Navire transbordeur	La cale est disposée en ponts garage pour tous types de véhicules et fret sur remorques voitures. Les superstructures sont aménagées pour accueillir des passagers. Pour faciliter la circulation des véhicules et améliorer les opérations aux ports, le navire a des accès (porte et rampe) à l'arrière comme à l'avant.	passagers et véhicules
Navire frigorifique (ou cargo polytherme)	Les cales sont compartimentées en chambres froides à températures dirigées et contrôlées.	fruits, viandes, poissons et tous produits conservés par le froid
Minéralier Céréalier (vraquier)	Navire sans faux ponts dont les cales ont des formes adaptées pour faciliter le chargement, le déchargement et l'auto-arrimage du produit en vrac, disposant aussi de fortes capacités de ballast pour faciliter la navigation lorsque le navire n'a pas de fret à bord.	grains (blé, maïs, riz...), charbon, minerais...
Pétrolier (vraquier)	La coque est entièrement occupée par un assemblage de cuves soudées qui contiennent la cargaison et qui peuvent aussi être remplies d'eau de mer pour servir de ballast au voyage retour. Des dispositifs permettent de traiter le dégazage et les résidus sans pollution.	tous hydrocarbures, bruts et raffinés

Les activités portuaires

Un port offre un abri, naturel ou artificiel, pour les navives. Les ports de mer sont établis dans des rades, des baies, des estuaires, des fjords ou sur des côtes rectilignes. On distingue plusieurs sortes de ports : de commerce, de transit, de pêche, de plaisance, pétrolier, militaire...

Les engins de manutention

Palette (fém.). Support plat servant à transporter les marchandises.
Chariot élévateur à palettes (masc.). Mécanisme de manutention qui sert à transporter plusieurs palettes.
Grue flottante ou articulée (fém.). Machine qui permet le transport direct des conteneurs dans les navires ou le déchargement des péniches.
Conteneur (masc.). Grande caisse en acier dans laquelle les diverses marchandises sont emballées.
Portique (masc.). Engin mobile sur rails ou pneumatiques qui soulève les lourdes charges encombrantes.

Les parties du port

Appontement - Avant-port - Balise - Bassin - Brise-lames - Cale - Cale sèche - Chenal - Darse - Digue - Embarcadère - Entrée - Entrepôt - Goulet - Jetée - Môle - Musoir - Phare - Rade - Sas.

Les métiers du port

Docker. Il charge et décharge les marchandises. C'est un travail facilité par la mécanisation mais qui requiert sûreté et efficacité.
Magasinier (ière). Il contrôle, autorise et enregistre les mouvements des marchandises à l'entrée et à la sortie des magasins.
Éclusier (ière). Il contrôle les mouvements des ponts mobiles depuis la tour de contrôle près de l'entrée du port.
Plongeur (euse). Il entretient les installations sous-marines.
Lamaneur. Il charge des navires à l'entrée et à la sortie des ports dans les passes, les chenaux.
Pilote. Il aide et conseille le capitaine pour la manœuvre d'accostage.
Capitaine de port. Il est responsable de la sécurité dans le port et de l'efficacité du personnel portuaire.
Employé (e) des services de douane. Il vérifie que les marchandises importées ou exportées ont bien été soumises à la taxation.
Force de police. Certains ports ont leur propre force de police qui veille à l'observation des règles de sécurité.

Les types de ports

Port de pêche - Port minéralier - Port mixte - Port pétrolier - Port de guerre - Port maritime - Port fluvial - Port de commerce - Port de transit - Port militaire - Port naturel - Port artificiel - Port marchand.

Pour être plus précis

Verbes
Accoster
Amarrer
Appareiller
Arrimer
Béquiller
Border
Charger
Crocher
Culer
Décharger
Dédouaner
Déhaler
Échouer
Embosser
Éviter
Filer
Haler
Larguer
Manipuler
Mouiller
Pivoter
Relâcher
Remorquer
Stationner
Stocker
Taxer
Transborder
Transiter

Adjectifs
Ancré
Artificiel
Céréalier
Efficace
Entreposé
Exporté
Fluvial
Importé
Marchand
Maritime
Minéralier
Naturel
Naval
Passager
Polyvalent
Portuaire
Sous-marin

LE PORT

1. Atelier de réparation navale
2. Zone industrielle
3. Arsenal
4. Porte-avions
5. Gare maritime
6. Entrepôt
7. Gare de triage
8. Centrale thermique
9. Pont roulant
10. Chantier naval
11. Paquebot
12. Cargo
13. Môle
14. Bateau-pilote
15. Sémaphore
16. Bassin
17. Chalutier
18. Entrepôt frigorifique
19. Méthanier
20. Bassin de radoub
21. Chenal
22. Radar
23. Vigie du port
24. Remorqueur
25. Porte-conteneurs
26. Ravitailleur
27. Bouées
28. Vedette des douanes
29. Dock flottant

Édition et mise en pages

La fabrication d'un livre est l'aboutissement du travail de multiples professionnels des métiers du livre. Les professions de l'édition s'occupent de la conception et de la commercialisation du livre.

Les activités de l'édition

Concevoir le livre : définir et creuser les idées de publication.
Préparer la copie : vérifier la pagination, rectifier la ponctuation, établir la marche typographique.
Calibrer le texte : déterminer le nombre de signes typographiques par page.
Choisir les caractères : sélectionner les corps (hauteur du dessin des lettres), les chasses (largeur du dessin des lettres) selon le type d'ouvrage et la collection.
Corriger les coquilles : supprimer les erreurs typographiques (coquilles).
Mettre en pages : placer les secondes épreuves sur les gabarits de montage.
Corriger en seconde lecture : relire le texte pour chasser les dernières erreurs typographiques et orthographiques.
Signer le bon à tirer : donner à l'imprimeur l'ordre de commencer l'impression de l'ouvrage.

Le code de correction

Ligne à centrer	[Ligne à centrer]
Lettre à changer	Lettra e/
Mot à changer	~~Texte~~ Mot
Lettre à supprimer	Lettres
Mot à supprimer	~~Mot~~
Lettre à ajouter	L/utre a/
Lettre à transposer	Letter
Mot à transposer	Mot transposer à
Ligne à sortir	Ligne à sortir
Ligne à rentrer	Ligne à
Espace à ajouter	Espaceà

La mise en pages

Calibrage : calcul du nombre de lettres, signes ou espaces contenus dans une ligne de longueur donnée.
Calcul du nombre de lignes que donne une copie composée dans un caractère déterminé.
Drapeau à droite : composition faite de lignes de longueurs inégales mais alignées à droite.
Drapeau à gauche : composition de lignes de longueurs inégales alignées à gauche.
Habillage : disposition d'un texte autour d'une gravure en remaniant ou en établissant la composition sur les justifications exigées pour l'encadrement.
Interlignage : mise de blancs entre les lignes d'un texte pour les espacer.
Justification : longueur des lignes d'une colonne, d'un tableau.

Pour être plus précis

Verbes		**Adjectifs**
Aligner	Interligner	Broché
Cadrer	Justifier	Cartonné
Calibrer	Lire	Classique
Composer	Monter	Collé
Contraster	Ponctuer	Critique
Corriger	Recadrer	Encré
Couper	Réécrire	Enluminé
Détourer	Rééditer	Icono-graphique
Éditer	Relire	Intercalé
Étroitiser	Retoucher	Inventif
Évaluer	Saisir	Littéraire
Façonner	Sélectionner	Manuscrit
Graver	Surcharger	Photocopié
Illustrer	Tirer	Plié
Imprimer	Tramer	
	Vérifier	

LES MÉTIERS DE L'ÉDITION

Métier	*Activités*	*Tâches / Réalisations*
Éditeur	– responsabilité de la publication et de la mise en vente des ouvrages ; – conception du livre à venir ; – décision des choix de publication ; – recherche des auteurs ; – accompagnement de leur travail pour s'assurer qu'il n'y a pas de dérive par rapport au projet initial ; – précision et affinement du plan, des caractéristiques générales du livre : format, nombre de pages ; – signature du contrat d'édition ; – vérification de l'Ozalid ; – signature du bon à tirer	livres, revues, plaquettes..., bons à tirer, relations avec les auteurs, définition du projet, lecture du manuscrit, orchestration de tous les intervenants du livre
Responsable artistique	– définition de la présentation du livre, de la mise en pages, des illustrations ; – choix du style et du corps des caractères d'imprimerie ; – définition du gabarit ; – réalisation du plan de chaque double page ; – vérification des épreuves de photogravure ; – proposition de couverture	maquette en blanc, prémaquette, gabarit, chemin de fer, couverture
Auteur	– recherche et vérification des informations ; – rédaction du manuscrit ; – retouches, modifications du texte ; – relecture, correction des épreuves	manuscrit, épreuves corrigées
Maquettiste	– préparation de la copie ; – découpage, ajustage, taillage, collage sur le gabarit des textes, illustrations, légendes et titres	maquette, copie, montage papier, page type
Lecteur-correcteur	– relecture pour supprimer les fautes d'orthographe et de syntaxe du manuscrit ; – vérification des informations du manuscrit ; – relecture et suppression des fautes sur les épreuves	manuscrit préparé, épreuves corrigées
Documentaliste	– demande des clichés aux agences spécialisées ; – collecte et analyse au compte-fils des documents iconographiques	cliché, Ektachrome
Illustrateur	– exécution des dessins techniques dans le format prévu ; – réalisation des illustrations d'imagination en noir ou en couleur	dessins, crayonné, planches

Le papier

L'industrie papetière recouvre une large gamme d'activités : production de la pâte à papier ; fabrication des papiers et cartons à partir de la pâte ; et transformation en articles utilisables pour l'imprimerie, la presse, la bureautique, l'emballage et le conditionnement.

La pâte à papier

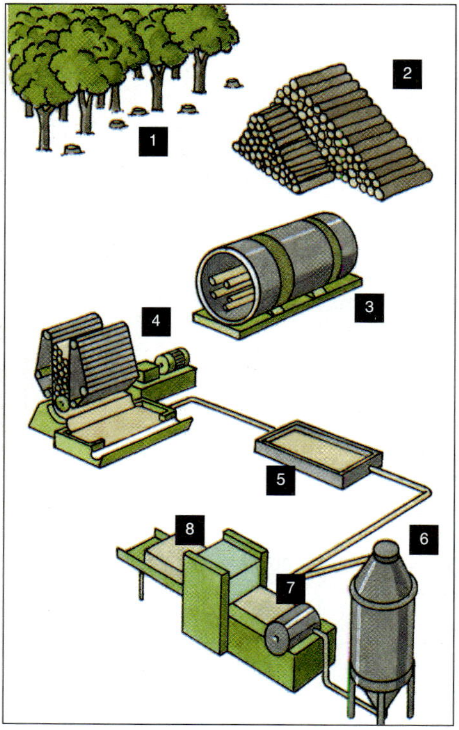

1. Abattage
2. Stockage
3. Écorçage
4. Défibrage
5. Cuvier
6. Lessivage et préparation
7. Feuille de pâte
8. Balle de pâte

Les métiers de la papeterie

Conducteur de bobineuse - Conducteur de bottomeuse - Conducteur d'imprimeuse-flexographique ou héliographique - Conducteur d'installation du circuit pâte à papier - Conducteur de machine d'apprêt - Conducteur de machine de couchage et d'enduction - Conducteur d'onduleuse - Conducteur de plieuse-colleuse - Conducteur du slotter - Conducteur de tubeuse - Contremaître de faction - Gouverneur - Ingénieur de fabrication - Opérateur de machine à papier - Technicien d'analyse et d'essai.

Les différents papiers

Impression : Bible - Bouffant - Bristol - Bulle - Couché - Couverture - Frictionné - Journal - Magazine - Satiné - Surglacé.
Emballage : Goudronné - Kraft - Macule - Mousseline - Paille - Papier cristal - Paraffiné - Parcheminé - Sulfurisé.
Écriture : Dessin - Écolier - Papier à lettres - Pelure - Registre - Strong
Fantaisie et spéciaux : Buvard - Calque - Carbone - Cigarette - Crêpé - Feutre - Fiduciaire (billets de banque) - Gaufré - Gommé - Papier marbré - Vernis.

Pour être plus précis

Verbes
Brasser
Broyer
Coller
Coucher
Cuire
Découper
Défibrer
Dérouler
Écorcer
Effilocher
Égoutter
Essorer
Feutrer
Humidifier
Lessiver
Presser
Raffiner
Sécher

Adjectifs
Absorbant
Brillant
Calandré
Contrecollé
Crêpé
Équerré
Frictionné
Gaufré
Gommé
Goudronné
Humide
Lissé
Mécanographique
Opaque
Paraffiné
Parcheminé
Récupéré
Recyclé
Rigide
Satiné
Sulfurisé
Surglacé
Translucide

LA MACHINE À PAPIER

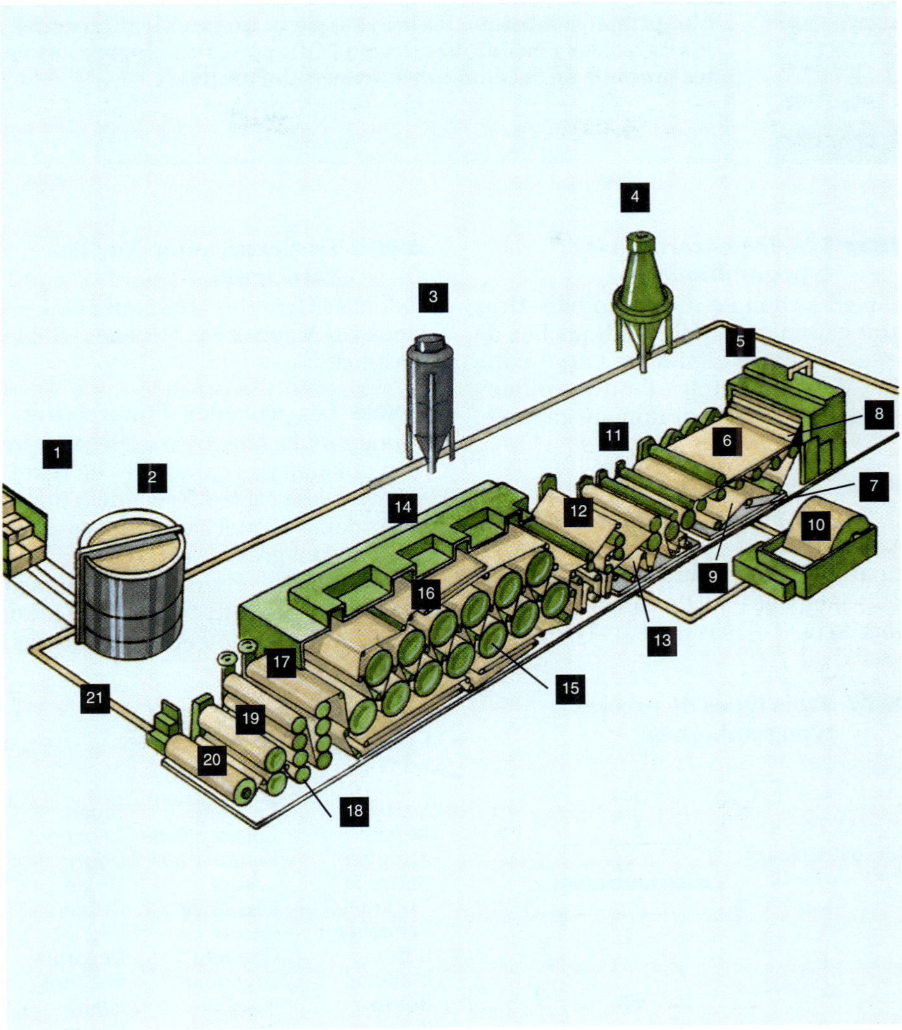

1. L'arrivée de la pâte à papier
2. Le pulpeur
3. Le raffineur à disques
4. Le raffineur conique
5. La caisse de tête
6. La table de fabrication
7. La toile métallique
8. Les pontuseaux
9. Les caisses aspirantes
10. La turbine d'aspiration
11. Les presses aspirantes
12. Les presses coucheuses
13. Le feutre
14. La sécherie
15. Les cylindres sécheurs
16. Les tambours sécheurs de feutre
17. Le refroidisseur
18. Les cylindres apprêteurs
19. Les cylindres de calandre
20. L'enrouleuse de papier fini
21. Les déchets de la papeterie sont recyclés avec les vieux papiers.

L'imprimerie

L'imprimerie fabrique les moyens de la communication écrite : les livres, les périodiques, les quotidiens, les catalogues et tous les produits de la communication administrative.

Les divers caractères typographiques

Demi-gras capitale - Gras capitale - Gras étroit capitale - Initiale - Italique bas de casse - Italique capitale - Large capitale - Maigre capitale - Petite capitale - Romain bas de casse - Romain capitale.

Le vocabulaire des polices de caractère

Chasse - Corps - Cran - Délié - Dos - Empattement - Gouttière - Hauteur d'œil - Jambage - Œil du caractère - Pied - Talus de pied - Talus de tête - Tête.

Trois types de presses typographiques

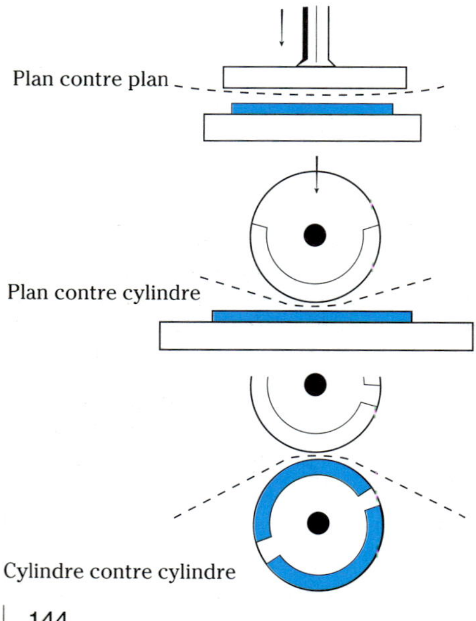

La classification Vox des caractères

Didones - Garaldes - Humanes - Incises - Linéales - Manuaires - Mécanes - Réales - Scriptes.

Les procédés d'impression

Typographie (fém.). Procédé d'impression utilisant des caractères en relief.
Héliogravure (fém.). Procédé d'impression dans lequel les parties imprimantes sont gravées en creux.
Offset (masc.). Procédé d'impression sans relief ni creux fondé sur l'incompatibilité entre l'eau et les corps gras.

Pour être plus précis

Verbes
Aérer
Antiquer
Battre le briquet
Bêcheveter
Biffer
Blanchir
Boucler
Brocher
Casser
Champlever
Chasser
Chevaucher
Collationner
Composer
Coter
Culbuter
Décoller
Découronner
Dégrader
Désosser
Détourer
Endosser
Entrefeuilleter
Équarrir les mors
Façonner
Garnir
Gommer
Grecquer
Habiller
Interfolier
Interligner
Justifier
Marger
Parangonner
Raciner
Remanier
Taquer

Adjectifs
Ajouté
Anastatique
Apocryphe
Beurré
Blond
Couché
Court
Créné
Criblé
Dégagé
Dégarni
Encadré
Filant
Fluide
Gras
Grillé
Latent
Inrayable
Lapidaire
Lardé
Oblond
Opaque
Panné
Romain
Tabellaire
Typographique

LES MÉTIERS DE L'IMPRIMERIE

Métier	*Activités*	*Matériel nécessaire*
Opérateur de composition chaude Typographe	– préparation de la forme du montage : choix du corps et du style des caractères ; – composition du texte : choix du composteur, préparation de la machine, frappe du texte, tirage des épreuves pour le correcteur ; – montage de la page	clavier, porte-copie, bande perforée, rouleau encreur, moule, châssis, composteur, galée, monotype, boîte de calibrage, linotype, fondeuse
Opérateur de photo-composition	– préparation du texte : calibrage, choix d'une présentation adaptée et codification ; – préparation de la machine, introduction des bandes de caractères, des bandes de programme, du film vierge ; – frappe du texte, développement des typons sortis de la photocomposeuse ; – montage des textes photocomposés, placement et collage des textes dans le gabarit millimétré	photocomposeuse, bande de caractères, film, clavier justifiant avec écran, machine à développer, gabarit
Photographe retoucheur	– photographie des documents sélectionnés, réglage ; – développement, retouchage des sélections, tirage des positifs montés en héliogravure	tireuse à masques, scanneur, agrandisseur, machine à développer, table lumineuse, masque, densitomètre, compte-fils
Monteur incorporateur	– montage des négatifs selon la maquette, préparation du calque de la maquette, des caches de l'héliogravure, découpage et insertion des éléments dans le film en offset ; – ajustement des films sur le calque ; – imposition selon le schéma d'imposition, tirage d'une épreuve sur Ozalid	film, table lumineuse, Ozalid
Reporteur copiste	– préparation du support de copie, de l'autofilm en héliogravure, de la plaque de zinc en typographie ou du bâti en sérigraphie ; – insolation, développement	autofilm, châssis à trame, insoleuse, « tourette »
Clicheur	– mise à hauteur typographique des clichés de zinc ou flans, préparation des empreintes des formes montées ; – fabrication, à partir des empreintes, des clichés pour l'impression	taquoir, forme, presse chauffante, matrice, séchoir, machine à couler le caoutchouc, le plastique, le plomb, meule électrique, comparateur
Conducteur de machine à imprimer	– réglage de la machine, montage de la forme imprimante, réglage de la pression des cylindres porte-plaque contre les porte-blanchets en offset, pose des racles en sérigraphie, remplissage des encriers et réglage de l'arrivée d'eau en offset	machine offset, sérigraphique, typographique, taquets, pinces sucettes, tunnel de séchage, densitomètre

La librairie

Le libraire est un médiateur entre les œuvres des écrivains et le public. Il présente les livres adaptés au public et cherche une clientèle pour les œuvres de fonds et les nouveautés publiées par les éditeurs.

Les activités du libraire

Approvisionner : utiliser le service office des éditeurs (envoi automatique et régulier des nouveautés et des réimpressions) ou commander directement le livre à l'éditeur ou au distributeur, ou recevoir les livres en dépôt.
Enregistrer la vente : saisir les références du livre, appeler le prix et établir le ticket de caisse ou la facture.
Promouvoir : mettre en scène le livre par des animations qui favorisent la consultation et la vente.
Réassortir : sélectionner et commander les ouvrages de fonds qui constituent le stock, le fonds de la librairie, afin d'assurer sa rotation.
Réceptionner : enregistrer le colis sur le cahier d'entrée des marchandises, reconnaître la marchandise, signer le bon de livraison et marquer les livres.
Retourner : renvoyer à l'éditeur les ouvrages non vendus reçus en office et en dépôt. *Surveiller le stock* : établir un relevé (un cadencier) pour connaître le rythme des ventes afin d'adapter le rythme des commandes.

Les types de librairies

Bibliothèque de gare - Chaîne de librairies - Club de vente par correspondance - Entreprise multi-établissement - Grande surface spécialisée - Librairie artisanat - Librairie d'éditeur - Librairie généraliste - Librairie d'occasions - Librairie-papeterie - Librairie-papeterie-presse - Librairie-restaurant - Librairie spécialisée - Librairie universitaire - Rayon librairie des commerces modernes (hyper et supermarchés) - Rayon librairie des grands magasins - Rayon librairie des magasins populaires.

Les genres d'ouvrages

Atlas - Bande dessinée adultes - *Best-seller* - Dictionnaire - Encyclopédie - Livre animalier - Livre d'art - Livre de beaux arts - Livre de bricolage - Livre de cuisine - Livre documentaire - Livre d'éducation - Livre de géographie - Livre d'histoire - Livre pour la jeunesse - Livre de mémoires - Livre de poche - Livre pratique - Livre scientifique - Livre scolaire - Livre de sport - Livre technique - Livre de témoignage - Livre de théâtre - Livre de tourisme - Ouvrage de littérature - Recueil de poésie - Roman.

Pour être plus précis

Verbes
Archiver
Classer
Commander
Déballer
Diffuser
Distribuer
Enregistrer
Évaluer
Exposer
Gérer
Guider
Lire
Parcourir
Placer
Présenter
Promouvoir
Réassortir
Référencer
Retourner
Stocker
Trier
Vendre

Adjectifs
Bibliographique
Bibliophage
Bibliophilique
Biographique
Commercial
Diversifié
Général
Illustratif
Littéraire
Livresque
Logistique
Méthodique
Nouveau
Officé
Personnalisé
Photographique
Poétique
Précieux
Précis
Pré-vendu
Rare
Relationnel
Scolaire
Spécialisé
Technique
Thématique
Théologique

LA RELIURE DU LIVRE

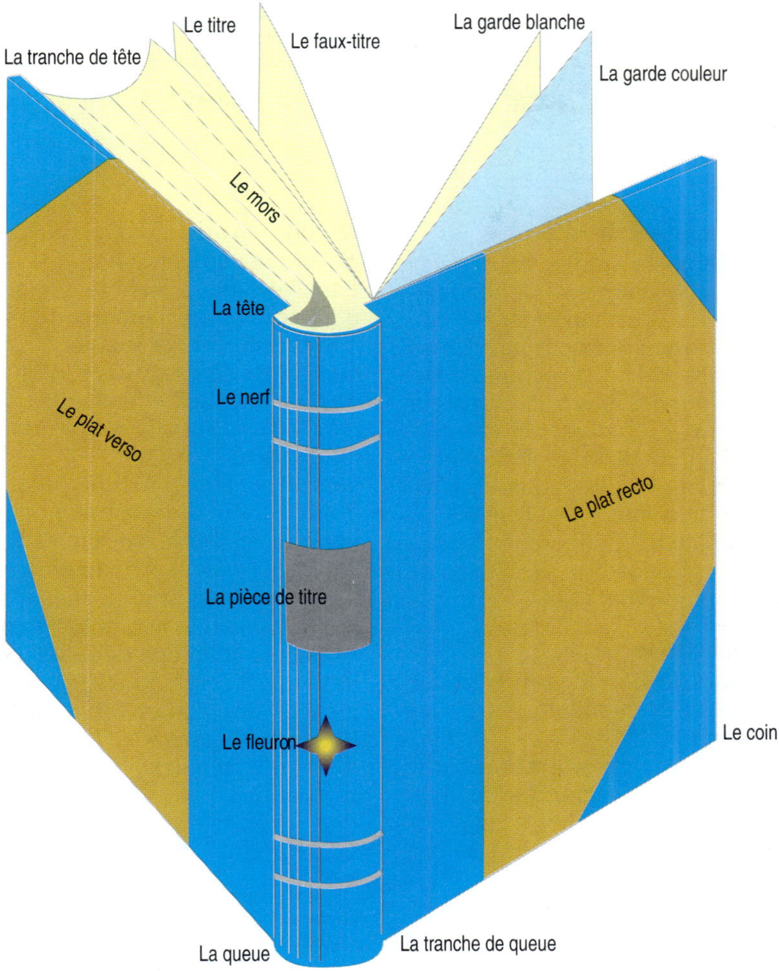

Le contreplat est la face interne du plat.
La coupe est l'épaisseur de la tranche du plat.
La couvrure est le revêtement du dos et des plats d'un livre.
La dorure sur tranche est l'application de feuille d'or sur la tranche d'un livre.
Le dos est la partie entre deux plats.
L'entre-nerfs est l'espace entre deux nerfs, sur le dos d'un livre.
Le mors est la ligne formée par les plats à la limite du dos.
Le nerf est une lanière de cuir ou de septain sur laquelle s'attachent les fils de couture et servant à la fixation des plats.
La pièce de titre est un morceau de peau parée, collée sur le dos où le titre est doré.
Le plat est la partie extérieure de l'ais ou du carton d'un livre.
La tranche est le côté des épaisseurs d'un volume, partie des feuillets rognée ou ébarbée.
Le tranchefile est une sorte de tresse placée en tête et en queue sur les tranches.

LA TERRE
LES HOMMES
L'ALIMENTATION
MÉTIERS DE LA NATURE
L'ENTREPRISE
ARTS ET MÉDIAS

La presse

Les agences de presse collectent les nouvelles, les trient et les diffusent (AFP, UPI, Tass ou Reuter). Les journalistes de la presse d'information et de la presse d'opinion écrivent leurs articles pour des quotidiens ou des journaux périodiques.

Les métiers de la presse

Administrateur - Annoncier - Chef d'enquêtes - Chroniqueur - Collaborateur - Conseiller - Correspondant - Courriériste - Critique - Dessinateur - Directeur administratif - Directeur artistique - Directeur commercial - Directeur de publication - Directeur de la publicité - Documentaliste - Échotier - Envoyé spécial - Feuilletonniste - Illustrateur - Journaliste - Photographe - Pigiste - Publiciste - Rédacteur - Rédacteur en chef - Reporter - Secrétaire de rédaction - Sténo-rédacteur.

Les articles

Analyse (fém.). Commentaire d'une situation, d'un événement, afin de les clarifier.
Billet (masc.). Article présentant une vision personnelle, humoristique, d'un sujet.
Brève (fém.). Petite information de 10 à 15 lignes, sans titre.
Chronique (fém.). Article régulier exprimant l'opinion du chroniqueur sous une forme moraliste, à propos d'un fait d'actualité.
Communiqué (masc.). Article venant d'une institution pour communiquer une opinion, une déclaration.
Compte rendu (masc.). Récit d'une réunion (assemblée générale, colloque, congrès...).
Critique (fém.). Article exprimant une opinion sur un film, un livre, un concert, une pièce de théâtre, une émission...
Écho (masc.). Petite information de 10 à 20 lignes, de caractère anecdotique.
Éditorial (masc.). Commentaire du rédacteur sur l'actualité.
Enquête (fém.). Article rédigé autour d'un thème, qui apporte le maximum d'informations sur le sujet.
Fait divers (masc.). Récit d'un incident ou d'un accident, d'un meurtre...
Filet (masc.). Petit article de 20 à 25 lignes, titré.
Interview (fém.). Article présentant le point de vue d'une personnalité à travers ses réponses à des questions.
Montage (masc.). Article rédigé à partir d'un ensemble de dépêches d'agences.
Portrait (masc.). Présentation d'un personnage par le récit de sa vie.
Reportage (masc.). Récit d'un événement ou description d'une situation.
Revue de presse (fém.). Montage d'extraits d'autres journaux sur un sujet donné.

Pour être plus précis

Verbes
Abonner
Boucler
Calibrer
Commenter
Communiquer
Composer
Couvrir
Diffuser
Distribuer
Focaliser
Hiérarchiser
Informer
Insérer
Interpeller
Interroger
Interviewer
Justifier
Monter
Ordonner
Paginer
Rédiger
Révéler
Sélectionner
Tirer
Titrer

Adjectifs
Accrédité
Analytique
Bref
Crédible
Critique
Daté
Démystifié
Diversifié
Encadré
Événementiel
Fictif
Impartial
Incitatif
Incisif
Journalistique
Lisible
Local
Mondial
Moral
Neutre
Objectif
Partisan
Polémique
Sensationnel
Sentencieux
Spécialisé

LA UNE

L'Economie : l'automobile à l'Est

Le Monde

15, rue Falguière, 75501 Paris Cedex 15

CINQUANTIÈME ANNÉE – N° 15288 – 7 F

MARDI 1er MARS 1994

FONDATEUR : HUBERT BEUVE-MÉRY – DIRECTEUR : JACQUES LESOURNE

Algérie : mort d'un terroriste

LA très longue cavale du plus radical et du plus recherché des islamistes algériens s'est achevée, samedi 26 février, dans une villa des hauteurs d'Alger. « Djaafar l'Afghan » a fini par trouver la mort à laquelle lui et les siens avaient condamné sans appel tous ceux – compatriotes et étrangers – qu'il jugeait en travers de sa route.

La traque engagée par les forces de l'ordre, qui semblait marquer le pas, a donc abouti à mettre hors d'état de nuire le chef du Groupe islamique armé (GIA). Même si la tâche de ses poursuivants a pu être facilitée par les zizanies – et les traîtrises qu'elles suscitent dans les rangs des « combattants de la foi » –, ce « coup » redonnera quelque crédibilité à un pouvoir plus que jamais résolu à sortir le pays des ornières de la violence, par tous moyens.

POUR autant, la mort d'un chef n'annonce pas le terme d'un combat. Il faudra encore du temps avant que les groupes armés islamistes se résignent à déposer les armes. Il ne manque pas en effet d'hommes en révolte pour prendre aussitôt la relève de ceux qui tombent au « combat ». Comme une chaîne sans fin. Néanmoins, les radicaux ne peuvent plus ignorer qu'ils ont désormais, en face d'eux, une équipe au pouvoir moins butée que les précédentes, convaincue que la politique du « tout-sécuritaire » a ses limites. Ni non plus que, mesures d'apaisement aidant, les dirigeants de l'ex-Front islamique du salut (FIS) accepteront, un jour ou l'autre, de « se compromettre » avec la « junte ». Ils ne peuvent plus ignorer enfin que la population, lasse des violences, est prête à se ranger aux côtés de ceux qui tenteront de négocier une paix honorable.

Deux dirigeants de l'ex-FIS qui avaient été condamnés à quatre ans de prison par le tribunal militaire de Blida ont recouvré la liberté, il y a une semaine. D'aucuns imaginent déjà que les deux « étoiles » du Parti de Dieu, Abassi Madani et Ali Benhadj, puissent, dans un avenir très proche, bénéficier, eux aussi, d'une levée d'écrou. Cela ne suffira pas pour réunir toutes les conditions afin de sortir de la crise, mais du moins tous les acteurs du jeu politique seront à pied d'œuvre pour engager un « dialogue sans exclusive ».

LE général Zéroual, qui présidait samedi son premier conseil des ministres depuis son investiture, le 31 janvier dernier, l'a redit : « La réalisation de la concorde nationale entre Algériens doit être le premier axe de notre stratégie ». Le président de l'Etat s'est déclaré opposé à toute « utilisation de la violence pour accéder au pouvoir » assurant ses compatriotes que la seule voie pour ce faire passait par le « retour au processus électo-

Pour avoir survolé la Bosnie en violation des résolutions de l'ONU

Quatre avions serbes abattus par des F-16 américains

Deux avions F-16 américains ont abattu, lundi 28 février, quatre appareils serbes dans le nord-ouest de la Bosnie. Les appareils américains sont intervenus dans le cadre de l'opération « Deny Flight » menée par l'OTAN po[illegible] faire respecter la zone d'exclusion aérienne a[illegible] dessus de la Bosnie-Herzégovine décrétée par l'ONU en octobre 1992. Selon un porte-parole de l'OTAN, les avions serbes avaient ignoré les ordres d'atterrir. Environ mille violations de la zone d'exclusion ont été recensées par l'OTAN – sans entraîner de réaction – depuis le début [illegible]e l'opération « Deny Flight », mais on indiquait [illegible]ndi matin au Quai d'Orsay que les appareils abattus étaient « apparemment engagés dans une action de guerre ».

la Bosnie aux Serb

PANCHO

Lire page 6

La République cantonale

Les 20 et 27 mars, à l'occasion du renouvellement des conseils généraux, la France des notables a rendez-vous avec ses électeurs

C'est une République de « bons docteurs », de « chers maîtres » et de « chers amis ». Une République courtoise, où l'on aime les vieux enrubannés de bleu et de rouge à la boutonnière. Une République fidèle, parfois héréditaire, qui roule ses « r », qui traîne ses « a », qui ferme ses « o », qui chante ses « e ». C'est la Ré[illegible]e cantonale.

Quand on en[illegible]s cette République-là, on en prend pour vingt, trente, voire quarante ans. Souvent, cela se passe ainsi : vous êtes médecin, de préférence généraliste, ou vétérinaire, plutôt tendance veaux-vaches-cochons que chiens-chats-perruches. Ou encore notaire ou pharmacien, comme votre père. Peut-être même instituteur, sous réserve d'être d'époque anté-soixante-huitarde, ou employé de banque, de marque Crédit agricole. Si vous habitez la commune dans laquelle vous êtes né, c'est parfait, mais si vous avez au moins un ancêtre couché sous le marbre des cimetières dans un rayon de 50 kilomètres, ça peut aller aussi.

Vous vous êtes donc installé, votre diplôme en poche, si possible dans le chef-lieu du canton. Là, pendant des années, vous avez soigné les rhumes ou les comptes en banque, signé les contrats de mariage et les actes de décès, accouché les femmes ou les bêtes, assuré l'éducation des enfants ou l'héritage des parents. Vous connaissez les cours de ferme et les parcelles de terre, vous avez parcouru les chemins vicinaux et les routes départementales. Vous avez adhéré à un syndicat socioprofessionnel ou vous présidez le comité des fêtes de votre commune, vous avez été au moins pressenti pour, au choix, le Rotary, le Lion's, Table ronde, les chevaliers du tastevin ou la loge maçonnique. On vous connaît et reconnaît. Vous pouvez devenir conseiller général.

Comme Philippe Lavault, par exemple. C'est l'un des cinq médecins élus du conseil général de la Côte-d'Or. En 1945, il s'est associé à Marcel Rociore, puis lui a racheté son cabinet, lorsque celui-ci est devenu maire de Saulieu, président de conseil général et ministre de la IVe République. « *Très vite, on m'a appelé le dauphin* », confie-t-il.

PASCALE ROBERT-DIARD

Lire la suite page 9

Les négociations israélo-arabes suspendues

Pour tenter de faire baisse[illegible] la tension consécutive à l[illegible] tuerie d'Hébron, le gouvernement israélien a décidé, dimanche 27 février, de désarmer les colons extrémistes et de limiter leurs déplacements, tout en annonçant la libération prochaine d'un millier de prisonniers palestiniens. Réuni à Tunis sous la présidence de Yasser Arafat, le comité exécutif de l'OLP a jugé les décisions israéliennes nettement insuffisantes et accusé les Israéliens de refuser de négocier le démantèlement des colonies de peuplement et la présence d'une force internationale pour la protection de la population des territoires occupés. L'OLP souhaite que le Conseil de sécurité, qui devait reprendre ses travaux lundi, adopte une résolution prévoyant une telle protection. En attendant que l'OLP prenne une décision officielle quant à la reprise, à Washington, de ses négociations avec Israël, la Syrie, la Jordanie et le Liban ont décidé de suspendre leurs propres pourparlers avec l'Etat juif.

Lire page 3

Un nouveau code pénal

Le nouveau code pénal entre en vigueur mardi 1er mars. Issu d'un projet pré-

Le plaisir des Jeux

Les déceptions françaises ne doivent pas masquer la réussite des JO de Lillehammer en matière d'organisation comme de résultats

LILLEHAMMER

de notre envoyé spécial

Nous avons été éblouis. Ce n'a pas été sous l'unique effet de la clarté qui a baigné Lillehammer pendant la quinzaine olympique, cette pâle lueur du Nord aux contours irisés qui a inspiré une génération de peintres au début du siècle. C'est que notre œil n'était plus accoutumé à tant de beauté dans la composition sportive, par trop polluée ailleurs par le chauvinisme et l'affairisme. Ces Jeux olympiques d'hiver, les XVIIe, ont été d'une simplicité lumineuse, d'une nitescence laiteuse, d'une majesté soyeuse, en un mot, somptueux. Une réussite magistrale. Au moins par comparaison avec ceux que nous avions vécus auparavant, Lake-Placid et sa confusion, Sarajevo et ses tensions, Calgary et son microclimat, Albertville et sa Tarentaise.

Pendant deux semaines, nous sommes allés ici d'étonnement en ravissement, séduits par la simplicité et la qualité. Le premier choc fut la visite de la patinoire de Gjovik dans une caverne artificielle creusée sous une colline. La quantité d'explosif utilisée pour excaver la roche aurait été suffisante, nous a-t-on dit, pour lancer une f[illegible]rs la Lune. En tout cas, il [illegible]ait assez pour pulvériser u[illegible]e de la petite cité industrie[illegible] qui est située au

sas de décontamination et ses consignes de sécurité répétées, a l'apparence d'un abri antiatomique camouflé en patinoire. James Bond aurait pu y poursuivre le docteur No. L'atmosphère du lieu est saisissante. Au reste, les applications du procédé de percement, qui permet de créer de l'espace là où apparemment il n'y en a pas, sont intéressantes pour les cités du Sud, qui manquent dramatiquement d'espace. Gjovik n'est pas le seul endroit où l'inventivité architecturale s'est manifestée. La patinoire de vitesse couverte de Hamar, en forme de drakkar renversé, a aussi été une belle prouesse. Un autre domaine, les transmissions : les services de télécommunications ont été particulièrement performants. En échange d'une caution équivalent à 12 000 F, on avait à sa disposition, en quelques minutes, un téléphone portable, dernier attribut du pouvoir et de la notoriété au bord des pistes. Sans embarras notoires, 2 millions d'appels ont ainsi pu être faits pendant la durée des Jeux, avec une pointe record à 900 000 appels avant la cérémonie d'ouverture.

L'ingéniosité et la technologie des Norvégiens, pour impressionnantes qu'elles fussent, n'auront rien été comparées à leur enthousiasme. Autant, sinon plus, que les champions, les spectateurs ont été les véritables héros de ces deux semaines, un peuple bleu et rouge, rieur, [illegible]ur et buveur. Plus de 2 m[illegible] de personnes ont fréque[illegible]s sites des épreuves, soit l'équivalent de près de la moitié de la population du pays.

Cette foule immense et ordonnée s'est passionnée pour toutes les épreuves et pour tous les champions quelle que fût leur nationalité.

ALAIN GIRAUDO

Lire la suite page 13

(Publicité)

" 80% DES HOMMES VEULENT PRENDRE SOIN DE LEUR PEAU… MAIS SANS FAIRE UN GESTE DE PLUS ! "

1. Le titre du journal : son logo est un signe de reconnaissance.
2. La manchette indique le titre du journal, le prix, la date et le numéro, l'état civil du journal.
3. La tribune contient le ou les gros titres.
4. Le rez-de-chaussée ou pied de page.
5. Le titre d'article est incitatif, informatif ou explicatif.
6. Le sous-titre structure l'article et facilite la lecture.
7. Le chapeau apporte immédiatement l'essentiel de l'information.
8. La colonne organise la distribution de l'information.
9. Le filet délimite la colonne.
10. La publicité apporte de l'argent.
11. La photo ou dessin de presse anime la page et incite à l'achat.
12. Le cheval est le lancement d'un article qui continue en page intérieure.

La publicité

La publicité est l'ensemble des moyens employés pour faire connaître un événement, une entreprise, pour vendre un produit. Trois catégories de fonctions sont mises en œuvre : la fonction commerciale de conseil, d'études et de recherche ; la fonction de création du message ; la fonction de production.

Le vocabulaire de la publicité

Accroche (fém.). Phrase choc destinée à attirer l'attention dans une annonce.
Audience (fém.). Nombre de lecteurs, d'auditeurs, de spectateurs, de téléspectateurs touchés par un média.
Board *(masc.).* Tableau sur lequel un publicitaire expose un projet de campagne à un annonceur.
Brief *création (masc.).* Réunion entre commerciaux et créatifs d'une agence pour mettre au point la réalisation d'une campagne.
Cible (fém.). Ensemble des personnes présentant les caractéristiques requises pour être concernées par une campagne de publicité.

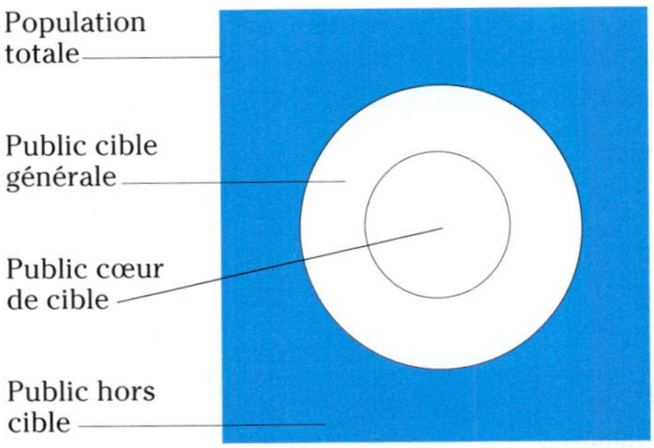

Concept (masc.). Thème central ou philosophie générale d'une campagne.
Esquisse (rough) *(fém.).* Croquis réalisé au feutre, brouillon à une annonce.
Média (masc.). Support de publicité. Les publicitaires distinguent cinq médias : la presse, la radio, le cinéma, la télévision, l'affichage.
Régie (fém.). Société chargée de commercialiser les espaces de publicité d'un ou de plusieurs médias.
Rush *(masc.).* Prises de vues avant le montage du film publicitaire.

Les supports publicitaires

Affichage - Ballons - Banderole aérienne - Boîte d'allumettes - Carte de crédit - Catalogue - Chèque - Cinéma - Dépliant - Encart - Enseigne lumineuse - Épinglettes - Exposition - Foire - Homme-sandwich - Logotype - Minitel - Plaquette - Presse - Prospectus - Publipostage - Radio - Sac - Salon - Spot - Tee-shirt - Télécarte - Télévision - Ticket.

La campagne publicitaire

Après la recherche de motivation, le publicitaire détermine le positionnement du produit en fonction de l'attente du public et en tenant compte des produits concurrents. Ensuite le choix de l'axe détermine le créneau qu'empruntera le message publicitaire, le slogan qu'on retrouvera d'un média à l'autre pendant la campagne publicitaire.

Pour être plus précis

Verbes
Annoncer
Attirer
Communiquer
Concevoir
Concurrencer
Conditionner
Conduire
Conquérir
Convaincre
Déclencher
Diffuser
Impliquer
Inventer
Lancer
Négocier
Persuader
Promouvoir
Séduire
Sonder
Valoriser
Vendre

Adjectifs
Abusif
Attrayant
Chaleureux
Ciblé
Clandestin
Créatif
Douteux
Déloyal
Écrit
Efficace
Imaginatif
Mensonger
Novateur
Performant
Potentiel
Publicitaire
Rentable
Visuel

LES MÉTIERS DE LA PUBLICITÉ

Métier	*Activités*	*Réalisations*
Chef de publicité d'agence Directeur de la clientèle	– négociation des conditions de service de l'agence pour la prospection de nouveaux clients ou de nouveaux budgets, – élaboration d'un plan de campagne pour chaque produit, – contrôle de la création et de la fabrication des produits publicitaires	cahier de références, argumentaire de vente des services de l'agence, *copy strategy,* échéancier, plan campagne
Chargé - d'études publicitaires	– conception des études de marché pour la préparation de la campagne, – réalisation des études : sélection des enquêteurs, prise de rendez-vous avec les personnes à sonder, exploitation des résultats	questionnaire, guide d'enquête, guide d'analyse, planning d'opérations, devis d'étude, test projectif
Directeur artistique	– collecte de l'information nécessaire à l'élaboration du message publicitaire, – conception de l'approche publicitaire, – mise en forme des visuels de différents supports, composition de l'image principale et des encarts produit, choix du dessinateur, surveillance des prises de vues, préparation du *storyboard*, élaboration des projets de décoration des magasins	crayonné, maquette d'annonce, instructions de prise de vue, « visuel », *storyboard,* *rushes*
Concepteur rédacteur	– conception et rédaction des messages publicitaires dans le cadre de la campagne, élaboration des titres et du descriptif sommaire de l'image, de la signature, des intertitres, des textes des communiqués, – préparation matérielle du message écrit et audiovisuel, préparation de la maquette, du message audiovisuel	scénario, accroche, slogan, intertitre, dialogue, tract, maquette
Responsable plan média	– élaboration de la stratégie média : analyse des informations disponibles, définition des objectifs médias, – élaboration du plan média : sélection des supports de presse,de radio, des réseaux d'affichage, des espaces de publicité télédiffusée, des programmes de distribution des firmes publicitaires	proposition de stratégie média, tableau de comparaison des supports, plan média, *booklet*
Chef de production	– organisation de la fabrication des messages publicitaires imprimés, préparation de la production des matériels publicitaires audiovisuels, – fabrication des matériels imprimés, réalisation des films, des bandes sonores, – diffusion des documents publicitaires imprimés et des messages audiovisuels	*script,* épreuves photogravées, bon de commande, bon à tirer, budget réalisation, enregistrement vidéo, *spot* publicitaire

Le cinéma

L'industrie cinématographique met un à deux ans pour produire un film, fruit du travail d'une centaine de professions différentes qui interviennent dans le scénario, les décors et les costumes, la prise de vues, le montage image et bande son, la distribution du film et sa diffusion.

La mise au point du film

Casting *(masc.)*. Constitution de l'équipe d'acteurs d'après les fiches de *casting* des agents artistiques.
Continuité dialoguée (scénario) (fém.). Rédaction détaillée des scènes et écriture des dialogues.
Découpage technique (masc.). Réalisation des fiches techniques propres aux différents corps de métiers.
Mise en scène (fém.). Organisation du jeu des acteurs pour chaque séquence.
Mixage (masc.). Report du son et de la musique sur les pistes sonores de la pellicule.
Montage (masc.). Sélection des *rushes*, sélection des prises de vues, mise au point des raccords, recherche du rythme du film.
Synopsis (masc.). Rédaction en 5 à 10 pages des grandes lignes de l'histoire.
Tournage (masc.). Prise de vues de chaque scène.

Les mouvements de la caméra

Accéléré - Champ-contrechamp - Contre-plongée - Fondu - Fondu enchaîné - Panoramique - Panoramique vertical - Plongée - Ralenti - *Travelling* d'accompagnement - *Travelling* arrière - *Travelling* avant - *Travelling* latéral - Visée horizontale - *Zoom*.

Les cadrages

Plan général (masc.). Cadrage qui permet de découvrir le décor, le paysage dans lequel évoluent plusieurs personnages.
Plan moyen (masc.). Cadre limité dans lequel on peut voir un homme de la tête aux pieds.
Plan américain (masc.). Cadrage dans lequel le personnage est montré jusqu'à mi-cuisses.
Plan rapproché (masc.). Cadrage serré, le personnage est présenté de la tête à la poitrine.
Gros plan (masc.). Cadrage ne présentant que le visage du personnage.
Plan d'insert (masc.). Cadrage en très gros plan d'un détail du décor ou du personnage.

Pour être plus précis

Verbes
Bruiter
Coiffer
Colorier
Coproduire
Couper
Découper
Déléguer
Développer
Diffuser
Diriger
Distribuer
Doubler
Éclairer
Édifier
Enregistrer
Filmer
Habiller
Incruster
Interpréter
Jouer
Maquiller
Mixer
Modeler
Modifier
Monter
Produire
Promouvoir
Reconstituer
Répéter
Tirer
Tourner
Truquer

Adjectifs
Adapté
Administratif
Animé
Artificiel
Artistique
Chronologique
Cinématographique
Cinéphile
Coûteux
Créatif
Démiurge
Dialogué
Dramatique
Enchaîné
Enrichi
Esthétique
Fictif
Filmique
Filmographique
Filmologique
Frontal
Inédit
Initial
Intellectuel
Magique
Narratif
Négatif
Net
Opaque
Optique
Panoramique
Photographique
Positif
Postsynchronisé
Rotatif
Sonore
Sous-titré
Succinct

LES MÉTIERS DU CINÉMA

Métier	*Activités*	*Réalisations*
Réalisateur	– structuration de l'histoire en plans et en séquences à faire adapter par le scénariste, – préparation du tournage, choix des collaborateurs, des interprètes principaux, du compositeur musical, – prérepérages et repérages pour les tournages extérieurs, – tournage des scènes : direction des répétitions sans caméra, des répétitions avec caméra, enregistrement des prises de vue, contrôle de l'enregistrement, – contrôle du montage images et du montage et mixage son	synopsis, budget prévisionnel, *storyboard,* film
Directeur de la production	– préparation du budget de la réalisation : évaluation de la réalisation, détermination du budget prévisionnel dans le cadre fixé, – préparation du montage technico-financier : négociation des contrats des interprètes, des techniciens, réservation du matériel et des lieux, négociation des contrats d'assurance	budget prévisionnel, contrats, plan de travail, bulletins de paie, bilan financier
Directeur de la photo	– analyse du scénario pour dégager l'ambiance générale qui guide l'éclairage, – choix des collaborateurs, du matériel d'éclairage (arcs électriques, lampes à quartz, groupes électrogènes, écrans, volets, tulles, feuilles de gélatine...), du matériel de prise de vue, des émulsions, des objectifs ou optiques	bon à tirer
Scénariste	– écriture du film : donner au récit littéraire de départ une forme cinématographique, rédaction du traitement, – ébauche des dialogues en collaboration avec un dialoguiste	traitement, scénario, continuité dialoguée, séquence
Scripte	– préparation du tournage : dépouillement du scénario, repérage des lieux, établissement du plan de travail, participation à la distribution des premiers rôles, – préparation des plans, contrôle des raccords maquillage, enregistrement des prises, des repères pour assurer cohérence et continuité	plan de travail, photographies, feuille de service, rapport montage, rapport laboratoire, rapport de production, « mouchard »
Monteur	– visionnement des *rushes* et notation des prises à conserver, piétage à la machine de la bande image et de la bande son, – montage de la « filée », premier montage dans la continuité de la bande son et de la bande image, – montage de la copie de travail, montage des bruits, musique, doublage	filée, copie de travail, galette

Le théâtre

La représentation théâtrale est un spectacle donné par les comédiens d'une troupe sur la scène d'un lieu consacré : le théâtre. Pour réussir, la représentation a été précédée du travail de toute une équipe.

Les parties du théâtre

Accueil - Archives - Baignoire - Balcon - Bar - Billeterie - Bureaux - Contrôle - Corbeille - Côté cour - Côté jardin - Entrée - Fosse d'orchestre - Foyer des comédiens - Foyer du public - Galerie - Hall - Herse - Loge du balcon - Loge du comédien - Magasin - Manteau d'Arlequin - Mezzanine - Orchestre - Paradis - Parterre - Promenoir - Quai de déchargement - Rampe - Sanitaires - Trou du souffleur.

La pièce de théâtre

Une pièce de théâtre est constituée de scènes (entrées ou sorties de personnages) regroupées en un ou plusieurs actes. Les répliques des personnages constituent le dialogue. Si un personnage parle longtemps, on dit que le comédien déclame une tirade ; s'il parle seul, il s'agit d'un monologue ; si les autres personnages sont censés ne pas entendre, il fait un aparté.
L'action se développe de l'exposition vers le dénouement.
Les différentes péripéties de l'action peuvent être perturbées par ce que l'on appelle un coup de théâtre qui vient briser le nœud de l'intrigue.

Les genres de pièces

Comédie (fém.). Pièce qui met en scène les ridicules et les travers de personnages types afin de faire rire le spectateur. Le dénouement de la comédie est heureux.

Drame (masc.). Pièce qui représente la vie de personnages importants. Elle mêle sublime et grotesque, émotion et comique, pour faire rire et pleurer les spectateurs. La fin n'est pas toujours heureuse.

Farce (fém.). Pièce qui représente de manière outrée les scènes de la vie quotidienne. Elle utilise un comique grossier et facile.

Tragédie (fém.). Pièce qui met en scène des personnages illustres victimes de destins cruels. La crise ne connaît d'autre issue que la mort.

Pour être plus précis

Verbes
Applaudir
Bisser
Créer
Débuter
Distraire
Distribuer
Donner
Enthousiasmer
Grimer
Jouer
Maquiller
Monter
Répéter
Reprendre
Représenter
Siffler
Souffler

Adjectifs
Artistique
Auditif
Comble
Comique
Criard
Critique
Culturel
Dramatique
Drôle
Émouvant
Ennuyeux
Enthousiaste
Farcesque
Fantastique
Fatal
Généreux
Héroïque
Littéraire
Lumineux
Parodique
Représenté
Scénique
Spectaculaire
Théâtral
Tragique
Unique
Visuel

LES MÉTIERS DU THÉÂTRE

Métier	*Activités*	*Réalisations*
Metteur en scène	– création d'une pièce, interprétation d'un texte, adaptation de pièce de théâtre étrangère, – invention de nouvelles lectures des pièces classiques, de nouvelles formes théâtrales, – direction du jeu des acteurs	livret, dépouillements, découpage
Acteur	– interprétation d'un personnage, apprentissage du rôle, improvisation sur un rôle, travail à la table, répétition des scènes, – déclamation des répliques, expression corporelle	personnage (jeune premier, ingénue, barbon, valet, servante, confident...)
Décorateur	– élaboration du budget décor, réalisation de la maquette en carton de l'espace scénique, avant la maquette bois, – dessin des plans de construction du décor, – construction du décor, réadaptation du décor à la mise en scène avec les comédiens	plan d'architecture, esquisse, prémaquette, ébauche, décor, trompe-l'œil
Costumier	– recherches documentaires pour les costumes historiques, réalisation des costumes selon les indications du scénographe, – création des costumes, mise en toile, fabrication du patron, essayages sur les comédiens, – planification des périodes de location des costumes	ébauche papier, maquette, livret d'échantillons, patron, toile, costumes, robes, chapeaux
Régisseur général	– établissement des documents technico-administratifs pour la production, – coordination de tous les corps de métiers techniques : plateau, lumière et son, – gestion des comédiens, du service habillage et du service accessoires, – actionnement du rideau de scène et de la sonnerie	fiches techniques, fiche régie générale, liste des accessoires, planning des répétitions, planning d'installation des décors
Régisseur de scène	– organisation de l'espace et montage général du décor sur la scène, – accrochage, levage, montage, assemblage des éléments du décor, – définition du plan d'utilisation des porteuses, – montage, transport, entretien, adaptation du décor dans des lieux différents en cas de tournée	brouillards, effet de fumée, feuilles de décor, mur de lointain
Régisseur lumière	– conception des ambiances lumineuses d'un spectacle, livraison et contrôle de l'installation électrique demandée, – enregistrement au pupitre des effets de lumière, calés sur le texte, – adaptation des lumières aux différents lieux des tournées	liste de matériel d'éclairage, régie, conduite lumière, schéma de câblage

La télévision

La télévision est un moyen de télécommunication destiné à transmettre, par câble ou par ondes radioélectriques, des images reproduites en direct ou enregistrées pour une diffusion en différé. Les activités de la télévision sont la production, la réalisation et la diffusion des images.

Les types d'émissions

Dessin animé - Documentaire - Dramatique - Émission en direct - Émission de divertissement - Émission de variétés - Émission en différé - Émission médicale - Émission musicale - Émission pour enfants - Émission scientifique - Émission scolaire - Émission sportive - Feuilleton - *Flash* d'informations - Générique - Informations TV - Jeux - Journal TV - Magazine TV - Météo - Publicités - Reportage TV - Série - Téléfilm - Vidéoclip.

Les types d'images

Image vidéologique (fém.). Pour obtenir une image électronique sur l'écran, il faut au départ une caméra vidéo pour la prise de vues. Chacun des 800 points lumineux des 625 lignes de l'écran s'allume 25 fois par seconde. Le point est plus ou moins lumineux et plus ou moins coloré selon les moments.

Image numérique (image de synthèse) (fém.). Une image numérique est une image créée par ordinateur. Chacun de ses points est défini par des coordonnées dans les trois dimensions, par l'intensité et par la couleur. L'ordinateur mémorise les valeurs chiffrées de chaque point et peut ensuite les utiliser ou les transformer.

Le studio de télévision

Câbles - Caméra électronique de plateau - Caméra vidéo mobile - Casque de transmission d'ordres - Diffuseur - Élévateur de décor - *Flood* - Gril - Haut-parleur de studio - Jeu d'orgues - Micro cardioïde - Micro cravate - Micro directionnel - Microphone - Mur insonorisé - Pantographe - Perche - Pieds - Plateau - Porteuse télécommandée - Projecteur de studio - Récepteur de contrôle - Téléprompteur - Volets.

Le vocabulaire de la vidéo

Antenne - Arrêt sur image - Assemblage automatique - Azimutage - Balance des blancs - Balayage - Bande passante - Blindage - Cabestan - Câble coaxial - Chrominance - Comptabilité - Contraste - Décrochage - Définition - Démodulateur - Drapeau - Format - Fréquence - Insertion - Halo - Impédance - Incrustation - Insert - Kinescope - Luminance - Mire - Mixage - Modulateur - Moniteur - Neige - Norme - Pause - Piste - Rémanence - Résolution - Standard - Télécinéma - Trame.

Pour être plus précis

Verbes
Balayer
Cadrer
Captiver
Couper
Découper
Décrocher
Éclairer
Écrire
Émettre
Étalonner
Faire le point
Filmer
Incruster
Insérer
Mélanger
Mixer
Monter
Présenter
Programmer
Réaliser
Repiquer
Retransmettre
Sélectionner
Superviser
Tourner

Adjectifs
Accéléré
Acoustique
Analysé
Artistique
Asservi
Audiovisuel
Auditif
Continu
Critique
Culturel
Différé
Diffusé
Direct
Électronique
Enchaîné
Enregistré
Magnétique
Mobile
Postsynchronisé
Public
Privé
Ralenti
Rythmé
Sonore
Synchronisé
Télégénique
Télévisé
Télévisuel

LES MÉTIERS DE LA TÉLÉVISION

Métier	*Activités*	*Réalisations*
Producteur	– invention de l'émission, de la série, – écriture du scénario, – choix des interprètes, des animateurs, – détermination des éléments de réalisation, – contrôle du tournage	note d'intention, synopsis, contrat, émission
Assistant réalisateur	– traduction des intentions du producteur, – réalisation du découpage technique, – recherche des documents à insérer, des autorisations à obtenir, – direction des figurants et des seconds rôles, – sélection parmi les images vidéo de celles qui est retransmise	conducteur, plan de travail, repérages, *script,* feuille de dépouillement, découpage
Cadreur	– analyse du script pour en dégager des indications de prise de vue, – choix du matériel de prise de vue, du matériel de machinerie, – tenue de la comptabilité pellicule, – composition du cadre, application des mouvements de caméra demandés par l'assistant réalisateur, – visionnement des *rushes*, des épreuves	liste du matériel de machinerie, prise de vues, bandes vidéo
Chef opérateur du son	– sélection des équipements à utiliser (magnétophone, console d'enregistrement, nombre et type des micros, perches, casques, bandes magnétiques...), – direction de l'équipe de prise de son, contrôle et mélange des diverses sources sonores, – réalisation du montage et du mixage sonores	schéma global d'installation des équipements, plan phonique, ambiance sonore
Illustrateur sonore	– réalisation de la bande musicale d'une émission ou d'un film télévisuel en utilisant des disques du commerce, intégration des bruits et applaudissements dans les émissions ou les séries	bande son, bruitage, musique
Truquiste	– passage d'une image à l'autre en appuyant sur les boutons de la régie, – manipulations de l'image (diminution, agrandissement, pivotement...) à l'aide d'un générateur d'effets numériques	mémoire de trame, incrustation, inversion, volet, expansion/compression
Animateur	– participation à la définition du conducteur, – préparation des questions à poser aux invités, – enregistrement sur magnétophone des annonces qui seront transmises en voix *off*, – improvisation de commentaires ou de modifications de programmation	conducteur, fiches

La musique

La musique est un art d'agrément qui combine les sons de manière mélodieuse. Elle peut être jouée par un musicien soliste ou par un orchestre. Le musicien compose, crée (première représentation) ou interprète une œuvre musicale.

Les instruments de l'orchestre symphonique

Instruments à clavier : piano, clavecin.
Instruments à cordes : violon, violoncelle, contrebasse, harpe.
Instruments de cuivre : cors, trompette, trombone, tuba.
Instrument à percussion : timbales, caisse claire, grosse caisse, triangle, cymbales, jeu de cloches, xylophone.
Instruments à vent : petite flûte, grandes flûtes, hautbois, bassons, contre-basson, saxophone, alto, clarinette si bémol, clarinette basse.

Les instruments du groupe rock

Orgue électronique (synthétiseur) - Batterie - Boîte à rythmes - Guitare basse - Guitare rythmique - Guitare solo - Table de mixage - Caisses des haut-parleurs.

Les ensembles musicaux

Chœur (masc.). Groupe de chanteurs et de chanteuses qui exécutent une œuvre musicale à l'unisson ou à plusieurs voix.
Chorale (fém.). Société de chant interprétant des œuvres à l'unisson ou à plusieurs voix.
Clique (fém.). Ensemble de tambours et de clairons.
Fanfare (fém.). Orchestre composé essentiellement de cuivres.
Groupe (masc.). Ensemble de musiciens rassemblés pour accompagner un chanteur ou pour interpréter de la musique de variété.
Jazz band *(masc.).* Orchestre d'origine américaine comprenant un groupe d'instruments qui assurent la rythmique (piano, batterie ...) et des instruments mélodiques (cuivres).
Orchestre (masc.). Groupe d'instrumentistes qui exécutent de la musique polyphonique ou qui accompagnent un chanteur.
Orphéon (masc.). Fanfare municipale.
Quatuor (masc.). Ensemble de quatre interprètes exécutant une composition à quatre parties vocales ou instrumentales.
Quintette (masc.). Formation de cinq musiciens ou de cinq voix.

Pour être plus précis

Verbes
Accompagner
Accorder
Attaquer
Battre (la mesure)
Chanter
Chantonner
Composer
Déchiffrer
Détonner
Entonner
Étudier
Exécuter
s'Exercer
Flûter
Frapper
Fredonner
Improviser
Interpréter
Jouer
Moduler
Orchestrer
Pianoter
Pincer
Préluder
Psalmodier
Racler
Répéter
Solfier
Syncoper
Taper
Trompeter
Vocaliser

Adjectifs
Aléatoire
Atonal
Chromatique
Clair
Classique
Diatonique
Dramatique
Expressif
Faux
Grave
Harmonieux
Harmonique
Instrumental
Juste
Majeur
Mélodieux
Mélodique
Militaire
Mineur
Moderne
Musical
Numérique
Passionné
Philharmonique
Populaire
Profane
Religieux
Rythmique
Sacré
Sentimental
Sériel
Symphonique
Tonal
Tonique
Vocal

LES MÉTIERS DE LA MUSIQUE

Métier	*Activités*	*Réalisations*
Compositeur	- écriture des symphonies classiques ou romantiques, des œuvres électroacoustiques ou des rôles sur mesure pour les chanteurs lyriques, - écriture des musiques pour les films, la radio, la télévision et le théâtre	partitions, œuvres musicales : symphonie, concerto
Chef d'orchestre	- direction musicale d'un orchestre de façon permanente ou ponctuelle, - interprétation personnelle de la musique d'un compositeur, - la mesure est battue par la main droite, tandis que la gauche indique les nuances, le phrasé, les entrées	orchestration, concerts
Instrumentiste	- travail régulier des œuvres du répertoire de l'instrument, - répétitions et exécution avec les instruments du rang de l'orchestre	
Soliste	- travail comme chef d'attaque dans un orchestre de musique symphonique, - interprétation personnelle des morceaux, improvisation de certains passages, dialogue avec l'orchestre, - direction du groupe de mêmes instruments au sein d'un orchestre	concerto, récital, disques
Tuttiste musicien de rang	- jeu exclusif pour l'orchestre auquel il appartient, - participation aux répétitions, aux concerts, aux enregistrements de disques	concerts, disques
Accompagnateur	- interprétation de la musique d'accompagnement d'un soliste choral ou instrumental en récital, - mise en valeur de la prestation du soliste	accompagnement
Arrangeur	- exécution de relevés d'orchestration, - orchestration du thème dans la musique de film, - adaptation d'un morceau de musique pour un orchestre différent de celui pour lequel il a été composé	arrangements, génériques, orchestrations

Édition : Marie-Odile Morin

Secrétariat d'édition : Valérie Loth, Christine Le Thénaff, Irène Nouaillac

Crédit photographique : Elf Aquitaine : p. 111, Ford : pp. 115 et 117

Illustrations
Nathalie Lacoste, p. : 5, 14, 16, 17, 18, 19, 26, 27, 31, 34, 54, 55, 57, 59, 63, 65, 66, 87, 99, 102, 107.
Jean-Claude Sénée, p. : 35, 42, 43, 46, 47, 71, 90, 91, 95, 96, 97, 130, 114, 119, 123,
130, 131, 133, 135, 139, 142, 143.
Gilles Alkan, p. : 6, 7, 8, 11, 13, 20, 22, 50, 51, 75.
Wok, p. : 32, 81, 94, 110, 112, 127, 140, 144, 147, 150.

Coordination artistique : Danielle Capellazzi

N° éditeur : 10005687 (I) 6 CSB - G - 90° - C2000 - Octobre 1994
Imprimé en France par I.M.E. - 25110 Baume-les-Dames - N° impression : 9606